하 | 나 | 님 | 이 | 복 | 주 | 시 | 는 | 8 | 가 | 지 | 통 | 로

존 맥아더

The Beatitudes
The Only Way to Happiness

팔복

존 맥아더 지음 | 전의우 옮김

생명의말씀사

The BEATITUDES
THE ONLY WAY TO HAPPINESS
by John MacArthur

This book was first published in the United States
by Moody Press with the title of
THE ONLY WAY TO HAPPINESS.
Copyright ⓒ 1998 by the Moody Bible Institute of Chicago
All rights reserved.

Korean Edition published by Word of Life Press, Seoul 2000, 2009.
Translated and published by permission.
Printed in Korea.

하나님이 복 주시는 8가지 통로
존 맥아더 팔복

ⓒ 생명의말씀사 2000, 2009

2000년 4월 15일 1판 1쇄 발행
2000년 7월 25일   2쇄 발행
2009년 7월 5일 2판 1쇄 발행
2025년 9월 17일   8쇄 발행

펴낸이 | 김창영
펴낸곳 | 생명의말씀사

등록 | 1962. 1. 10. No.300-1962-1
주소 | 서울시 종로구 경희궁1길 6 (03176)
전화 | 02)738-6555(본사)·02)3159-7979(영업)
팩스 | 02)739-3824(본사)·080-022-8585(영업)

기획편집 | 김정옥, 이은정
디자인 | 박인선, 전민정
인쇄 | 영진문원
제본 | 보경문화사

ISBN 978-89-04-08220-9 (03230)

저작권자의 허락 없이 이 책의 일부 또는 전체를
무단 복제, 전재, 발췌하면 저작권법에 의해 처벌을 받습니다.

존 맥아더
팔복

하나님이 복 주시는
8가지 통로

들어가는 글

처음으로 팔복을 설교한 지도 20년이 넘었다. 그 때 그 설교가 나의 목회는 물론 담임한 교회를 바꿔 놓은 중요한 전환점이 되었다. 팔복의 매서운 메시지는 주님께서 요구하시는 제자도가 얼마나 긴급하고 중요한가를 교인들에게 새롭게 인식시켜 주었다. 또한 그 메시지는 전에 없이 내 마음을 일깨워 그리스도인이 천국 시민으로서 누리는 심오한 특권을 볼 수 있게 해주었다. 이와 동시에, 성도의 교제에도 생동감과 기쁨이 넘쳐 났다.

결국, 기쁨은 팔복의 중심 주제이다. '복이 있다' 복이 있나니, blessed라는 단어(영어와 헬라어에서는 한 단어이다)는 사실 마음 깊은 곳에 있는 변치 않는 행복을 말한다. 그리고 그리스도께서는 팔복에서 여덟 가지 성품을 말씀하시면서 이것들을 가진 사람이 복이 있다고 하셨다.

성경에서 중요한 위치에 있는 이 팔복 단락을 대할 때마다 가슴이 뛴다. 그리고 팔복의 메시지가 고리타분하다거나 식상하다는 생각을 해본 적이 한 번도 없다. 팔복은 우리가 지칠 때마다 돌아가 새 힘을 얻을 수 있는 성경의 깊은 우물이다.

중요한 의미에서, 20년 전에 했던 첫 팔복 설교가 지금까지 내 목회의 진로를 형성해 왔다. 사실 여러 책에서 다루었던 모든 문제 – 참된 믿음의 생명력, 그리스도의 주 되심, 성경의 충족성, 순전한 복음의 중요성 등—는 팔복에 대한 첫 설교 속에 이미 잉태되어 있었다. 좀더 넓게 보면, 방금 언급된 주제들에 열정을 갖기 시작한 때는 처음으로 팔복과 산상설교를 깊이 있게 연구하던 중이었다. 따라서 뒤이어 간행된 거의 모든 저작은 어떤 면에서 이 책의 직계 후손이라고 볼 수 있다.

팔복은 예수께서 하신 가장 중요한 설교의 첫머리에 위치해 있으면서 그의 나라의 기본 원리들을 제시해 준다. 이 원리들은 그 나라 백성 모두의 행동을 주관해야 하는 도덕적, 윤리적, 영적 지침이다. 그리스도께서는 이러한 성품들을 가리켜 복이 있다고 하셨다. 바꾸어 말하자면, 이것들이 참된 행복으로 가는 유일한 길이라고 가르치신 것이다.

너무나 많은 그리스도인들이 하나님 나라는 달콤한 미래에 속한 것일 뿐 소모적인 현재와는 관계가 거의 없다고 생각한다. 몇몇 단체에서 행하는 빈약한 성경 교육이 이런 문제를 심화시켰다. 예를 들면, 산상설교는 미래의 하나님 나라에만 속한 것이라고 믿는 사람들이 있다. 그 결과는 영적 쇠약으로 나타난다. 예수님의 산상설교가 이 시대와 관련 없다고 말하는 것은 주님께서 주시는 교훈에서 핵심을 도려내는 것이다. 이러한 원리들은 왕이신 그의 모든 참된 백성에게 지금 이 자리에서 주어지는 행군 명령이다.

특히 팔복은 예수께서 산상설교에서 가르치시는 모든 것의 출발점이자 기초로서 중요한 의미를 갖는다. 어떤 의미에서, 팔복은 모든 기독교 진리의 기초를 놓았다. 예를 들면, 팔복은 참된 믿음의 본질이 무엇인지에 대한 이해를 도와준다. 주님께서는 '복 있는' 사람들을 말씀하시면서, 참된 신자의 특징을 묘사하고 계시기 때문이다.

팔복은 그리스도의 나라에서 행복에 이르는 길은 세상이 제시하는 길과는 전혀 다르다는 것도 보여준다. 하나님 나라의 기쁨과 복을 재는 기준은 부유함이나 환희나 쾌락이나 풍성함이나 편안함이 아니다. 사실 하나님 나라에서 복을 받을 수 있는 영적 자격은 이 세상의 가치와는 양립될 수 없다.

그러므로 하나님 나라의 시민은 이 세상에서 편안함을 느끼지 않게 되어 있다. 우리의 시민권은 천국에 있다. 우리는 이 세상에서 나그네일 뿐이며, 왕이신 그의 대사 역할을 해야 한다. 우리는 보다 높은 천국의 기준에 따라 살아야 한다. 또한 우리는 무한히 더 높은 천국의 특권들을 누린다.

아무쪼록 이 책을 읽으면서 진정한 행복으로 가는 유일한 길을 발견하고 지금껏 알지 못했던 기쁨이 넘쳐나길 기도한다.

contents

들어가는 글　　5

01　자신을 살피라　　13
02　복이란…… 마 5:1-2　　37
03　심령이 가난한 자는 복이 있나니 마 5:3　　60
04　애통하는 자는 복이 있나니 마 5:4　　83
05　온유한 자는 복이 있나니 마 5:5　　107
06　의에 주리고 목마른 자는 복이 있나니 마 5:6　　129

07 긍휼히 여기는 자는 복이 있나니 마 5:7 | 150
08 마음이 청결한 자는 복이 있나니 마 5:8 | 174
09 화평하게 하는 자는 복이 있나니 마 5:9 | 198
10 의를 위하여 박해를 받은 자는 복이 있나니(Ⅰ) 마 5:10-12 | 218
11 의를 위하여 박해를 받은 자는 복이 있나니(Ⅱ) 마 5:10-12 | 243

마치는 글   262
참고 문헌   270

예수께서 무리를 보시고 산에 올라가 앉으시니 제자들이 나아온지라 입을 열어 가르쳐 이르시되 심령이 가난한 자는 복이 있나니 천국이 그들의 것임이요 애통하는 자는 복이 있나니 그들이 위로를 받을 것임이요 온유한 자는 복이 있나니 그들이 땅을 기업으로 받을 것임이요 의에 주리고 목마른 자는 복이 있나니 그들이 배부를 것임이요 긍휼히 여기는 자는 복이 있나니 그들이 긍휼히 여김을 받을 것임이요 마음이 청결한 자는 복이 있나니 그들이 하나님을 볼 것임이요 화평하게 하는 자는 복이 있나니 그들이 하나님의 아들이라 일컬음을 받을 것임이요 의를 위하여 박해를 받은 자는 복이 있나니 천국이 그들의 것임이라 나로 말미암아 너희를 욕하고 박해하고 거짓으로 너희를 거슬러 모든 악한 말을 할 때에는 너희에게 복이 있나니 기뻐하고 즐거워하라 하늘에서 너희의 상이 큼이라 너희 전에 있던 선지자들도 이같이 박해하였느니라

마태복음 5:1-12

01
자신을 살피라

예수님은 행복을 다루는 일을 하신다.

그러나 슬프게도, 실제로 이 사실을 이해하거나 믿지는 않는다. 사실, 참된 행복을 누린다고 확신하지 못하는 그리스도인이 많다. 예수 그리스도께서는 첫 설교에서 행복이라는 주제를 거듭 다루셨다. 그리고 그 설교에 담긴 혁신적인 진리는 듣는 사람들의 마음속에서 폭탄처럼 폭발하여 세계를 강타했다.

산상설교에 담긴 진리가 그 당시 청중들의 마음에 충격을 준 이유는 무엇일까? 그것은 그들 중 많은 사람이 하나님 앞에 서 있는 자신들의 모습을 예수께서 제시하신 엄격한 기준에 따라 평가해보길 꺼렸기 때문이다.

똑같은 모습을 우리 시대에 스스로 그리스도인이라고 말하는 많은 사람들 가운데서도 찾아볼 수 있다. 복음을 접하는 순간에 첫 행복은 맛보지만 그리스도의 계명을 진심으로 순종하는 데서 오는 깊고 지속적인 기쁨은 맛보지 못하는 '손쉬운 믿음' easy believism 가운데서 살고 있다.

요한복음 8:30-31에 나타나 있듯이, 주님께서는 손쉬운 믿음이 가진 잠재적인 문제점을 알고 계셨다. "이 말씀을 하시매 많은 사람이 믿더라 그러므로 예수께서 자기를 믿은 유대인들에게 이르시되 너희가 내 말에 거하면 참으로 내 제자가 되고." 예수께서는 손쉬운 믿음으로는 부족하다는 것을 분명히 하셨다.

'손쉬운 믿음'이라는 개념은 신약 서신서들에 나타나는 구원과 확신의 메시지와도 모순된다. 서신서는 참된 신자의 삶을 편안하고 자신의 원대로 사는 것으로 절대 묘사하지 않는다. 신자에게는 순종의 삶이 요구된다. 그리고 이러한 순종의 삶 속에서 믿음은 행위에 의해 검증된다. 순종하는 삶은 그리스도인이 그리스도와 가지는 기본적인 관계에서 비롯되어야 한다. 주의 만찬(성만찬)은 진정으로 예수 그리스도께 붙어 있다는 것이 얼마나 깊은 의미를 갖는지를 보여준다.

주의 만찬은 예수 그리스도의 보혈로 사신 바 된 교회가 누릴 수 있는 가장 멋지고 신성하며 특별한 예배 행위이다. 이것은 십자가를 거룩하게 기념하는 시간이며 자신을 점검하는 시간이기도 하다.

떡은 그리스도의 몸을 상징하고 잔은 그리스도의 피를 상징한다. 그리고 이 둘이 합쳐져 그리스도께서 못박히신 십자가를 상징한다.

한 걸음 더 나아가, 주의 만찬은 살아 계신 그리스도와의 교제이다.

예수께서는 누가복음 22:19에서 "이를 행하여"이것을 행하라라고 말씀하신다. 그러므로 성찬을 행하는 것은 거룩한 순종의 행위이다. 나는 가장 평범한 것들을 가지고 가능한 한 자주 성찬을 행한다. 하지만 그 평범한 떡과 포도주가 예수 그리스도의 몸과 피의 상징이 된다.

세례에 있어 전혀 순종하지 않는 사람들이 있다. 이와 마찬가지로 어떤 그리스도인들은 성찬에 거의 또는 전혀 참여하지 않는다. 때로는 그저 몰라서 참여하지 않는 사람들도 있다. 이들은 성찬이나 세례의 중요성을 알지 못한다. 그런가 하면 때로는 그저 이유 없이 불순종하는 그리스도인들도 있다. 이들은 세상적으로 행동한다. 그러나 세례나 성찬이 증거하는 것에 관심이 없는 사람들이라면 전혀 그리스도인이 아닐 것이다. 이들은 스스로를 그리스도인이라고 생각할지 모르지만, 그리스도인이 아니다.

성찬에 전혀 참여하지 않는 것보다 더 나쁜 것이 무엇인지 아는가? 성찬에 참여할 자격이 없는데도 참여하는 것이다. 고린도전서 11:27에 따르면, 이것은 주의 몸과 피를 합당치 않게 먹고 마시는 것이며 '주의 몸과 피를 범하는 죄'를 짓는 것이다. 28-29절은 이렇게 말한다. "사람이 자기를 살피고 그 후에야 이 떡을 먹고 이 잔을 마실지니 주의 몸을 분별하지 못하고 먹고 마시는 자는 자기의 죄를 먹고 마시는 것이니라."

그리스도인이 모든 것을 회개하고 의와 거룩을 그 무엇보다도 사모하지 않는 상태에서 성찬에 참여한다면, 이것은 심각한 문제가 아닐 수 없다. 이보다 더 심각한 문제는 전혀 그리스도인이 아니면서 합당치 않게 성찬을 먹고 마시는 것이다. 그렇다고 이 책을 재빨리 내려놓고 저자인 나에게, 여러분 자신에게, 그리고 하나님께 "난 그리스도인이 된 지 수년이 지났으니 내게는 해당되지 않는다."라고 말하지 말라.

팔복은 완전한 자기 점검을 요구한다. 이런 접근은 바울이 고린도후서 13:5에서 요구하는 것이기도 한다. "너희는 믿음 안에 있는가 너희 자신을 시험하고." 바울 사도는 우리의 믿음을 증명하라고 말하고 있다. 구원을 증명하는 것이 과거 어느 시점의 경험을 말하는 것처럼 쉬운 일이라면, 바울 사도가 왜 스스로를 점검하라시험하라고 요구했겠는가? 여기에는 다른 무엇인가가 있다.

여러분은 이렇게 말할지도 모른다. "전 그리스도인입니다. 전 믿고 있습니다. 그리스도를 믿기로 결심한 지 오래됐습니다." 많은 사람들이 자신의 구원을 증명하기 위해 과거를 들먹인다. 하지만 성경은 전혀 그렇게 하지 않는다는 사실을 아는가? 성경은 결코 과거를 들먹이지 않는다. 성경은 참된 구원의 증거를 언제나 현재 삶에서 찾는다. '시험하고'는 계속적인 행동을 나타내는 현재 진행형으로 '계속해서 너희 자신을 시험하고 점검하라.'는 뜻이다.

그러면 여러분은 이렇게 물을 것이다. "나를 어떻게 점검하고, 내가 참된 그리스도인인지 어떻게 알 수 있습니까?" 이제 마태복음 5장을 살펴보기로 하자. 예수께서 오셨을 때, 유대인들은 올바른 삶이 무엇인지 이미 자기들 나름대로 정해 놓고 있었다. 이들은 이미 법을 만들어 놓았으며, 거룩에 대한 자신들만의 체계를 발전시켜 놓았다. 그러나 이것은 행위에 기초한, 전적으로 외형적인 자기 의義였다.

삶의 새로운 기준 : 의義

예수께서는 "너희에게 삶의 새로운 기준을 제시하길 원하노니 이제부터는 이 기준에 따라 너희 구원을 평가하라."고 말씀하시면서 유대인들의 이러한 기준을 산산조각 내버리셨다. 예수께서는 그들에게 천국 시민의 삶이 진정 어떠해야 하는지 말씀하셨다.

여러분도 스스로를 증명하고 싶은가? 그렇다면 성령께서 여러분의 구원을 산상설교에 제시된 사실들에 견주어 보시게 하라. 여기에는 기준이 있으며, 그 핵심은 의라는 한 단어로 표현된다. 예수께서는 "네가 왕이신 그분의 자녀라면, 네 삶은 의로 특징지어질 것이다."라고 말씀하고 계신다.

언젠가 한 여자 분이 같은 교회에 다니는 다른 여자 분에 대한 이야기를 들려준 적이 있다. 그런데 그 여자는 스스로 그리스도인이라고 하면서도 남편이 아닌 다른 남자와 살고 있었다. 그녀는 그리스도인인가? 이것은 분명히 온당한 질문이다. 고린도전서 6장은 간음하는 자들은 천국을 유업으로 받지 못한다고 말씀한다. 왜 그런가? 간음은 불의이며, 참된 회심은 의로 특징지어지기 때문이다. 그리스도인이 간음을 범할 수도 있다. 그러나 간음할 때, 그리스도인은 비그리스도인과 전혀 구별되지 않는다. 그러므로 앞에서 말한 여인의 구원을 묻는 것은 온당하다.

그리스도께서 하신 설교 전체의 핵심 구절은 마태복음 5:20이다. "내가 너희에게 이르노니 너희 의가 서기관과 바리새인보다 더 낫지 못하면 결코 천국에 들어가지 못하리라." 서기관과 바리새인들은 매일 성전에 나가고, 십일조를 드리고, 금식하고, 기도했다. 이들은 종교적인 열심이 대단한 사람들이었다!

그러나 예수께서는 "너희 의가 서기관과 바리새인보다 더 낫지 못하면 결코 천국에 들어가지 못하리라"고 말씀하신다. 여기서 핵심은 의이다. 의는 우리를 회심한 자로 구별한다. 의는 간단하게 말하면 바르게 사는 것, 하나님의 기준에 따라 하나님이 정하신 대로 사는 것을 뜻한다. 이렇게 살지 않으면, 우리 구원의 진정성이 의심받게 된다-다른 사람들과 우리 자신에게 말이다(대체로는 불확실이라는 형태로).

스스로 그리스도인이라고 외치면서도 삶은 그렇지 못한 사람들을 만날 때면 히브리서 12:14 말씀을 떠올린다. "모든 사람과 더불어 화평함과 거룩함을 따르라 이것이 없이는 아무도 주를 보지 못하리라." 디모데후서 2:19은 주님께서 자기 백성을 아신다고 말씀한다. 그러면 누가 주님의 백성인가? 그리스도의 이름을 부르며 불법에서 떠난 자들이다.

디도서 1:16은 "그들이 하나님을 시인하나 행위로는 부인하니 가증한 자요 복종치 아니하는 자요 모든 선한 일을 버리는 자니라"고 말씀한다. 순종이 없고, 의가 없으며, 거룩이 없고, 불법에서 떠나지 않은 상태에서 그리스도를 시인하는 것은 아무 것도 아니다.

언젠가 어느 목사님이 이렇게 설교하는 것을 들은 적이 있다. "여러분! 안팎으로 아무 것도 바꾸지 않고도 예수 그리스도 앞에 나올 수 있다는 게 놀랍지 않은가?" 과연 그럴 수 있을까? 정말 예수 그리스도 앞에 나오면서 아무 것도 바꾸지 않을 수 있을까? 물론 그럴 수는 없다. 변화가 있어야 한다. 물론 우리의 지금 모습 이대로 예수님 앞에 나올 수 있다. 그러나 우리의 모습이 과거 그대로이고 바뀐 게 하나도 없다면, 이것을 어떻게 회심이라고 할 수 있겠는가? 고린도후서 5:17은 이 점을 잘 요약한다. "그런즉 누구든지 그리스도 안에 있으면 새로운 피조물이라 이전 것은 지나갔으니 보라 새것이 되었도다."

의롭다는 것은 전혀 죄를 안 짓는다는 뜻이 아니다. 요한일서 1:9은 그리스도인들이 자신의 죄를 계속해서 자백한다고 말씀한다. 이것은 우리가 죄를 짓는다는 뜻이 분명하다. 그러나 우리는 조만간 죄를 해결한다. 죄를 자백하고, 죄에서 돌이키며, 죄를 회개하고, 죄를 경멸한다. 우리는 죄를 사랑하지 않는다. 성경은 "누구든지 세상을 사랑하면 아버지의 사랑이 그 안에 있지 아니하니"요일 2:15라고 말씀한다. 야고보 사도는 이것을 이렇게 표현한다. "간음한 여인들아 세상과 벗된 것이 하나님과 원수됨을 알지 못하느냐 그런즉 누구든지 세상과 벗이 되고자 하는 자는 스스로 하나님과 원수 되는 것이니라"약 4:4.

의에 주리고 목마른 자

그러나 삶에 대한 전혀 새로운 접근이 있다. 우리는 당연히 죄를 지을 것이다. 그러나 바울이 로마서 7장에서 그랬듯이, 죄가 나타날 때 우리는 죄를 미워할 것이다. 의에 주리고 목말라 할 것이다. 순종을 구할 것이다. 우리는 형제를 사랑하고 세상의 악한 제도를 미워할 것이다. 참된 구원이 존재한다면, 지금 말한 이것들이 참된 구원의 존재 방식이다.

예전에 가던 길을 계속 가면서, 자신이 그리스도인임을 증명할 수는 없다. 결신했다는 사실, 초청에 응하여 강단 앞으로 나아갔다는 것, 복음에 관한 책자를 읽은 것이 구원받았음을 확인하는 성경적 척도는 절대 아니다.

구원의 성경적 기준은 바로 지금 여러분이 살고 있는 모습이다. 현재 삶의 모습은 그리스도인이 응당 살아야 할 모습과는 거리가 먼가? 그렇다면 여러분은 세상적으로 살고 있는 그리스도인이거나 전혀 그리스도인이 아니거나 둘 중 하나이다. 여러분이 어느 쪽인지는 하나님과 여러분만이 알 것이다. 어쩌면 하나님만이 아실 것이다. 여러분은 속을 수 있기 때문이다.

가슴 아픈 얘기지만, 확신컨대 우리 교회에도 그리스도인이 아닌 사람들이 많다. 앞으로 열한 장(2-12장)에 걸쳐 배우겠지만, 예수 그리스도께 나아오는 사람은 마음 깊은 곳의 숨겨진 것을 내어놓고, 자신의 죄를 애통해 하며, 다른 무엇보다도 의에 주리고 목말라 있어야 한다. 그렇지 않다면 그 사람은 그리스도인이 아닐 가능성이 있다.

주님께서 제시하시는 기준이 있다. 주님께서는 먼저 천국에 들어갈 적절한 자격을 갖춘 자들이 있다고 말씀하셨다. 주님께서는 바로 이 부분에서 산상설교를 시작하신다.

자신들이 가진 것에 예수님도 한몫 끼고 싶어하실 것이라는 생각에서 예수께 나오는 사람들이 많다. 우리는 "유명하고 대단한 거물이 그리스도인이 되면 멋지지 않겠습니까? 주님께서 그 사람을 진정으로 사용하실 수 있지 않겠습니까?"라고 말하면서 이런 태도를 조장한다.

그러나 하나님은 이런 것을 필요로 하지 않으신다. 그렇다면 왜 우리는, 하나님께서는 그의 능력 외에 누군가의 재능을 필요로 하신다고 생각하는 것일까? 여러분은 예수께서 원하시는 대로 그에게 나와야 한다. 그렇지 않다면, 여러분은 전혀 나오지 않은 것이다. 그가 바라시는 것은 마음을 찢고, 애통하며, 온유하며, 의에 주리고 목말라 하는 것이다.

하나님 나라의 시민들은 남을 긍휼히 여기며, 마음이 청결하며, 화평케 하며, 박해를 받으며, 그러면서도 평안을 누린다. 여러분이 여러 해 전에 했던 결심 속에 이러한 것들이 포함되지 않았다면 그건 참된 구원이 아니었다. 여러분은 그로부터 몇 해 후에 죄를 자복하며 주님께 돌아왔을지 모른다. 그랬다면, 바로 그 순간 구원이 이루어졌던 것이다. 그 순간 여러분은 천국에 들어간 것이다.

경건한 덕목과 일치하는 증거

여러분은 참된 그리스도인인가? 그렇다면 여러분은 이 조건 때문에 천국에 들어갈 뿐 아니라 현재 증거도 팔복의 덕목들과 일치할 것이다. 마태복음 5:13에서, 그리스도께서는 우리를 세상의 소금이라고 부르시며, 14절에서는 세상의 빛이라고 말씀한다. 여러분은 참된 그리스도인인가? 그렇다면 여러분의 증거는 분명하며 세상과 확연히 구별될 수 있을 것이다.

보시다시피, 세상은 썩어 가는 고기와 같다. 소금은 일종의 방부제이다. 장차 임할 고난이 그렇게 끔찍한 것도 바로 이 때문이다. 교회가 사라지면 소금도 사라진다. 우리 그리스도인은 썩어 가는 문명 속에서 방부제 역할을 하고 있다. 우리는 세상과 분명히 구별되는 언덕 위의 빛이 되어야 한다.

우리의 증거는 어떤가? 주변 모든 사람들과 다른가? 아니면 다른 사람들과 전혀 다를 바 없이 행동하고 있는가? 그리스도인이 되었을 때, 우리 삶에서 변한 부분이 있는가?

주님께서는 천국 자녀의 또 한 가지 특징은 순종이라고 말씀하셨다. 우리는 하나님의 법을 갈망할 것이다마 5:17-19. 사실, 마음이 평안하냐 불안하냐는 순종에 달려 있다. 불순종할 때, 확신(구원의 확신)을 잃어버린다.

확신은 불순종하는 신자가 누리지 못하는 하나님의 선물이다. 베드로 사도는 이렇게 말했다. "그러므로 너희가 더욱 힘써 너희 믿음에 덕을, 덕에 지식을, 지식에 절제를, 절제에 인내를, 인내에 경건을, 경건에 형제 우애를, 형제 우애에 사랑을 더하라"벧후 1:5-7.

참된 영적 인격과 같은 이러한 덕스러운 삶의 목적은 무엇인가?

이런 것이 너희에게 있어 흡족한즉 너희로 우리 주 예수 그리스도를 알기에 게으르지 않고 열매 없는 자가 되지 않게 하려니와 이런 것이 없는 자는 맹인이라 멀리 보지 못하고 그의 옛 죄가 깨끗하게 된 것을 잊었느니라 그러므로 형제들아 더욱 힘써 너희 부르심과 택하심을 굳게 하라 너희가 이것을 행한즉 언제든지 실족하지 아니하리라벧후 1:8-10.

요점은 우리가 구원을 얻고 있다거나 구원을 유지하고 있다는 것이 아니다. 세상의 모든 것들은 영원히 하나님의 주권에 달려 있다. 베드로 사도가 말하려는 요점은 우리가 천국에 들어가는 데 동반되는 확신과 자신감과 안심을 누릴 수 있다는 것이다.

순종을 게을리 하면 확신을 잃어버린다. 따라서 나의 구원, 나의 증거, 내가 누리는 안심은 내 삶 속에서 팔복의 성품들이 지속적으로 나타나느냐에 달려 있다.

로마서 7장에서, 바울은 죄가 항상 그를 유혹하고 있음에도 불구하고 자신은 하나님의 법을 행하길 간절히 원했고, 하나님의 법을 행하는 데 주려 있었으며, 하나님의 법을 기뻐했고, 하나님의 법을 사랑했다고 말한다.

여러분은 진정 구원받았는가? 죄를 애통해 하고 악한 마음을 찢으며 주님께 나왔는가? 여러분은 세상과 분명히 구별되는가? 하나님께 순종하고 있는가? 여러분의 마음은 그의 뜻을 행하기에 크게 주려 있는가?

정말 회심했다면, 여러분은 다르게 생각할 것이다. 다른 마음을 가질 것이다. 에스겔 36:26은 사람이 구속받으면 하나님께서는 그의 굳은 마음—완악한 마음—을 제하고 부드러운 마음, 새로운 마음을 주신다고 말씀한다. 예수께서는 유대인들에게, 미워하고 음욕을 품는 것은 살인하고 간음하는 것만큼 나쁘다고 말씀하셨다마 5:21-32. 이것은 마음이 문제라는 것을 암시한다.

스스로 그리스도인이라고 말하지만 간음이나 동성애 또는 비슷한 종류의 죄를 계속해서 범하는 사람들을 볼 때면, 천국을 유업으로 받지 못한다고 말씀하는 고린도전서 6장이 떠오른다. 이들은 그리스도께서 원하시는 모습대로 그리스도께 나오지 않았다. 이들은 자신이 원하는 대로 그리스도께 나왔으나 이것으로는 그 무엇도 이룰 수 없다.

바른 말, 바른 예배, 바른 관계

또한 그리스도께서는 진정한 천국 자녀라면 **바른 말**을 할 것이라고 하셨다마 5:33. 입은 마음에 가득한 것을 낸다. 예수님의 말씀은 마음이 의에 주려 있으면 그것이 순종으로 나타난다는 것이다. 순종은 바르게 생각하고 입을 열 때 바른 말이 나온다는 뜻이다.

이럴 경우, 여러분의 행동은 바른 행위로 나타날 것이다. 여러분은 원수를 갚지 않을 것이다. 오히려 원수까지 사랑할 것이다. 누군가가 하나를 요구하면, 둘을 줄 것이다. 43절은 여러분이 이웃을 사랑할 것이며 나중에는 원수까지 사랑할 것이라고 말한다. 여러분은 세리까지 사랑할 것이다!

48절에서 예수께서는, 온전한 이상은 하나님처럼 되는 것이라고 말씀하셨다. 5년 전에 교회에 발을 들여놓았으니 그리스도인이라고 주장하지 말라. 언젠가 등록카드에 서명했으니 그리스도인이라고 주장하지 말라. 언젠가 기도실에 들어가 상담자와 대화했으니 그리스도인이라고 하나님께 말하려 하지 말라. 어떤 상담자가 여러분을 그리스도인이라고 했으니 그리스도인이라고 스스로에게 말하려 하지도 말라. 그 순간 그 상담자는 분명히 알지 못했기 때문이다.

확신은 성령의 사역이다. 성령께서는 내적인 증거를 통해롬 8장 그리고 밖으로 드러난 행위를 통해 확신을 주신다. 야고보 사도는 행위가 없는 믿음은 죽은 것이라고 말한다. 예수께서는 요한복음 8:31에서 이것을 "너희가 내 말에 거하면 참으로 내 제자가 되고"라고 표현하셨다. 예수께서는 여러분이 바른 생각, 바른 순종, 바른 말, 바른 행위로 특징지어질 것이라고 말씀하신다.

예수께서는 또한 천국 자녀는 **바른 예배**right worship, 바른 섬김를 드릴 것이라고 말씀하신다. 여러분이 하나님을 섬길 때, 그 섬김은 진실할 것이며마 6:1-18, 자신의 경건을 자랑하기 위해 나팔을 불고, 기도하며, 구제하고, 금식하는 위선자들의 섬김과는 다를 것이다.

참된 그리스도인은 또한 재물 및 세상과도 **바른** 관계를 갖는다. 참된 그리스도인은 돈을 사랑하지 않는다. 마태복음 6:19은, 천국의 참된 백성은 자신을 위해 이 땅에 재물을 쌓아두지 않으며 또한 돈을 모으는 데 급급한 삶을 살면서 자신을 하나님의 종이라고 하지는 않는다고 말한다. 이 둘은 양립될 수 없다. 세상의 친구가 되려는 동시에 하나님의 친구가 되려는 노력은 헛된 것으로 드러날 것이다. 세상을 사랑하는가? 그렇다면 아버지의 사랑이 여러분 안에 거하지 않는다.

마태복음 6:25-34에서, 예수께서는 천국 백성은 물질과 바른 관계를 갖는다고 말씀하셨다. 이들은 하나님께서 모든 것을 보살피실 것을 알고 있다. 31절에서 시작해서, 예수께서는 "염려하여 이르기를 무엇을 먹을까 무엇을 마실까 무엇을 입을까 하지 말라 이는 다 이방인들이 구하는 것이라"고 말씀하셨다.

참된 천국 자녀는 사람들과도 바른 관계를 가질 것이다. 마태복음 7장은 이런 사람은 자신의 삶에 문제가 있는데도 경건한 척하려고 애쓰지 않을 것이라고 말한다.

여러분은 '아휴' 하고 한숨을 쉰다. 자신의 죄악을 생각하며 가슴을 찢고 뉘우치면서 주님 앞에 나온다. 주님은 즉시 여러분을 바꾸시고, 새로운 마음을 주시며, 다른 사람으로 바꾸어 놓으신다. 여러분은 세상의 소금이며 언덕 위에서 비치는 빛이다. 세상은 여러분이 분명히 다르다는 것을 볼 수 있다. 여러분의 삶은 의에 주린 모습으로 특징지어진다. 이것은 바른 생각, 바른 말, 바른 행동, 바른 예배, 돈과 세상 것에 대한 바른 관계를 낳는다. 그러나 여러분은 이렇게 말한다. "아휴! 어떻게 그렇게 살 수 있어요?!"

좋은 질문이다. 핵심을 파악해서 기쁘다. 여러분은 그렇게 살 수 없기 때문이다. 아무도 그렇게 살 수 없다. 그건 불가능하다. 예수께서는 부자 관원에게 가진 것을 모두 팔아 가난한 자들에게 주고 와서 자기를 좇으라고 말씀하셨다. 그러나 그 부자는 예수님보다 자기 돈을 더 사랑했다. 그래서 자기 돈을 선택하고 가버렸다. 유대인들은 부자가 하나님 나라에 더 쉽게 들어갈 수 있다고 믿었다. 왜일까? 부자들은 희생 제물을 더 많이 드릴 수 있고 구제도 더 많이 할 수 있기 때문이었다. 그래서 예수께서는 부자들을 겨냥하여 이렇게 말씀하셨다. "내가 진실로 너희에게 이르노니 부자는 천국에 들어가기가 어려우니라 다시 너희에게 말하노니 낙타가 바늘귀로 들어가는 것이 부자가 하나님의 나라에 들어가는 것보다 쉬우니라"마 19:23-24.

낙타가 바늘귀로 들어갈 수 있는가? 여러분은 이렇게 말할 것이다. "예수께서는 바늘문을 언급하고 계셨던 겁니다"(바늘문은 당시 낙타가 통과하기 어려운 작은 문이었을 것이다). 그렇지 않다! 예수께서 의도하신 것은 액면 그대로였다—그것은 낙타가 바늘귀를 통과하는 것이 부자가 구원받는 것보다 쉽다는 것이었다. "그건 불가능합니다!" 맞는 말이다.

25절은 "제자들이 듣고 몹시 놀랐다"고 말한다. 예수께서 바늘문을 말씀하고 계셨다면, 제자들은 그렇게 놀라지 않았을 것이다.

제자들은 "그렇다면 누가 구원을 얻을 수 있으리이까"라고 물었다. 예수께서는 그들을 바라보시며 "사람으로는 할 수 없으나 하나님으로서는 다 하실 수 있느니라"26절고 말씀하셨다.

어느 시대 어느 누구도 자신의 힘으로 구원받을 사람은 없다. 오직 하나님으로만 가능하다. 우리에게는 그런 힘이 없다. 우리는 자신을 구원할 수 없다. 자신을 하나님의 자비하심에 기꺼이 맡겨야 하는 것도 바로 이 때문이다. 부자는 물질주의라는 짐을 그대로 든 채 구원 마차에 오르고 싶었다. 하지만 그런 짐을 가지고 구원 마차를 탈 수는 없었다. 그 짐은 그 부자에게 도움이 아니라 오히려 화가 되었다.

누구에게나 천국에 들어가는 유일한 길은 무엇인가? 그것은 자신의 힘으로 들어갈 수 없다고 깨닫는 순간 자신의 모든 것을 내어놓고 마태복음 5:3로 돌아가 마음을 찢고 애통하며 스스로 얻을 수 없는 의에 주린 심정으로 갈망하는 것이다.

대부분의 사람들은 이러한 조건들을 충족시키고 싶어하지 않는다. 이들은 스스로의 방법으로 천국에 가고 싶어한다. 고물 덩어리를 한 아름 안고 구원 마차에 오르려 한다. 대개 네 개의 짐 – 세속, 죄, 사탄, 자아 – 을 그대로 진 채 천국 여행을 떠나려 한다. 이들은 이렇게 말한다. "예수님, 당신이 주시려는 행복을 원합니다. 지옥에 가고 싶지 않습니다. 그래서 여기 이렇게 옵니다!" 그러나 자신의 짐은 하나도 버리지 않는다.

그런데 이들을 위한 길이 있다. 마태복음 7:13로 돌아가 보자. 이 무렵 제자들은 무리와 함께 "도대체 이런 기준에 맞는 사람이 어디 있겠어?"라며 수군거리고 있었을 것이다. 예수께서는 이들을 향해 이렇게 말씀하셨다. "좁은 문으로 들어가라 멸망으로 인도하는 문은 크고 그 길이 넓어 그리로 들어가는 자가 많고."

왜 그런가? 이 문은 모든 짐을 그대로 가지고 들어갈 수 있기 때문이다. 그것은 넓은 문이다. 원하는 모든 것을 그대로 가지고 들어갈 수 있다 – 모든 공로, 자기 의自義, 고집, 예수님과 세상 양쪽 다 가지려는 양다리 걸치기 수법 등. 14절은 생명으로 인도하는 문은 좁고 길이 협착하여 "찾는 자가 적음이라"고 말한다.

큰 가방 네 개를 들고 회전문을 통과하려 해본 적이 있는가? 회전문을 통과하기 위해서는 짐을 내려놓아야 한다. 맨손으로 들어가야 한다. 멸망으로 인도하는 넓은 길에는 '지옥길'이라는 푯말이 붙어 있지 않다.

이와는 반대로, '천국길'이라고 교묘하게 표시되어 있다. 많은 사람들이 이것을 예수님의 길이라고 생각한다. 이 길은 넓다. 따라서 이 길을 가려는 사람은 아무 것도 버릴 필요가 없다. 이 길을 가는 사람은 남과 다르게 살거나 다르게 생각할 필요가 없다. 이들은 아무 것도 할 필요가 없다! 그저 "난 예전에 결심했어요", "난 세례받았어요", "난 교회에 나갔어요", "난 강단 앞으로 나갔었어요", "난 등록했어요", 또는 "어릴 때, 어머니가 도와주셨어요."라고 말하는 것뿐이다. 그러나 이 길은 잘못된 길이며, 이러한 접근도 잘못된 것이다. 이 길은 멸망의 길이다. 가장 가슴 아픈 사실은 많은 사람들이 이 길이 잘못된 길임을 깨닫지 못한 채 이 길을 가고 있다는 것이다.

그렇다고 결단이나 세례가 나쁘다는 말은 아니다. 이것들은 좋은 것일 수 있다. 그러나 종종 결단이나 세례를 기계적으로 행할 때가 많다. 여기에는 참된 회심이 전혀 없다. 넓은 길을 가는 '많은 사람들'은 예수님에게서 "내가 너희를 도무지 알지 못하니 불법을 행하는 자들아 내게서 떠나가라"마 7:23; 25:41도 보라는 말씀을 들을 것이다.

'결단'은 했지만 세상과의 끈을 전혀 끊지 못한 사람들도 있다. 이들은 악한 생활을 전혀 포기하지 않았다. 그러면서 그 때의 결단이나 경험이 확고히 자리잡을 것이라고 여전히 생각한다. 이들은 넓은 길을 가고 있으며 어느 날 천국 바깥에 이르러, 존 번연이 말했듯이, 천국의 입구 가운데 지옥의 입구가 있다는 걸 발견할 것이다. 이 길은 쉬웠고 이 길의 티켓을 파는 사람들도 많다.

거짓 선지자들을 주의하라. 예수께서는 이렇게 말씀하셨다.

나더러 주여 주여 하는 자마다 다 천국에 들어갈 것이 아니요 다만 하늘에 계신 내 아버지의 뜻대로 행하는 자라야 들어가리라 그 날에 많은 사람이 나더러 이르되 주여 주여 우리가 주의 이름으로 선지자 노릇하며 주의 이름으로 귀신을 쫓아내며 주의 이름으로 많은 권능을 행하지 아니하였나이까 하리니 그 때에 내가 그들에게 밝히 말하되 내가 너희를 도무지 알지 못하니 불법을 행하는 자들아 내게서 떠나가라 하리라

마 7:21-23.

잠들지 않도록 하라. 사랑하는 여러분, 믿음 안에 있는지 스스로를 점검하라. 스스로를 증명하라. 이것들이 하나님의 조건이다. 아이작 와츠는 이렇게 썼다.

　죄악된 마음에 무슨 희망 있으랴
　자기 가는 길도 모르는구나
　변화되지 않은 마음이
　어찌 행복을 맛보며 하나님께 이를 수 있으리요

그 뜻은 사악하고 그 열정은 눈이 멀었으니
패망의 길에서 헤매고 있구나
황폐한 이성理性이
어찌 안전하고 좁은 길을 찾을 수 있으리요
내 완악한 뜻이
어찌 하나님의 능력에 복종할 수 있을까
전능하신 구원자여
내 영을 새롭게 하소서

우리의 가증한 마음 변화시키사
주님의 생명을 주소서
전능하신 주여
우리의 열정과 능력이 주님의 것 되게 하소서.

반석 위에 세워진 집과 모래 위에 세워진 집에 대한 주님의 말씀에서 볼 수 있듯이, 좁은 길을 버리고 넓은 길을 따르면 멸망에 이른다. 두 집은 겉보기에는 구조가 같지만 그 기초는 판이하게 달랐다. 비가 오고 바람이 불 때, 반석 위에 세워진 집은 그대로 있었지만 모래 위에 세워진 집은 무너졌다.

넓은 길을 가는 많은 사람들이 그리스도라는 반석이 아닌 다른 기초 위에 집을 짓고 있다. 이들이 기초로 삼는 자신들의 공로는 결국 모래였던 것으로 드러날 것이다마 7:24-27을 보라.

시간이 얼마 남지 않았다: 하나님의 인내

시간이 얼마 남지 않았다. 내가 이렇게 말하면 여러분은 "그걸 어떻게 압니까?"라고 물을 것이다. 그렇다면 요한복음 12:32-34의 대화를 살펴보자.

내가 땅에서 들리면 모든 사람을 내게로 이끌겠노라 하시니 이렇게 말씀하심은 자기가 어떠한 죽음으로 죽을 것을 보이심이러라 이에 무리가 대답하되 우리는 율법에서 그리스도가 영원히 계신다 함을 들었거늘 너는 어찌하여 인자가 들려야 하리라 하느냐 이 인자는 누구냐.

그들은 메시아가 살아날 것이라고 들었다.

예수께서 이르시되 아직 잠시 동안 빛이 너희 중에 있으니 빛이 있을 동안에 다녀 어둠에 붙잡히지 않게 하라 어둠에 다니는 자는 그 가는 곳을 알지 못하느니라 너희에게 아직 빛이 있을 동안에 빛을 믿으라 그리하면 빛의 아들이 되리라 예수께서 이 말씀을 하시고 그들은 떠나가서 숨으시니라요 12:35-36.

얼마나 훌륭한 설명인가! 예수께서는 믿을 수 있을 동안에 믿는 게 낫다고 말씀하셨다. 그런 다음 이를 설명하시려고, 예수님이 곁에 계시지 않는 것이 어떤 의미인지 그들이 이해할 수 있게 하시려고, 그들이 찾을 수 없는 곳에 숨으셨다.

요한복음 8장에서, 예수께서는 같은 방법으로 적어도 세 번 말씀하셨다. 첫 번째는 12절에서 "나는 세상의 빛이니 나를 따르는 자는 어둠에 다니지 아니하고 생명의 빛을 얻으리라"고 말씀하셨다.

두 번째 다시 말씀하셨다. "내가 가리니 너희가 나를 찾다가 너희 죄 가운데서 죽겠고 내가 가는 곳에는 너희가 오지 못하리라"21절. 이것은 두 번째 초대이며, 빛이 있을 동안 빛을 받아들이지 않는다면 빛이 없어질 날이 올 것이라는 경고이다.

그리고 예수께서는 세 번째 경고를 하셨다. "그러므로 내가 너희에게 말하기를 너희가 너희 죄 가운데서 죽으리라 하였노라 너희가 만일 내가 그인 줄 믿지 아니하면 너희 죄 가운데서 죽으리라"24절.

예수께서는 그의 사랑을 확대하고 계셨으나 또한 항상 거기에는 한계가 있다고 말씀하셨다. 죄에 대한 하나님의 인내가 끝날 때가 온다 창 6:3.

이사야 63:7-10에서 하나님의 자비와 대조가 되는 이러한 인내의 끝을 찾아볼 수 있다. 이사야 선지자는 7절에서 이렇게 말했다. "내가 여호와께서 우리에게 베푸신 모든 자비와 그 찬송을 말하며 그의 사랑을 따라, 그 많은 자비를 따라 이스라엘 집에 베푸신 큰 은총을 말하리라." 얼마나 멋진 구절인가! 이 구절은 하나님의 사랑이 넘치는 자비를 말하고 있다.

"그가 말씀하시되 그들은 실로 나의 백성이요 거짓을 행하지 아니하는 자녀라 하시고 그들의 구원자가 되사"8절. 이 얼마나 멋진 하나님의 모습인가! 그는 너무나 인자하시며, 은혜로우시다.

"그들의 모든 환난에 동참하사 자기 앞의 사자로 하여금 그들을 구원하시며 그의 사랑과 그의 자비로 그들을 구원하시고 옛적 모든 날에 그들을 드시며 안으셨으나"9절. 얼마나 사랑이 많으신 구원자이신가!

그러나 10절은 마치 이러한 평화로운 장면을 깨는 벼락 같은 모습을 보인다. "그들이 반역하여 주의 성령을 근심하게 하였으므로 그가 돌이켜 그들의 대적이 되사 친히 그들을 치셨더니."

참된 의의 기준 배우기

이어지는 장2-12장에서, 팔복을 한 구절씩 살펴볼 것이다. 몇몇 경우에는, 한 구절을 살펴보는 데 많은 지면을 할애할 것이다. 앞선 많은 저자들이 그랬듯이, 우리 또한 이 유명한 구절들에서 실제적이며 경건에 유익한 진리를 상당히 많이 뽑아낼 수 있을 것이다. 그러나 이 책의 주된 목적은 팔복에 대한 또 한 권의 주석을 내놓는 것이 아니다. 오히려 이 책은 한 가지를 요구한다. 그것은 팔복에 제시된 참된 의의 기준에 비추어 삶을 냉정하고 진지하게 재어 보라는 것이다.

삶이 예수께서 제시한 내적인 태도들과 본질적으로 일치하는 모습을 발견할 수도 있다. 이 경우 구원에 대한 확신은 새롭게 강화될 것이다.

그러나 팔복의 강한 말씀에 놀라고 스스로 부족함을 느낄 수도 있다. 이 경우 충격을 받을 수도 있다. 심지어 확신의 결여 때문에 마음이 갈기갈기 찢기는 아픔을 맛볼 수도 있다. 만약 누군가에게 이런 일이 일어난다면, 간절히 바라기는 성령께서 여러분의 마음에 말씀하시며 여러분을 참된 행복으로 인도하게 하라. 참된 행복은 그리스도께서 제시하신 의의 기준들이 반드시 삶의 푯대가 되어야 한다는 것을 알 때에만 찾아온다.

스스로 그리스도인이라고 말하는 사람들 가운데 자신이 고백한 믿음과는 모순되는 삶을 사는 사람들이 많다. 어떤 이들은 스스로 속고 있어 구원을 받지 않았는데도 받았다고 생각한다. 비극이 아닐 수 없다. 이들은 '경건의 모양'은 있지만 진리에 대해서는 마음이 굳어져 있다. 그 누구도 갈라디아서 6:3-8의 경고를 무시해서는 안 된다.

만일 누가 아무 것도 되지 못하고 된 줄로 생각하면 스스로 속임이라 각각 자기의 일을 살피라 그리하면 자랑할 것이 자기에게는 있어도 남에게는 있지 아니하리니 각각 자기의 짐을 질 것이라 가르침을 받는 자는 말씀을 가르치는 자와 모든 좋은 것을 함께 하라 스스로 속이지 말라 하나님은 업신여김을 받지 아니하시나니 사람이 무엇으로 심든지 그대로 거두리라 자기의 육체를 위하여 심는 자는 육체로부터 썩어질 것을 거두고 성령을 위하여 심는 자는 성령으로부터 영생을 거두리라.

하나님은 인내하시고, 인자하시며 선하시다. 하나님은 은혜롭고, 자비로우시며, 오래 참으신다. 하나님은 그 누구도 멸망하길 원치 않으신다. 그러나 하나님의 자비에는 한계가 있다. 아직 삶을 그리스도께 헌신하지 않았고 그가 원하시는 대로 그 나라에 들어오지 않았는가? 그렇다면 그렇게 할 수 있을 동안에 그렇게 하는 것이 좋다. 빛이 있을 동안에 빛으로 나오라. 아들이 비치실 동안에 그에게로 오라.

02
복이란……

마태복음 5:1-2

팔복에서 예수께서는 **복이 있나니**blessed라는 단어를 아홉 번 사용하셨다. 간단히 말해, 이 말은 진정한 내적 기쁨이 있다는 의미에서 행복하다happy는 뜻이다. 우리는 이처럼 복이 있나니라는 말을 행복하나니라고 바꾸어 읽을 수 있다. 예수께서는 행복에 이르는 유일한 길을 가르쳐 주신다.

우선 이 책에서 살펴볼 전체 본문인 마태복음 5:1-12을 읽어 보자.

예수께서 무리를 보시고 산에 올라가 앉으시니 제자들이 나아온지라 입을 열어 가르쳐 이르시되 심령이 가난한 자는 복이 있나니 천국이 그들의 것임이요 애통하는 자는 복이 있나니 그들이 위로를 받을 것임이요 온유한 자는 복이 있나니 그들이 땅을 기업으로 받을 것임이요 의에 주리고 목마른 자는 복이 있나니 그들이 배부를 것임이요 긍휼히 여기는 자는 복이 있나니 그들이 긍휼히 여김을 받을 것임이요 마음이 청결한 자는 복이 있나니 그들이 하나님을 볼 것임이요 화평하게 하는 자는 복이 있나니 그들이 하나님의 아들이라 일컬음을 받을 것임이요 의를 위하여 박해를 받은 자는 복이 있나니 천국이 그들의 것임이라 나로 말미암아 너희를 욕하고 박해하고 거짓으로 너희를 거슬러 모든 악한 말을 할 때에는 너희에게 복이 있나니 기뻐하고 즐거워하라 하늘에서 너희의 상이 큼이라 너희 전에 있던 선지자들도 이같이 박해하였느니라.

12절에 있듯이, 이 단락의 궁극적인 요점은 팔복의 진리들이 넘치는 기쁨과 즐거움을 가져다주어야 한다는 것이다. 하지만 역설적으로 들리지 않는가? 마태복음의 팔복 기사는 대부분의 사람들이 기대했을 것과는 거리가 먼 나라를 제시한다. 여러분도 보시다시피, 여기서 예수께서 제시하시는 행복은 여러분이 기대하는 그런 행복은 아니다.

팔복은 심령이 가난한 자, 애통하는 자, 온유한 자, 의에 주리고 목마른 자, 긍휼히 여기는 자, 마음이 청결한 자, 화평케 하는 자, 박해를 받는 자가 복이 있다고 말한다. 그러나 여러분은 그렇게 말하지 않는다. "잠깐만요! 내가 정말 그런 행복을 원하는지 자신이 없군요! 그건 비극이 이름만 바뀐 것 같은데요! 농담하시는 거겠죠!" 그러나 처음부터 끝까지 비극이 행복과 관련되어 있다.

다른 길은 없다. 비극이 행복의 열쇠이다.

대부분의 사람들에게는, 팔복의 모든 것이 모순처럼 보인다. 어떤 작가는 이렇게 말했다. "마치 예수께서 인생의 쇼윈도우에 기어 들어가셔서 모든 가격표를 바꿔 다신 것 같다. 가격표가 모두 반대로 붙어 버렸다(비싼 물건에는 싼 가격표가, 싼 물건에는 비싼 가격표가)."

행복은 비극에서 오는가?

세상은 이렇게 말한다. "행복은 수완가, 즉 자신에게 방해가 되는 모든 사람들을 밀어내는 사람, 자신이 원하는 것을 자신이 원하는 때에 자신이 원하는 곳에서 자신이 원하는 방식으로 얻는 사람이다. 행복은 남성적이다. 행복은 자신의 일을 하는 것이다. 행복은 자신이 얻을 수 있는 모든 즐거움을 움켜쥐는 것이다. 부자는 행복하며, 귀족은 행복하며, 유명한 사람은 행복하며, 인기 있는 사람은 행복하다."

그러나 그렇지 않다. 왕이신 그의 메시지는 이런 세상의 모습과 어울리지 않는다. 그리고 이것은 그의 설교의 서두일 뿐이다!

여느 훌륭한 설교자처럼, 예수께서는 서두에 자신의 목적을 말씀하셨다. 따라서 산상설교의 첫머리에 전체적인 핵심이 제시되어 있다. 그것은 참 복, 참 행복, 참 기쁨, 참 즐거움, 그리고 하나님의 상급을 알아야 한다는 것이다.

그러면 이런 행복은 어떤 생활 양식을 낳을까? 예수께서는 이것을 말씀하시기 위해 계속 메시지를 선포하신다마 5-7장.

최고의 단편 설교를 이해하기 위해서는 먼저 그 설교에 대한 기초적인 지식이 있어야 한다. 그러니 정황상황, 설교자, 문체, 청중, 가르침의 내용을 살펴보자. 하지만 가장 먼저 필요한 것은 정황 이해이다. 따라서 먼저 성경적, 세상적, 정치적, 종교적 정황들을 살펴보기로 하겠다.

성경적 정황

마태복음 5장은 성경 속에서 어떤 위치에 있는가? 다시 말해, 마태복음 5장은 자신의 진리를 인간에게 계시하시는 하나님의 계획의 흐름에서 어느 지점에 있는가? 마태복음 5장은 새로운 지점, 극적인 변화의 자리, 실제로 믿을 수 없을 정도의 변화가 일어나는 자리이다.

구약의 마지막 메시지를 살펴보자. 말라기 4:6에서 구약은 이렇게 끝난다. "그가 아버지의 마음을 자녀에게로 돌이키게 하고 자녀들의 마음을 그들의 아버지에게로 돌이키게 하리라 돌이키지 아니하면 두렵건대 내가 와서 저주로 그 땅을 칠까 하노라."

흥미롭지 않은가? 구약은 저주로 끝난다. 반면에 신약은 축복으로 시작된다. 이것이 바로 극적인 변화이다. 구약은 율법, 시내산, 천둥, 번개, 심판, 저주이며, 신약은 시온산, 은혜, 평화, 축복이다.

복이 있나니blessed라는 단어는 기본적으로 행복한happy 또는 지복至福한blissful이란 뜻의 헬라어 '마카리오스' makarios에서 파생했다. 그리고 '마카리오스'는 행복하다라는 뜻의 어근 '마카르' makar에서 파생했지만, 이 어근은 긍정적인 환경에 기초한 행복이라는 일반적인 의미에서 행복하다라는 뜻은 아니다. 예를 들면, 호머는 그리스 신들은 그들 자체로 복이 있다blessed는 것, 즉 가난, 나약함, 죽음에 종속되는 인간 세상의 영향을 받지 않는 상태를 묘사하는 데 이 단어를 사용했다. 이것이 신약에 사용된 복이 있다는 단어의 의미이다.

그리스인들은 키프러스 섬을 '행복의 섬'이라고 불렀다. 그들은 키프러스 섬이 너무나 아름답고 비옥하며 풍요로워서, 달리 완벽한 삶을 찾으려고 이 섬을 벗어날 필요가 없다고 믿었기 때문이었다. '마카리오스'는 마음속의 모든 바람이 성취된 내적 기쁨을 말한다.

윌리엄 바클레이는 이렇게 말했다. "인간의 행복은 삶의 기회와 변화에 좌우되는 것이다. 다시 말해, 삶이 줄 수도 있고 파괴할 수도 있는 것이다. 그러나 그리스도인의 복은 그 누구도 손댈 수도 공격할 수도 없는 것이다."[1]

예수께서는 이 행복은 그 누구도 빼앗아 갈 수 없다고 말씀하셨다요 16:22. 이것은 내적 평안, 내적 지복, 내적 행복이다. 이러한 내적 기쁨은 환경이 주는 것이 아니다. 한 걸음 더 나아가 보자. 복이 있다는 말은 인간을 그 존재의 바닥에서부터 감동시키는 성품을 가리킨다. 내가 이렇게 말하는 것은 이 단어가 하나님을 묘사하는 데 사용되기 때문이다. 성경에서 "하나님을 찬송할지어다"시 68:35; 72:18, "찬송을 받으실 주 여호와"시 119:12, "복되신 하나님"딤전 1:11 등의 표현을 찾아볼 수 있다(그러나 이 모든 표현이 영어로는 똑같이 Blessed be God이다).

어떤 상태를 말하든 간에, 이것은 하나님과 관련해서 진리이다. 다시 말해, 복이 있다는 것이 무슨 뜻이든 간에, 이것은 하나님과 예수 그리스도와 관련해서는 진리이다딤전 6:15. 따라서 하나님과 그리스도의 성품에 참여하는 자만이 행복을 완전히 경험할 수 있을 것이다. 이처럼 신의 성품에 참여하는 것을 제쳐두고 성경이 말하는 복이나 행

---

1) William Barclay, *The Gospel of Matthew*(Philadelphia:Westminster, 1956), 1:84.

복을 누린다는 것은 있을 수 없다.

베드로는 주 예수 그리스도를 믿는 자들은 "신성한 성품에 참여하는 자"^{벧후 1:4}라고 했다. 우리는 하나님과 주 예수 그리스도의 성품과 똑같은 지복, 똑같은 내적 만족, 마음 깊은 곳의 똑같은 행복을 누릴 수 있다. 얼마나 놀랍고 신기한 일인가!

바클레이는 이렇게 결론지었다.

세상은 세상의 기쁨을 얻을 수 있고 그 기쁨을 그만큼 쉽게 잃어버릴 수도 있다. 재산의 격감, 건강 악화, 계획 실패, 야망이 가져다준 실망, 심지어 날씨 변화까지도 세상이 줄 수 있는 변덕스러운 기쁨을 우리에게서 앗아갈 수 있다. 그러나 그리스도인에게는 영원히 예수 그리스도와 함께 그리고 그의 앞에서 행하는 데서 오는 그 누구도 빼앗을 수 없는 잔잔한 기쁨이 있다.
팔복이 위대한 것은 이것이 막연한 미래의 아름다움에 대한 동경도 아니며, 어떤 영광에 대한 멋진 약속도 아니며, 오히려 세상의 그 무엇도 빼앗을 수 없는 영원한 기쁨을 주는 지복至福에 대한 승리의 외침이기 때문이다.[2)]

그러므로 처음부터 산상설교는 예수 그리스도에 대한 믿음이 없는 이들에게는 아무 것도 제공하지 않는다. 그러나 주 예수 그리스도를 알고 그를 사랑하며 믿음으로 하나님의 성품에 참여하게 된 이들에게

---

2) Ibid., 84–85.

는, 근본적으로 하나님과 그리스도의 성품 중 하나인 '마카리오스'와 똑같은 지복, 똑같은 만족, 똑같은 행복이 그들의 것이다. 그러므로 행복이나 복에 대해 말할 때, 이것은 성경적 정황에서 나온 것일 뿐 환경에 기초한 피상적 태도를 말하는 것은 아니다.

옛 언약은 저주로 끝난다. 이에 반해 새 언약은 잠재적으로 모든 신자는 하나님의 성품에 참여하리라는 말씀으로 시작된다. 구약은 아담의 책이며 슬픈 이야기이다. 이 땅의 첫 왕은 아담이었으며 하나님께서는 그에게 세상의 통치권을 주셨다. 그는 최초의 군주였으나 실패했다. 따라서 구약은 저주의 위협으로 끝나야 했다.

그러나 신약에는 새로운 왕이 있다. 마태는 곧바로 두 번째 아담, 마지막 아담, 아담보다 큰 이를 소개한다. 그는 실패하여 저주를 남기지 않으시고, 오히려 이 땅에 오셔서 다스리시며 복을 주신다. 신약은 약속으로 끝난다 계 22:20을 보라.

이 새 왕과 함께, 인간사에 새롭고 환상적인 시대가 동튼다. 아담의 저주를 뒤바꿀 수 있는 분이 여기 있다. 마태복음에는 이 왕의 족보, 그에 대한 선지자들의 예언, 그의 선포자세례 요한, 그의 도래, 그에 대한 숭앙, 사탄의 시험을 이긴 그의 우월성, 그에 대한 인정認定, 그의 활동 등이 담겨 있다. 이제 우리는 이 왕의 말씀을 접하게 된다. 그것은 군주 자신의 선언이다.

산상설교는 이 왕이 복을 갈망하는 자들에게 저주 대신 복을 주시는 훌륭한 말씀이다. 이것이 이 설교의 일반적인 성경적 정황이다. 새 시대가 도래했고, 새 왕이 나타났으며, 새로운 메시지가 선포된다.

세상적 정황

예수님의 메시지는 세상적인 태도를 입도한다. 인간의 텅 빈 영혼을 외적인 것으로는 채울 수 없다. 그러나 세상은 이렇게 하려고 애쓴다. 예수께서는 행복의 나무는 저주받은 땅에서는 자라지 않는다고 하셨다. 그러나 너무나 많은 사람들이 이 땅에서 행복을 구한다.

솔로몬은 역사상 가장 훌륭한 왕이었다. 세상의 기준에 따르자면 그는 당연히 행복했어야 할 사람이었다. 그는 고귀한 신분이었다. 그는 메시아가 오실 다윗 왕조의 후손으로 역사상 가장 훌륭하고 고귀한 혈통을 지녔다. 그의 궁전은 이 땅에 세워진 궁전의 전형이었다. 그리고 그 궁전은 그 성, 곧 하나님의 성 예루살렘에 있었다. 그의 부가 얼마나 엄청나고 그의 보물이 얼마나 많았던지 구약은 그의 은이 길가의 돌멩이처럼 흔했다고 말한다. 멋진 음식과 세상에서 가장 좋은 수천 필의 말이 가득한 멋진 마구간이 그의 즐거움이었다. 그에게는 궁전, 종, 포도원, 낚시터, 정원이 있었다. 여자도 수백 명이나 되었다! 거기다가 그는 역사상 가장 지혜로운 사람이었다. 그는 모든 것을 가졌으며 무엇 하나 부족한 것이 없었다.

세상의 기준으로 본다면, 그는 한없이 행복한 사람이어야 했다. 그러나 그는 이 모든 것에 대해 "헛되고 헛되니 모든 것이 헛되도다"전 1:2라고 했다. 여기서 헛되다는 말은 텅 비었다/공허하다는 뜻이다. 신약은 인간의 생명이 소유의 넉넉한 데 있지 않다고 가르친다눅 12:15. 여러분은 세상의 좋은 것들에서 행복을 찾고 있는가? 그렇다면 번지수가 틀렸다. 공허한 영혼을 세상의 시시한 것들로 채울 수 있다는 생각은 너무나 어리석은 것이다.

물질적인 것들은 영혼을 감동시키지 못한다. 이것은 간단한 진리이다. 하지만 이 점을 깊이 생각해 보라. 물질적인 것으로 영적 필요를 채울 수는 없다. 사람들은 그렇게 해보려고 애쓴다. 결혼 생활이 불행하면, 새 차나 새 옷을 산다. 그러나 이것은 어리석은 짓이다.

그렇다고 그 반대로 할 수도 없다. 배가 고플 때, 사람들이 원하는 것은 은혜에 대한 강의가 아니라 식사이다. 목이 마를 때, 사람들이 원하는 것은 하나님의 놀라운 자비에 대한 설교가 아니라 물이다. 물질적인 것으로 영적인 필요를 채울 수 있다고 생각하는 것은 어리석은 짓이다.

사울왕이 번민에 빠졌을 때, 왕관의 보석들이 그에게 위로가 될 수는 없었다. 다니엘서는 벨사살왕이 어느 나라에서도 유래를 찾아볼 수 없을 정도로 매일 잔치를 벌이며 흥청거리며 살았다고 말한다. 다니엘 5:5은 벨사살이 예루살렘 성전에서 탈취해 온 황금잔으로 포도주를 마시고 있을 때 손 하나가 나타나, 벨사살을 저울에 달았더니 모자랐다는 글을 벽에 썼다고 말한다. 성경은 벨사살의 안색이 변했다고 말한다. 포도주는 맛이 없어졌고 입 속의 음식은 모래와 같았다.

위대한 청교도 성인 토머스 왓슨도 다음과 같이 썼다. "한 장의 종이가 총알을 막을 수 없듯이 이 세상의 것들은 영적인 근심을 막아주지 못한다. 세상적인 기쁨에는 날개가 달렸다······."3) 외적인 것들은 영혼을 복되게 하기보다는 더 불안하게 할 뿐이다전 5:13. 세상에 오셨을 때,

예수께서는 세상의 것들을 제안하지 않으셨다.

오늘날 그리스도인인 체하면서 세상의 것을 제안하는 사람들이 있다. 이들은 경제적 번영, 성공, 인기를 약속한다. 예수께서는 결코 이런 것을 제안하지 않으셨다. 산상설교에서는 이런 것을 찾아볼 수 없다. 누가복음은 가난한 자는 복이 있다고 했다눅 6:20.

하나님께서 훌륭하고 비길 데 없는 설교-팔복-에서 말씀하시는 내용은 아주 분명하다. 그것은 이 세상에서는 행복을 절대 찾을 수 없다는 것이다. 절대 찾을 수 없다. 여러분은 이 점을 깨달아야 한다. 세상에서 행복을 찾는 것은 죽은 자들 중에서 산 자를 찾는 것과 같다. 여러분은 수준을 한 단계 높여야 한다.

산상설교는 여러분을 그 단계로 인도해 줄 것이다. 준비되었는가? 이것은 이 세상과 거기 있는 것들로부터 여러분을 즉시 끌어내는 것이다. 텔레비전에서 보는 모든 것을 거스르는 것이다. 말 많은 세일즈맨에게서 듣는 모든 것을 거스르는 것이다. 광고 게시판에서 보는 모든 것, 잡지에서 읽는 모든 것을 거스르는 것이다. 이것은 전혀 다른 삶의 기준, 즉 세상이 말하는 것과 완전히 반대되는 삶의 기준을 여러분에게 제공한다.

이런 삶을 제대로 배우지 않는다면 실제로 이런 삶을 사는 데 어려움을 겪을 것이다. 이런 삶은 세상의 제도로 대표되는 모든 것들로부터 집중 공격을 받을 것이기 때문이다.

---

3) Thomas Watson, *The Beatitudes*(Edinburgh:Banner of Truth, 1975), 27.

정치적 정황

유대인들은 메시아를 고대하고 있었으나 그들이 바라던 메시아는 정치적인 통치자였다. 이들은 백마를 타고 예루살렘에 입성하여 미증유의 혁명을 통해 모든 로마인들을 쳐부술 영웅을 원했다. 이들은 메시아가 도래하면 진정한 의미의 보응이 있을 것이라고 기대했다.

요한에 따르면, 예수께서 공생애를 시작하실 때 복지 국가를 꿈꾼 이들은 그를 갈릴리의 왕으로 삼으려 했다. 예수께서는 수천 명을 먹이셨으며, 그 때문에 다음날 아침 공짜 식사에는 더 많은 사람들이 찾아왔다. 이들은 예수님이 자신들을 먹일 거라고, 지속적인 복지를 가져다주실 거라고 생각했다. 유대인들은 정치적 왕국을 고대하고 있었다. 하지만 예수께서는 결코 그런 왕국을 제안하지 않으셨다. 예수께서는 조롱 섞인 재판을 받으시면서 빌라도에게 "내 나라는 이 세상에 속한 것이 아니니라"고 말씀하셨다요 18:36.

예수께서는 결코 정치를 들먹이지 않으셨다. 예수께서는 사회 구조를 바꾸는 것보다는 개개인의 내면을 바꾸는 데 관심을 두셨다. 이것은 그가 첫 번째 설교에서 말씀하신 것이기도 하다. 여기서는 통치나 소유가 아니라 인간 존재가 강조된다. 그는 인간이 무엇을 행하느냐보다는 오히려 인간이 무엇이냐에 관심을 두신다. 이것은 후자가 전자를 결정하기 때문이다.

산상설교의 이상은 정부와 국가에 대한 인간의 이상과는 상이하다. 사실, 그리스도의 나라에서 가장 높은 사람은 세상의 눈으로 볼 때는 가장 낮은 사람일 것이다. 예수님 시대까지 살았던 사람들 중 가장 큰 사람이 누구인지 아는가? 세상의 눈으로 볼 때, 그는 광야에서 살았던 유별난 광신자에 불과했다. 그는 종교 제도의 일원도 아니었다. 그러나 예수께서는 세례 요한이 그 때까지 살았던 사람들 중 가장 큰위대한 사람이라고 하셨다마 11:11을 보라.

그런 다음 사실 이렇게 말씀하셨다. "하지만 세례 요한보다 큰 이가 있다. 그가 누군지 아느냐? 내 나라에서 가장 작은 자이니라." 예수께서는 심령이 가난한 자, 애통하는 자, 온유한 자, 의에 주리고 목마른 자, 내적인 공허를 느끼는 자, 긍휼히 여기는 자, 마음이 청결한 자, 화평케 하는 자가 바로 그들이라고 말씀하셨다. 이들은 또한 박해를 받고, 욕을 먹고, 온갖 중상모략을 당하는 자들이다.

지금까지 들어보지 못한 가장 큰 패잔병 무리 같지 않은가? 세상의 기준으로 볼 때는 그렇다. 세상은 스스로 노력하라, 네 권리를 요구하라, 거물이 되라, 머리가 되어라, 자존심을 버리지 말라고 한다. 그러나 그리스도께서 다스리시는 나라는 다르다. 그 나라는 심지어 원수 갚지 말고 박해를 그대로 감수하라고까지 말하며, 이렇게 사는 사람들이 복이 있다고 말한다.

따라서 이 메시지의 정치적 측면은 사람들을 아연실색하게 하는 것이었다. 이 메시지는 유대인들이 메시아가 말할 것이라고 기대했던 것과 반대된다. 그리고 그들이 기대했던 것에 견주어 볼 때, 그리스도께서는 전혀 정치적이지 않으셨다.

종교적 정황

예수께서는 모든 거짓된 종교주의자들 및 직업적인 의식儀式주의자들과 맞서셨다. 유대교에는 네 개의 주요 집단이 있었다. 바리새인, 사두개인, 에세네파, 셀롯당열심당이 그들이다. 이제 각 집단의 일반적인 성격을 간략하게 살펴보기로 하자.

- **바리새인**들은 행복을 전통이나 율법주의에서 찾을 수 있다고 믿었다. 이들은 과거에 집착했다. 이들에게 있어, 진정한 행복은 조상의 전통을 순종하는 데서 얻어진다.

- **사두개인**들은 행복을 현재에서, 즉 모더니즘과 자유주의에서 찾을 수 있다고 믿었다. 이들은 이렇게 말하곤 했다. "우리는 현재에 존재한다. 우리는 모든 것을 현재의 기준에 따라 해석해야 한다." 이들의 종교는 업데이트된 종교이며 최신 자유주의이다. 이들은 옛 것을 버리라고 말한다(어떤 의미에서, 바리새인들과 사두개인들 양쪽 모두에게 조금의 진리는 있다. 참된 종교는 과거에 기초해야 하며, 현재 속에서 작용해야 하기 때문이다).

- **에세네파**는 "아니다, 행복은 자신을 세상에서 분리하는 데 있다."고 말했다. 멋지게 들리지 않는가? 그러나 이들은 지리적인 분리만을 강조했다. 이들은 단지 마을을 떠나 광야로 갔을 뿐이다.

- 마지막으로 **셀롯당**은 행복은 정치적 혁명, 즉 로마를 쓰러뜨리는 데 있다고 말했다.

즉 바리새인들은 돌아가자는 말이었다. 사두개인들은 전진하자고 말하고 있었다. 에세네파는 세상에서 나가자고 말하고 있었다. 그리고 셀롯당은 맞부딪치자고 말하고 있었다.

바리새인들은 향수병 환자들이었다. 사두개인들은 모더니스트들이었다. 에세네파는 분리주의자들이었다. 그리고 셀롯당은 사회 운동가들이었다. 정말 뒤죽박죽이었다! 오늘날의 모습처럼 보이지 않는가!

예수님의 요점은 '너희들 모두 틀렸다.'는 것이었다. 그는 바리새인들에게는 "종교는 외적인 준수가 아니다."라고 말씀하셨다. 사두개인들에게는 "종교는 새 시대를 수용하기 위한 인간의 철학이 아니다."라고 말씀하셨다. 에세네파에게는 "나를 믿으라. 종교는 지리적인 분리가 아니다."라고 말씀하셨다. 그리고 셀롯당에게는 "종교는 사회적 행동주의가 아니다."라고 말씀하셨다.

예수님이 말씀하고 계셨던 것은 이것이었다. '내 나라는 내적인 것이다.' 이것이 전체적인 요점, 즉 그가 세상에 주시는 메시지이다. 이것이 산상설교의 전체적인 기초이다. 이것은 외적인 것이 아니라, 내적인 것이다. 의식도, 철학도, 위치도, 행동도 아니다. 여기서 예수님은 하나님께서 자신의 법을 그들의 마음에 기록하리라고 한 새 언약의 문을 열고 계신다렘 31:33.

예수께서는 이것을 이렇게 요약하셨다. "너희 의가 서기관과 바리새인보다 더 낫지 못하면 결코 천국에 들어가지 못하리라"마 5:20. 바꾸어 말하자면, 외적인 것에서 더 나아가지 않는다면, 그의 나라의 어느 한 부분도 차지하지 못한 것이다.

같은 진리가 오늘날에도 적용된다. 우리가 신학에 대해 바른 전통적 견해를 갖고 있다고 해서 이것으로 위안을 삼아서는 안 된다. 자유주의자들이 성경은 하나님의 말씀이 아니라는 상당히 대단하고 새로운 (실제로는 매우 오래된) 신학을 낳았다고 해서 이것으로 위안을 삼아서는 안 된다.

한 인간이 수도원에 들어가 앉아 하나님을 묵상하고 세상의 것에 정신을 빼앗기지 않는다고 해서 이것으로 위안을 삼을 수는 없다. 뿐만 아니라 한 인간이 스스로를 사회 운동가라고 부르고 사회적 문제들을 해결하려고 노력하면서 모든 곳을 뛰어다닌다는 이유 하나만으로 스스로 위안을 삼을 수는 없다.

이런 것들은 예수께서 추구하시는 것이 아니다. 궁극적으로 볼 때, 이 모든 것에는 어느 정도 진리가 담겨 있다. 그렇지 않은가? 우리는 사회 활동에 가담해야 하며, 동시에 하나님께 성별되어야 한다. 우리는 시대에 뒤져서는 안 되며, 동시에 과거에 기초를 두어야 한다. 그러나 이것들은 그 자체로 볼 때 외적인 것이다. 하나님께서는 내적인 것을 추구하신다.

사무엘상 16:7로 돌아가 보자. 하나님께서는 "나 여호와는 중심을 보느니라"고 하실 때 이것을 말씀하셨다. 잠언 4:23은 "모든 지킬 만한 것 중에 더욱 네 마음을 지키라 생명의 근원이 이에서 남이니라"고 말한다. 마음을 지키는 것이 낫다. 이것이 문제이다. 우리가 육적인 마음(심장)을 돌보는 것처럼 영적인 마음을 돌본다면, 놀라운 일이 일어날 것이다. 그렇지 않겠는가? 사람들은 심장을 보호하는 일에 정말 최선을 다한다. 조깅하는 사람들과 자전거 타는 사람들을 거리 어디에서나 찾아볼 수 있다. 마음을 보살피라!

성경이 네 마음을 지키라고 할 때, 이것은 영적 자아를 말하는 것이다. 히브리어에서, 마음은 하나님에 대한 모든 지식의 자리를 포함한다. 윌리엄스 번역은 예수께서 누가복음 11:39-41에서 말씀하신 것을 잘 표현한다.

"너희 바리새인들은 지금 잔과 대접의 겉을 깨끗하게 하는 습관은 있으나, 너희 속은 탐욕과 악독으로 가득하도다. 너희 어리석은 자들아! 밖을 만드신 이가 속도 만들지 아니하셨느냐? 그러나 너희 내적 자아를 단숨에 바쳐라. 그리하면 너희가 당장 모든 것을 깨끗게 하리라."[4]

산상설교의 중요성

지금까지 개괄해 본 정황에 비추어 볼 때, 산상설교를 공부하는 5가

---

4) Charles B. Williams, *The New Testament in The Language of the People*(Chicago: Moody, 1966), 161.

지 중요한 이유가 있다.

1. 산상설교는 중생의 필요성을 보여준다. 우리는 혼자 힘으로, 우리의 육으로는 하나님을 기쁘시게 할 수 없다. 신의 성품에 참여하는 자들만이 복이 무엇인지 알며 누릴 수 있다. 산상설교는 구원의 필요성을 보여준다는 점에서 모세 율법을 강화한다. 모세 율법은 이것도 하지 말고 저것도 하지 말라고 말한다 – 여기서는 각각의 행위를 어떻게 다루느냐가 강조된다. 이에 반해, 산상설교는 태도를 보다 직접적으로 다룬다. 산상설교는 예수 그리스도 안에서 중생하지 않고는 단 하루도 복되게 살 수 없다고 말한다. 산상설교는 하나님 없는 인간이 처한 절망적인 상황을 보여준다.

2. 산상설교는 예수 그리스도를 분명하게 지칭하며 그의 마음을 가장 분명하게 보여준다. 예수께서 어떤 생각을 하시는지 알고 싶은가? 그렇다면 그의 설교를 연구하라. 그의 심장이 과연 어느 부분에서 뛰고 있는지 알고 싶은가? 그렇다면 그의 설교를 연구하라. 그가 삶과 생명에 대해 실제로 무엇을 느끼시는지 알고 싶은가? 그렇다면 그의 설교를 연구하라.

3. 산상설교는 그리스도인이 행복할 수 있는 유일한 길을 제시해 준다. 행복하고 싶은가? 성령 충만을 원하는가? 그렇다고 신비적인 체험을 구하지 말라. 모호한 꿈을 좇지 말라. 이 모임 저 모임을 옮겨 다니면서 허공에서 무엇인가를 잡으려고 애쓰지 말라.

그저 산상설교를 숙지하고 실천하라.

4. 산상설교는 내가 아는 최선의 전도법이다. 놀랐는가? 진정으로 산상설교의 말씀대로 산다면, 우리는 세상을 그리스도 앞에 무릎 꿇릴 수 있을 것이다.

5. 산상설교에 대한 순종은 하나님을 기쁘시게 한다. 여러분이나 나와 같은 죄 많은 사람들이 하나님을 기쁘시게 할 수 있다는 것은 하나의 특권이다. 도저히 믿어지지 않는 놀라운 은혜이다!

따라서 우리가 산상설교를 공부하는 데는 충분한 이유가 있다. 이제 첫 두 절을 자세히 살펴보기로 하자.

잡다한 무리

마태복음 5:1은 "예수께서 무리를 보시고 산에 올라가 앉으시니"로 시작된다. 예수께서는 항상 무리에게 둘러싸여 계셨고 그 무리를 돌보셨다. 마태복음 9:36, 14:14, 15:32은 예수께서 무리를 보시자 불쌍히 여기셨다고 말한다.

이 특별한 무리는 마태복음 4:23-25에 묘사되어 있다. 그런데 이 구절에 따르면, 예수께서는 회당에서 가르치고 하나님 나라 복음을 전파하며 병자들을 고치면서 온 갈릴리를 돌아다니셨다. 그의 명성은 사방에 퍼졌고, "갈릴리와 데가볼리와 예루살렘과 유대와 요단강 건너편에서 수많은 무리가 (그를) 따랐다"25절.

동서남북 각지에서 엄청난 사람들이 몰려왔으며, 그들을 보시자 예수님은 여느 때처럼 마음이 찢어질 듯 아프셨다. 예수께서는 이들이 육적으로 주린 것을 보시자 이들에게 먹을 것을 주셨다. 이들이 영적으로 주린 것을 보시자 이들의 영혼이 필요로 하는 것을 채워주셨다.

무리는 그리스도를 따라다녔다. 여기에는 온갖 사람들이 다 있었다. 병자, 귀신들린 자, 바리새인, 사두개인, 에세네파, 셀롯당, 무식한 자, 창녀, 세리, 학자 등 없는 사람이 없었다. 예수님의 이야기와 가르침은 품위 있는 사람, 보잘것없는 사람, 부자, 거지 등 그 누구에게나 매력이 있었다. 그리스도께는 신분이나 지위를 전혀 가리지 않는 이상한 매력이 있었다.

그의 메시지는 사실 우선적으로는 무리가 아니라 제자들에게 주어진 것이었다. 그러나 예수께서는 무리가 그의 메시지를 듣기 원하셨다. 이들은 그의 가르침대로 살 수 없었다. 이들은 이 복을 알 수 없었다.

그러나 이들은 적어도 이것이 유용하다는 것은 알 수 있었다. 이들은 이차적인 청중이었으나 이 메시지를 부추긴 것은 바로 이들이었다.

예수께서는 산으로 올라가셨다. 그리고 자리에 앉으셨다. 제자들이 예수께 다가오자 예수님은 입을 열어 가르치셨다.

능력 있는 설교자

"그 사람이 말하는 것처럼 말한 사람은 이 때까지 없었나이다"요 7:46. 사람들은 이렇게 말하면서 이 설교자가 누구인지 의아해 했다. 마가는 예수님에 대해 "그가 가르치시는 것이 권위 있는 자와 같고 서기관들과 같지 아니함일러라"막 1:22고 했다. 예수님은 어떤 자료도 인용하지 않으셨다. 예수님은 모든 것을 자신의 권위로 말씀하셨다. 얼마나 놀라운 설교자인가!

예수님의 설교는 설교에 대한 훌륭한 실례이다. 예수님의 설교에는 세 가지 요점이 있다(이보다 멋진 설교를 찾아볼 수 없을 것이다!) – 그 나라의 백성, 그 나라의 의, 그리고 그 나라에 들어가라는 간곡한 권고. 그의 설교는 한 부분에서 그 다음 부분으로 멋진 전이를 이루면서 아름답게 흘러간다. 그리고 이 설교의 효력은 강력했다. "무리들이 그의 가르치심에 놀라니"마 7:28-29.

예수께는 능력과 하나님의 위임이 있었으며, 그의 설교는 틀이 갖추어져 있었다. 하나님께서는 구약의 한 선지자에게 이렇게 말씀하셨다. "내가 네 혀를 네 입천장에 붙게 하여 네가 말 못하는 자가 되어 그들을 꾸짖는 자가 되지 못하게 하리니"겔 3:26. 그러나 후에 하나님께서는 같은 선지자를 찾아 오셔서 그로 하여금 이렇게 말하게 하셨다. "저녁에 여호와의 손이 내게 임하여 내 입을 여시더니……내 입이 열리기로 내가 다시는 잠잠하지 아니하였노라 여호와의 말씀이 내게 임하여 이르시되"겔 33:22-23.

오직 하나님께만 있는 전능과 전지를 가지신 우리 주 예수 그리스도께서는 어떤 설교와도 다른 설교를 하셨지만, 하나님의 주권적인 뜻에 따라 입을 열게 하실 때까지 기다리셨다.

1절을 다시 한번 보라. 그는 산으로 가셨다. 헬라어 성경에는 정관사를 붙여 그 산이라고 했다. 어느 산인가? 결코 특정한 산이 아니다. (이름이 나와 있지 않다.) 그저 고요하고 푸르며 햇빛을 받아 반짝이는 갈릴리 호수의 북쪽 언저리에 접한 평범한 언덕이었을 뿐이다―경치가 아주 멋진 곳이었다. 오른쪽에는 갈릴리의 얕은 언덕으로, 왼쪽은 골란 고원으로 둘러싸여 있으며, 몇 마일 아래쪽에는 요단강이 발원하여 요단 계곡을 거쳐 사해로 흘러든다.

언덕 너머 서쪽에는 사론의 골짜기가, 그 너머에는 지중해가 펼쳐져 있다. 여기 작은 언덕에 예수께서 앉아서 말씀하셨다. 그것은 그저 하나의 산에 불과했다. 그렇다면 헬라어 성경에는 왜 그 산이라고 되어 있을까? 예수께서 거기서 설교를 하시기 전에는 그곳은 그 산이 아니었다. 예수께서 바로 그곳을, 말하자면 신성하게 하셨기 때문에, 마태가 기록할 때 그곳은 그 산이 되었다.

예수께서는 자리에 앉으셨다. 그리고 입을 열어 무리를 가르치셨다. 그가 앉으신 것은, 이것이 랍비가 가르치는 전통적인 방법이기 때문이었다. 그가 앉아서 말씀하실 때, 그것은 공식적인 말씀이었다. 이것은 오늘날에도 그대로 적용된다. 대학에서 교수에게 직위가 주어질 때, 우리는 그에게 '자리' 의자가 주어졌다고 말한다. 로마 가톨릭은 교황이 '권좌로부터' ex cathedra 말한다고 한다.

예수님의 말씀은 두서 없는 생각이 아니었다. 그것은 왕the King의 공식적인 선포였다. 헬라어에서 '그가 그의 입을 열었다.' (한글 개역은 "입을 열어")는 구어적 표현이다. 이것은 엄숙하고, 장엄하며, 품위 있고, 진지하며, 무게 있는 진술을 말한다. 성경 이외의 곳에서 사용되는 용법을 보아도 이 표현은 자신의 마음에 있는 것을 친밀하게 나누는 사람을 가리키는 데 사용된다.

누가 이 메시지대로 살 수 있는가

'그의 제자들이 그에게로 왔다' (한글 개역에서는 "제자들이 나아온지라"). 제자들이 일차적인 대상이었다. 왜냐하면 이들은 예수께서 말씀하신 복을 알 수 있는 유일한 사람들이었기 때문이다. 이들은 산상설교대로 살 수 있는 유일한 사람들이었다. 왜냐하면 자신들의 삶 속에서 하나님의 능력과 임재에 참여한 유일한 사람들이었기 때문이다.

우리는 예수 그리스도를 알 때에만 이렇게 할 수 있다. 지금은 고인이 된 영국의 대주교 맥기McGee는, 영국은 그 왕에게 충성하지 않기 때문에 산상설교에 입각해서 영국을 이끌어가기란 불가능하다고 말했다. 누구든지 그 왕을 알지 못하는 한, 산상설교대로 살 수 없다. 제자들은 예수님을 알았으며, 그러므로 그들이 일차적인 청중이었다. 나머지에게, 산상설교는 예수님을 알라는 초대였다.

교훈은 3-12절에서 나타난다. 복이 있나니, 복이 있나니, 복이 있나

니, 복이 있나니. 정말 대단한 가르침이다. 앞으로 보겠지만, 그의 말씀은 너무나 심오하며, 인간의 삶을 바꾸어 놓는다.

산상설교를 공부한 사람은 옛 모습 그대로 있을 수 없다. 그건 나도 마찬가지이다. 우리가 팔복에서 생각해 볼 진리들은 깊고 심오하며, 큰 노력을 요한다. 이것들은 냉담한 자들을 위한 것이 아니다. 우리가 주 예수 그리스도를 안다면, 우리에게는 그 나라의 삶을 생활에 적용할 능력이 있음을 기억하자. 그리고 하나님께서 원하시는 사람이 되는 일에 헌신하자.

03
심령이 가난한 자는
복이 있나니

마태복음 5:3

"심령이 가난한 자는 복이 있나니 천국이 그들의 것임이요." 이 한 절을 가지고 이 장 전체를 채운다고 해서 놀라지 말라. 팔복의 몇 절은 멋진 진리가 너무나 많이 담겨 있어서 한 장 전체를 할애하여 주석을 할 만하다.

몇 년 전, 무디 성경 학교의 도널드 콜C. Donald Cole 목사님이 "지금부터 잠시 동안 교만에 대한 몇 가지 주목할 만한 사실을 말씀드리겠습니다."라고 하면서 심령이 가난한 자의 태도와는 반대되는 교만을 멋지게 풍자했던 적이 있다.

물론 정말 교만한 사람은 좀처럼 스스로 교만하다고 생각하지 않는다. 자신이 교만하다고 생각하는 사람이 있다면, 그 사람은 자신의 생활이 산상설교 서문에 실린 예수님의 새로운 메시지와 대립된다는 것을 쉽게 깨달을 것이다. 예수님은 새로운 삶, 의로운 이상, 이타적인 기준에 기초한 복과 행복을 제시하고 계신다. 이 위대한 설교는 바로 이러한 행복, 즉 이타적인 사람들에게만 주어지는 행복에 초점이 맞춰져 있다.

이 메시지가 우리 모두를 위한 것이라고 믿는다. 역사적으로 볼 때, 몇몇 복음주의자들은 너무 힘들다는 이유로 산상설교를 반대했다. 예를 들면, 마태복음 5:48에서 그리스도께서 하신 "너희 아버지의 온전하심과 같이 너희도 온전하라"는 말씀은 너무 힘드니까 천년왕국으로 미루자고 말한다. 이들은 산상설교가 미래에 도래할 하나님 나라의 삶의 원리라고 말한다. 그러나 솔직히, 이러한 견해에는 문제점이 많다.

첫째, 본문은 이것이 천년왕국을 위한 것이라고 말하지 않는다. 둘째, 예수께서는 이 설교를 천년왕국에 살고 있는 사람들에게 하신 것이 아니다. (이것은 가장 강력한 논증으로 보인다.) 셋째, 이것을 천년왕국에 해당하는 것으로 미루어 버린다면 혼란이 생긴다. 본문은 의를 위하여 박해를 받으며 예수님으로 인해 욕을 먹고 거짓으로, 모든 악한 말로 공격받을 때 복이 있다고 말하기 때문이다. 도대체 하나님 나라에서 누가 이런 일을 당하겠는가?

"너희 원수를 사랑하며 너희를 박해하는 자를 위하여 기도하라"마 5:44는 예수님의 말씀도 의미가 없어질 것이다. 어쨌든 앞으로 살펴보겠지만, 산상설교의 모든 원리는 신약의 다른 곳에서도 발견된다. 산상설교를 미래의 하나님 나라에나 있을 몇몇 초성인超聖人들에게나 해당되는 것으로 격하시킬 수는 없다.

이것은 우리를 위한 설교이다. 이것은 시대를 막론하고 신자의 두드러진 생활 양식이다. 이것은 우리에게 삶에 대해 새로운 기준을 적용하라고 요구한다. 예수께서는 이렇게 말씀하고 계셨다. "자, 봐라. 행복이 무엇인지 알고 싶으냐? 그렇다면 너희는 반드시 이렇게 살아야 한다." 세상이 우리에게 믿기를 원하는 것과는 달리, 하나님은 흥을 깨는 분이 아니다. 너무 멋지지 않은가? 그는 행진하고 있는 여러분의 머리에 비를 내리는 분이 아니다. 이 또한 너무나 멋지고 놀랍지 않은가?

하나님께서는 우리가 행복하길 원하신다. 하나님께서는 우리에게 복이 있기를 원하신다. 그리고 하나님께서는 우리가 행복하고 복이 있을 수 있는 원리들을 제시해 주신다.

이것은 구별된 삶이다. 이렇게 살라. 그러면 약속건대 여러분은 달라질 것이다. 산상설교대로 사는 사람들은 많지 않다. 그리고 오늘날 많은 그리스도인들이 산상설교의 원리들이 말하는 구별된 삶을 살고 있지 못한 것으로 보인다. 지금 우리는 세상에 의해 모양 잡히고 있다―음악, 도덕, 결혼, 이혼, 해방 운동, 물질주의, 다이어트, 술, 춤, 기업 윤리, 의상, 오락, 그리고 모든 것에서 세상의 형상으로 만들어져 간다. 그러나 하나님께서는 우리가 다르게 살기 원하신다. 그는 "이렇게 살아라. 그러면 행복할 것이다."라고 말씀하신다. 그리고 이러한 삶은 심령의 가난(영적 가난)에서 시작된다.

내가 차를 사면 무엇보다 먼저 하는 일이 있다. 그 차의 조작법과 유지법을 설명해 놓은 사용 설명서를 읽는 일이다. 물론 기본적인 것은 이미 알고 있다. 하지만 사용 설명서에는 내가 알아야 할 것이 많이 있다. 나는 차를 만들고 설명서를 쓴 사람이 그 차에 대해 누구보다 잘 알고 있다고 추정한다. 그러니까 그 사람은 새로 산 차에 관해 문의할 수 있는 최고의 대상이다. 하나님은 세상 모든 사람의 창조자이시다. 그러나 어떻게 살아야 할 것인지를 알기 위해 하나님께 문의하는 사람들은 극히 소수에 불과하다. 인간들은 어떻게 하면 자신의 창조 목적을 성취할 수 있는지를 하나님께 물어야 한다. "하나님께서 나를 지으셨으니, 내게 말씀해 주십시오." 예수께서 말씀해 주신다. 바로 이곳에서.

내면이 드러나는 삶

예수께서는 속내면을 다루신다. 겉에는 전혀 신경을 쓰지 않으신다는 의미가 아니다. 그러나 속이 바를 때, 겉도 바르다. 행위가 없는 믿음은 죽은 것이다. 여러분은 그리스도 예수 안에서 선한 행위를 위하여 창조되었다. 그러나 참된 겉은 참된 속에 의해서만 가능하다. 다소 역설적으로 들리는가? 그렇다면 팔복 전체가 신성한 역설이라는 것을 알게 될 것이다ㅡ팔복은 세상이 생각하는 모든 것과 대조를 이룬다.

헬라어로는 '마카리오스'이며 행복이나 지복至福으로 정의되는 복이 있나니와 반대되는 단어가 신약에 있다. '위에'ouie라는 단어가 그것이며 우리 말로는 화禍라고 번역된다. 예수께서는 "너희가 복이 있기를 바라노니."라고 말씀하지 않으셨다. "……하는 자는 복이 있나니." 라고 말씀하셨다. 이와는 대조를 이루어 "……에게는 화가 있으리로 다."라고 말씀하셨다. 그는 단지 바라고 계시지 않으셨다. 두 경우 모두, 판단적인 선언을 하셨다.

팔복에서 이러한 선언들의 연쇄 고리를 보라. 제일 먼저 심령이 가난한 자를 볼 수 있는데, 이것은 죄에 대한 바른 태도이며 4절의 애통으로 이어진다. 자신의 죄악된 모습을 발견하고 애통한 후에, 여러분의 마음은 낮아짐으로 인해 온유해진다. 그리고 나면 여러분은 의에 주리고 목마른 자가 되어 의를 구한다. 이러한 발전을 볼 수 있는가? 이것은 자비7절, 마음의 청결8절, 그리고 화평케 하는 자9절에서 분명하게 드러난다. 자비와 마음의 청결 그리고 화평케 함의 결과 박해를 받고 욕을 먹으며 거짓으로 거스르는 말을 듣는다. 왜 그런가? 심령이 가난하고, 애통하며, 겸손해지고, 의를 구하고, 자비롭고, 청결하며, 화평케 하는 삶을 살 때쯤에는, 여러분은 세상을 충분히 화나게 했을 것이기 때문이다.

그러나 예수께서는 이 모든 일이 이루어졌을 때 천국에서 큰 상이 기다리고 있기에 기뻐하고 즐거워할 수 있다고 하셨다12절. 여러분은 이렇게 살고 있는가? 그렇다면 "너희는 세상의 소금이니"라는 13절 말씀이 사실이라는 것을 확신할 수 있다. 바로 이것이다. 여러분은 세상의 빛이다. 3절에서 시작하지 않는다면 13절에 이를 수 없고, 여러분은 소금과 빛일 수 없다. 그러니 먼저 3절을 보도록 하자.

천국에는 어떻게 들어가는가 : 심령의 가난

왜 그리스도께서는 심령이 가난한 자에서 시작하실까? 그는 새로운 기준, 새로운 삶의 길을 말씀하신다. 그렇다면 왜 여기서 시작하실까? 이것이 행복의 근원인 것은 무엇 때문인가? 이것이 그리스도인의 근본적인 성품이기 때문이다. 심령이 가난하게 되는 것은 하나님 나라에 들어가는 모든 이의 삶에서 반드시 가장 먼저 일어나야 하는 일이다. 교만한 사람은 그 누구도 그 나라에 들어가지 못했다. 천국의 문은 매우 낮아서 무릎으로 기는 자만이 들어갈 수 있다.

역설적으로, 우리는 올라야 할 산, 올라야 할 계단, 도달해야 할 기준이 있다는 걸 알지만 곧바로 우리에게 그럴 능력이 없다는 걸 깨닫는다. 더 빨리 깨달을수록, 우리를 대신해서 이것을 이루어 주실 분을 더 빨리 찾을 수 있다. 예수께서는 이렇게 말씀하신다. "너희는 비워지지 않고는 채워질 수 없다. 너희는 쓸모 없게 되지 않고는 쓸모 있을 수 없다."

현대 기독교에서 자기를 비운다는 개념을 거의 찾아볼 수 없는 것은 놀라운 일이 아닐 수 없다. 기쁨으로, 성령으로, 이것저것으로 어떻게 채우느냐에 대한 책은 많이 보았다. 그러나 정작 자신을 비우는 방법에 대한 책은 어떤가? 『아무 것도 아닌 사람이 되는 법』*How to Be a Nobody?*이라는 제목의 책을 생각할 수 있겠는가? 진정한 베스트셀러라고 생각지 않는가?

심령의 가난은 모든 축복의 기본이다. 하지만 현대 기독교는 교만을 먹고 사는 부분이 너무나 많다. 겸손과 낮아짐 없이 그리스도인의 삶의 은혜들이 자랄 것이라고 생각하는가? 그렇다면 나무가 없는 곳에서 열매가 자라길 기대하는 게 나을 것이다. 심령이 가난하지 않는 한 은혜를 받을 수 없다. 심령이 가난하지 않는 한 그리스도인이 될 수조차 없다. 그리스도인의 삶을 산다고 하면서 심령이 가난하지 않는 한, 다른 은혜들을 결코 알지 못할 것이다.

예수께서는 이렇게 말씀하신다. "여기서 시작하라. 행복은 비천한 자들의 것이니라."* 우리가 비천하기 전에는, 그리스도는 우리에게 결코 귀중한 존재가 아니다. 우리는 그분을 보지 못하고 그 대신 자신을 보고 있기 때문이다. 우리는 자신의 요구와 필요와 절망에 눈을 돌린다. 그 때문에 비할 데 없는 그리스도의 가치를 전혀 보지 못한다. 자신이 얼마나 죄악되고 멸망받을 존재인가를 알기 전에는 그분이 얼마나 영광스러우신 분인지 알지 못한다. 자신의 가난을 보기 전에는 그분의 부요를 이해하지 못한다. 주검에서 꿀이 나온다. 우리는 죽을 때 살아난다. 자기를 낮추어 무릎으로 기지 않고는, 자신의 죄악을 몸서리치도록 깨닫고 회개하지 않고는, 그 누구도 예수 그리스도께 나와 그 나라에 들어갈 수 없다. 잠언 16:5은 교만한 자를 하나님께서 미워하신다고 말한다.

하나님께서는 비천한 자에게 은혜를 주신다. 심령의 가난이 출발점

---

*humble, 영어에서 이 단어는 '겸손'과 '비천'의 의미를 동시에 갖는다. 그러나 이 책에서는 전자보다는 후자의 의미가 강하며 따라서 후자로 옮겼다. 독자들은 전자의 의미도 추가해서 읽기 바란다 – 역자 주.

이 되어야 하는 것도 바로 이 때문이다. 하나님께 나아가는 유일한 길은 우리의 불의를 고백하고, 하나님의 기준에 이를 수 없는 우리의 무능력을 고백하며, 우리는 할 수 없다고 고백하는 것뿐이다. 우리는 어찌할 수 없는 무력감과 절망감을 안고 들어가 하나님의 축복을 받는다. 그리고 그리스도 안에 살면서 지속적인 행복을 맛보기 위해 그 무력감과 절망감을 계속 유지한다. 역설적으로 들리겠지만, 이것이 얼마나 효과가 있는지는 앞으로 살펴보기로 하겠다.

세상에는 이 진리를 전혀 알지 못하는 바보들이 너무나 많다. 심지어 바른 태도로 하나님께 나온 그리스도인들조차도 개인을 높이는 현대 기독교의 조류에 휩싸여 버렸다. 육체로는, 우리는 아무 것도 가진 것이 없다. 그리스도께서 산상설교를 지금 이 부분에서 시작하신 것도 바로 이 때문이다.

'심령이 가난하다.'는 것이 정확하게 무슨 뜻인가? 예수께서는 과연 어떤 종류의 가난을 말씀하시는 것인가?

어떤 사람들은 물질적 가난이라고 말한다. 그러나 그리스도께서 그저 돈이 없는 사람들을 지칭하고 계시는 것일까? 그렇다면 그리스도인으로서 우리가 할 수 있는 최악의 일은 누군가를 돈으로 구제하는 것이다! 가난한 자들을 돕는 것은 끔찍한 일이 될 것이다. 배고픈 자들을 먹이는 것은 어리석고 우스꽝스러운 일이 될 것이다. 우리는 궁핍한 사람들에게 어떤 형태로든 손을 내미는 일을 그만두어야 할 것이다. 사실, 우리가 정말 해야 할 일이라고는 가능한 모든 사람들에게서 모든 돈을 빼앗는 것이 될 것이다. 그래야 그 사람들이 모두 가난해져서 하나님의 나라에 들어갈 수 있을 것이기 때문이다. 그러면 우리는 훌륭한 선교사들이 될 것이다. 그렇지 않겠는가? 그렇게 되면 문제는 우리는 돈을 가지게 될 것이고 따라서 하나님 나라에 들어가지 못하게 되리라는 것이다!

하나님께서는 물질적 가난을 말씀하시는 것이 아니다. 사실, 다윗은 의인이 버림당하거나 그 자손이 걸식함을 보지 못했다고 말했다시 37:25. 사도 바울은 주리고 목마른 때가 있었지만 결코 거지는 아니었다. 예수께서는 돌아다니시면서 결코 음식을 구걸하지 않으셨다. 그와 제자들은 미쳤다는 소리도 들었고, 무식하다는 소리도 들었으며, 세상을 뒤엎으려 한다는 소리도 들었지만, 거지라는 소리는 결코 들어본 적이 없었다(그들이 거지였다면, 바리새인들은 여기에 대해서도 그들을 비난하고 트집잡았을 것이다).

내적 가난

그렇다면 이것은 도대체 어떤 종류의 가난인가? 그리스도께서는 심령이 가난한 것, 즉 영적 가난을 말씀하신다. 가난하다라는 단어는 세상의 것들에 대한 가난을 뜻하는 헬라어 명사 '프토카스'ptokas에서 파생했다. '프토카스'는 자신의 신분을 알리는 것조차 몹시 부끄러워하는 거지를 말한다. 이것은 보통 가난이 아니라 구걸할 정도의 가난을 뜻한다(성경에는 일반적인 가난을 뜻하는 단어로 '페나스'penace

가 있는데, 이것은 그저 생계를 유지하는 정도의 가난을 뜻한다). '프토카스'는 구걸을 해야 하는 정도의 가난을 뜻한다. '페나스'의 가난에서는, 일을 해서 자신의 생계를 유지할 수 있다. 그러나 '프토카스'의 가난에서는, 입에 풀칠할 것조차 없다. 전적으로 다른 사람에게 의지한다.

예수께서는 말씀하신다. "그러니까 그가 행복한 사람이다."

뭐라고요? 또다시 불합리하게 들리지 않는가? 예수께서 물리적인 가난을 말씀하시는 것이 아님을 이미 살펴보았다. 심령의 가난을 말씀하고 계시며, 궁핍한 자의 필요와 가장 잘 비교되는 단어를 사용하고 계신다. 이것은 우리가 찾아볼 수 있는 영적 가난에 대한 최고의 유비이다 – 인간은 공허하고, 가난하며, 무기력하다. 인간은 스스로의 노력으로 자신을 구원할 수 있는가? 인간은 '간신히 역경을 견뎌낼' 수 있을 정도로 '페나스'한가? 아니다. 인간은 '페나스'하지 않다. 인간은 '프토카스'하다.

인간은 완전히 무능력하며, 전적으로 은혜에 의존해 있다. 그래서 그리스도께서는 "궁핍하고, 움츠리며, 굽실거리는 거지들은 행복하니라."고 말씀하신다. 얼마나 이상하고 섬뜩한 뉴스인가! 그렇더라도 어디 한번 살펴보자.

'심령이' in spirit라는 말은 몸이 아니라 내적인 인간을 가리킬 때 의미가 있다. 그게 전부이다. 그는 반드시 외적으로가 아니라 내적으로 간청구걸하고 있는 것이다. 하나님께서는 이것을 이렇게 표현하셨다.

무릇 마음이 가난하고 심령에 통회하며 내 말을 듣고 떠는 자 그 사람은 내가 돌보려니와 사 66:2.

여호와는 마음이 상한 자를 가까이하시고 충심으로 통회하는 자를 구원하시는도다 시 34:18.

하나님께서 구하시는 제사는 상한 심령이라 하나님이여 상하고 통회하는 마음을 주께서 멸시하지 아니하시리이다 시 51:17.

하나님께서는 자만하는 사람들, 스스로 구원을 이룰 수 있다고 생각하는 사람들이 아니라 내적으로 간청구걸하는 사람들을 말씀하신다. 심령이 가난하다는 것은 열심이 없다는 의미의 심약하거나 겁이 많다는 뜻이 아니다. 이것은 게으르다거나 조용하다거나 무관심하다거나 수동적이라는 뜻이 아니다. 심령이 가난한 자는 자만심이 없는 사람이다.

누가복음 18장을 보라. 죄를 깊이 뉘우치는 자와 교만한 자가 어떻게 다른지 분명하게 보여준다. 이것은 자기 의에 빠져 교만하기 이를 데 없는 바리새인과 하나님의 자비를 간구하는 세리의 이야기이다. 누가복음 18:9은 중요한 말씀을 하고 있다. "자기를 의롭다고 믿고 다른 사람을 멸시하는 자들에게 이 비유로 말씀하시되." 그렇다면 예수께서는 이 유명한 이야기를 어떻게 마무리하시는가? 그는 깊이 뉘우치는 세리에 대해 이렇게 말씀하신다.

"내가 너희에게 이르노니 이에 저 바리새인이 아니고 이 사람이 의롭다 하심을 받고 그의 집으로 내려갔느니라 무릇 자기를 높이는 자는 낮아지고 자기를 낮추는 자는 높아지리라"14절.

이것은 너무나 분명한 말씀이다. 심령이 궁핍한 자는 복이 있다. 구석에 쭈그리고 앉아 울면서 하나님의 자비를 구하는 영적 거지들, 영적으로 공허한 자들, 영적 파산자들은 복이 있다. 이들은 행복한 자들이다. 왜 그런가? 이들만이 행복의 진짜 자원을 캐내는 자들이기 때문이다. 이들만이 하나님을 아는 자들이기 때문이다. 천국은 바로 이들의 것이다 – 그곳에서, 그리고 지금 여기서 말이다.

이 진리는 산상설교에만 있지 않다. 야고보 사도는 이렇게 썼다. "주 앞에서 낮추라 그리하면 주께서 너희를 높이시리라"4:10. 이것은 의지가 반대하고 나설 그런 가난이 아니다. 오히려 이 가난 속에서 의지는 머리를 숙이며, 하나님을 깊이 의지하고 순종할 것이다. 이것은 현대 교회에서는 다소 인기 없는 가르침이다. 우리는 명사, 전문가, 슈퍼스타, 부자, 유명한 그리스도인을 강조한다. 그러나 행복은 비천한 자들의 것이다.

어떻게 비천한 자들이 하나님께 쓰임받는가

야곱은 심령이 가난해진 후에야 하나님께 쓰임받을 수 있었다. 그는 밤새 하나님과 싸웠고, 마침내 하나님은 그의 환도뼈를 치셨다창 32장. 하나님께서 야곱을 완전히 쓰러뜨리셨던 것이다. 창세기 32:29은 "(하나님이) 거기서 야곱에게 축복한지라"고 말씀한다. 나는 이 말씀을 사랑한다. 하나님께서 비천해진 야곱을 행복하게 하셨다.

이사야 선지자도 심령이 가난해지기 전에는 하나님께 쓰임을 받을 수 없었다. 그는 웃시야왕의 죽음을 슬퍼하며 자신의 상실감만을 달래고 있었다. 그 때 하나님께서 은혜로 그의 삶에 들어오셔서 누가 정말 중요한가를 보여주셨다. 하나님께서는 환상을 보여주시면서 그 가운데서 높고 높으신 자신을 보여주셨다. 그러자 이사야 선지자는 이렇게 말했다. "화로다 나여 망하게 되었도다 나는 입술이 부정한 사람이요 나는 입술이 부정한 백성 중에 거주하면서 만군의 여호와이신 왕을 뵈었음이로다"사 6:5. 그 순간, 하나님께서 그를 축복하셨다.

기드온은 자신의 부족함을 알게 된 이후 이렇게 말했다. "주여 내가 무엇으로 이스라엘을 구원하리이까 보소서 나의 집은 므낫세 중에 극히 약하고 나는 내 아버지 집에서 가장 작은 자니이다"삿 6:15. 하나님께서는 "큰 용사여 여호와께서 너와 함께 계시도다"12절라고 말씀하셨다. 가장 용감하고 강한 사람이 누구인지 아는가? 자신이 무력하다는 것을 아는 사람이다.

이것이 모세의 마음이었다. 모세는 자신의 부족을 너무나 뼈저리게 의식하고 있었다. 그래서 하나님께서는 선민을 인도하는 일에 그를 사용하셨다. 이것은 다윗의 마음이기도 했다. "주 여호와여 나는 누구이오며 내 집은 무엇이기에 나를 여기까지 이르게 하셨나이까"삼하 7:18.

베드로에게서도 이런 마음을 찾아볼 수 있다. 그는 본래 적극적이고, 자기 주장이 강하며, 자신감이 넘치는 사람이었다. 그러나 그는 "주여 나를 떠나소서 나는 죄인이로소이다"눅 5:8라고 말했다. 사도 바울은 그의 육신에는 어떤 선한 것도 거하지 않음을 인정했다. 그는 죄인의 괴수였고, 참람한 자였으며, 박해자였다. 그가 가진 모든 것은 쓰레기였다. 그는 모든 것을 배설물로 여겼다. 그는 아무런 자격도 없었다. 그렇지만 그의 연약함 가운데서 그의 힘은 완전해졌다.

세상은 "자기를 주장하라. 자기를 자랑하라. 좋은 자리를 차지하라."고 말한다. 그러나 하나님께서는 너의 연약함을 인정할 때, 네가 아무것도 아님을 인정할 때, 그것이 끝이 아니라고 말씀하신다. 그것은 시작일 뿐이다! 그러나 그것은 어떤 일보다 어려운 일이다. 예수께서는 우리가 가장 먼저 인정해야 할 일은 "저는 할 수 없습니다."라고 말하는 것이라고 말씀하신다.

이것이 심령의 가난 곧 영적 가난이다. 마태복음 18장에 나오는 불의한 종의 비유를 생각해 보라. 그 종은 결코 갚을 수 없는 실로 천문학적인 액수의 돈을 빚졌다. 예수께서는 이렇게 이야기하셨다. "그 종이 엎드려 절하며 이르되 내게 참으소서 다 갚으리이다 하거늘"26절. 그 종은 이렇게 말하고 있었다. "잠깐만 미뤄주십시오. 내게는 다 갚을 자원이 있습니다!"

예수께서는 이 비유에서 이렇게 말씀하신 것이다. "하나님께 '잠깐만 참으십시오. 제가 다 갚겠습니다.' 라고 말하는 것이 얼마나 어리석은 줄 아느냐?" 심령이 가난하다는 것은 자원이 없고, 교만하지 않으며, 자신을 과신하지 않고, 자기를 의지하지 않는 것을 뜻한다. 채움이 있기 위해서는 먼저 비움이 있어야 한다. 이것이 사는 길이다-그저 구원받는 길이 아니라, 사는 길이다.

어거스틴은 회심하기 전에는 자신의 지적 능력에 대한 자긍심이 너무 강해서 이것이 그의 믿음을 가로막았다고 말했다. 그는 교만한 마음을 비운 후에야 하나님을 알 수 있었다. 위대한 마르틴 루터는 경건을 통해 구원을 이루고자 젊은 시절에 수도원에 들어갔다. 여러 해가 지났지만 계속해서 실패감만 맛보았다. 그 때서야 그는 자신으로는 하나님을 기쁘시게 해 드릴 수 없다는 것을 인정했다. 그는 자신을 비우고 하나님께서 믿음을 통해 주시는 구원에 소망을 두었다. 마침내 종교개혁이 태동된 것이다.

생명의 유일한 근원은 자신은 할 수 없다는 걸 알고 있는 사람들의 것이다. 그 기준은 너무나 높기 때문에 스스로는 도달할 수 없다. 그리고 이 사실은 시내산에서 율법을 처음 주시는 광경에서도 알 수 있다. 하나님께서 자신의 율법을 주셨다. 거기에는 우상숭배하지 말라, 간음하지 말라, 도적질하지 말라, 살인하지 말라 등 하지 말라는 것이 많았다. 그러나 하나님께서 율법을 주시는 동안에도, 이스라엘 백성은 산 아래에서 율법을 어기고 있었다. 하나님께서 모세에게 율법을 주시는 순간에 아론은 백성들을 이끌어 우상을 섬기고 있었다. 하나님의 기준은 인간이 지킬 수 있는 범위 안에 있지 않다.

이스라엘 백성 중에는 이것을 깨달은 사람들이 있었다. 그래서 하나님께서 책망하실 때, 이들은 희생 제물을 드리고 죄를 고백하며 겸손히 하나님께 나아왔다. 그러자 하나님께서는 따뜻한 은혜로 그들을 용서해 주셨다. 그러나 스스로 할 수 있다고 생각하는 사람들도 있었다. 이들은 희생 제물을 드리면서도 자신의 의를 자랑했으며, 스스로의 힘으로 율법을 지키려고 노력하기 시작했다. 이들은 율법을 지킬 수 없었다. 그래서 겸손히 하나님의 자비를 구하는 대신 율법을 인간이 만든 전통의 수준으로 끌어내렸다. 전통은 하나님의 법보다 지키기 쉽기 때문이었다.

토라(하나님의 참 율법)의 주변에서 성장해 온 유대인의 법인 탈무드 법은 인간이 적어도 어느 정도 만족감을 가질 수 있게 하려는 목적에서 낮춰진 기준에 불과하다. 랍비들은 자신들이 하나님의 율법을 보호하기 위해 애쓰고 있다고 말했다. 그러나 사실은 그렇지 않았다. 이들은 자기 의를 수용하기 위해 하나님의 요구를 낮추고 있었던 것이다. 예수께서 역사의 전면에 나타나실 무렵, 이들은 하나님의 진정한 율법을 매일 범하고 살면서도 주변적인 것들을 중시하고 있었다사 29:13과 마 15:9을 보라.

산상설교의 경우도 마찬가지이다. 이것은 법이다. 이것은 사는 길이다. 그러나 우리는 이렇게 살 수 없다. 그렇지만 성령님의 능력으로, 예수 그리스도께 의지하여, 우리는 이런 삶을 열망해야 한다. 그리고 겸허한 뉘우침과 고백 속에서 우리의 실패를 해결해야 한다. 예수께서는 기준을 높여 놓으셨다. "그러므로 하늘에 계신 너희 아버지의 온전하심과 같이 너희도 온전하라"마 5:48.

예수께서는 또한 우리의 의가 주변적이고 표준 이하인 서기관과 바리새인의 의보다 낫지 않으면 그의 나라에 들어갈 수 없다고 말씀하셨다. 시내산 율법의 온전한 의도가 그렇듯이 산상설교의 목적은 우리 힘으로는 산상설교의 말씀대로 살 수 없다는 걸 보여주는 것이다.

보다 낮은 기준은 이러한 목적을 달성하지 못한다.

우리는 하나님의 율법의 위엄을 깨달아야 한다. 그리고 그 율법을 충족시키기 위해서는 가난한 심령으로 하나님을 전적으로 의지해야 한다. 거듭나지 않은 사람에게 이런 기준을 제시하고 그 기준대로 살기를 기대할 수는 없다. 바울은 율법의 기능은 모든 사람이 하나님 앞에서 죄를 깨닫게 하여 그 죄를 씻으실 수 있는 단 한 분 그리스도께로 인도하는 것이라고 말했다. 이것이 예수께서 말씀하시는 가난이다.

지금 그 나라를 누리라

그 결과는 무엇인가? 간단하다. "천국이 그들의 것임이요." 이 선언은 환상적이다. 이것은 그저 바람이 아니다. 사실이다! 천국이 그들의 것이다. 그런데 여기서 그들이라는 대명사는 강조를 나타낸다(원래 헬라어에서는 주어 없이 동사 어미 변화로만 주어의 인칭과 수를 나타낸다 – 역자 주). 따라서 '그들만의 것'이 더 적절한 표현이다. 천국은 누구의 것인가? 심령이 가난한 자들만의 것이다. 이것은 현재형 동사이다. 천국은 그들의 것, 나의 것, 우리의 것, 여러분이 자격이 된다면 여러분의 것이다.

우리는 그저 천년왕국에 대해 말하고 있는 것이 아니다. 천국은 지금 여러분의 것이다. 천국의 약속이 완전히 실현될 미래의 천년왕국이 있지만, 그 나라는 지금 현재에도 있다. 그리스도의 통치는 지금 이루어지고 있다. 행복은 지금 현재의 일이다.

천국은 그리스도의 통치이다. 천국에는 미래, 즉 메시아적 측면이 있다. 그렇지만 바로 지금이라는 현재적 측면도 있다. 지금 우리는 제사장 나라이다. 지금 우리는 예수 그리스도의 백성이다. 지금 우리는 승리자들이다. 에베소서 2장은 우리가 이미 그리스도 안에서 함께 천국에 앉혀졌으며, 지금부터 영원까지 그의 모든 은혜와 자비하심을 받을 것이라고 말씀한다.

내가 아는 바로는, 그 나라는 은혜와 영광이다. 은혜는 현재이며 영광은 나중이다. 우리는 지금 그 나라를 소유하고 있다. 그 나라는 우리의 것이다 - 그리스도께서 우리 삶 속에서 다스리신다. 이것이 무슨 뜻인지 아는가? 우리는 그의 백성이다. 그가 우리를 돌보신다. 그는 우리의 필요를 공급하신다. 그는 우리 마음의 모든 필요를 채워주신다. 이것이 심령이 가난한 것의 결과이다.

심령이 가난해지는 법

그러면 여러분은 이렇게 말할 것이다. "무슨 말씀인지 알겠습니다. 심령이 가난한 자가 되라는 말씀이지요. 그런데 어떻게 하면 심령이 가난한 자가 될 수 있나요?" 3가지 원리를 제시하겠다.

첫째, 혼자서 해보려 하지 말라. 이것은 수도원 제도의 오류였다. 수

도사들은 어딘가에 이르면, 즉 재산을 모두 팔고 너절하고 오래된 통옷을 입고 수도원에 앉아 있으면 심령이 가난해질 수 있다고 생각했다. 그러나 그렇지 않다. 자신을 돌아보거나 심지어 다른 사람들을 살핀다고 해서 심령이 가난해지는 것은 아니다. 우리가 보아야 할 분은 하나님이시다.

그의 말씀을 읽으라. 그 속에 담긴 그의 성품을 보라. 그리스도를 바라보라. 그를 응시하고 그와 그의 말씀을 묵상할 때, 여러분은 자신自身을 잃게 된다. 이것은 신비적인 경험이 아니다. 이것은 하나님을 바라보는 실제적이고 일상적인 연습이다. 이것이 첫 번째 원리이다.

둘째, 육을 주리게 하라. 다이어트를 하라는 뜻이 아니다. 여러분의 육적 본성을 주리게 하라는 것이다. 이 세대의 목회자 중에도 교만을 먹고 사는 사람들이 있다. 우리는 육을 벌거벗길 것들을 찾아야만 한다. 이것은 이런 종류의 심령이 무엇인지 알아야 하는 싸움이다. "감사합니다. 설교 참 은혜스러웠습니다." "목사님 설교 듣고 구원받았습니다." "목사님 교회에서 신앙 생활하는 게 얼마나 좋은지 모르겠습니다." 이런 말을 들으면서 비행기를 타기란 쉬운 일이다. 칭찬을 받아들이기는 쉽다. 칭찬과는 씨름할 필요가 없으니까. 그러나 목회가 십 년이 넘어서자 내 마음은 내 육을 벌거벗겨 줄 그 무엇인가를 갈망하기 시작했다.

하마터면 어리석은 짓을 할 뻔했다. 왜냐하면 그렇게 하면 내가 하나님 앞에 설 수 있고, 하나님 앞에 서면 내가 가난해질 거라고 생각했기 때문이다. 나는 얼마 지나지 않아, 무심코 어떤 사람을 매우 당혹스럽게 했다. 그 때 내가 어떤 반응을 보인지 아는가? 난 그럴 의도가 없었으니 도리어 상처받은 쪽은 나라는 것이었다. 그 때 하나님께서는 내 마음에 말씀하기 시작하셨다. 내게 그 무엇보다도 필요한 것이 있다고 말이다. 내가 아무 것도 아니라는 사실, 내가 하나님을 위해 하려고 짧은 순간 꿈꾸고 바랐던 모든 것―그런데 이것은 하나님께는 필요없는 것이었다―은 사라져 버릴 수 있다는 사실을 직시해야 했다.

나는 궁핍과 상실과 실패와 어리석음 속에서 내가 지금껏 바랐던 그 어느 것에서도 얻을 수 없는 큰 평안을 얻었다. 나의 육적 본성은 급습을 당했고 그 상황에서는 나의 교만을 채울 방법이 전혀 없었다. 어쩌면 자책처럼 들릴지 모르지만, 지금 생각해 보면 그 때 그 상황이 오랜 세월 그 어느 순간보다 나를 하나님께 더 가까이 이끌어 주었다. 그 상황은 내가 하나님을 완전히 의지하지 않을 수 없게 만들었다. 나 자신의 실패를 해결할 다른 방법이 전혀 없었기 때문이다. 그곳이 바로 우리 모두가 이르고 싶어하는 곳이다. 하나님께 대한 전적 의지 말이다.

셋째 원리(이것은 단순하다)는 **구하라**이다. 심령이 가난해지길 원하는가? 그렇다면 구하라. 세리는 "하나님이여 나를 불쌍히 여기옵소서."라고 말했다. 예수께서는 이 사람이 의롭다 하심을 받고 돌아갔다고 말씀하셨다. 심령이 가난한 자―영적 거지―는 행복하다. 그는 천국을 소유한 사람이다.

예수께서는 왜 여기서 시작하셨는가? 이것이 기본이기 때문이다.

이것은 영적 파산자이며 그 사실을 안다는 뜻이다. 그 결과 여러분은 지금 여기서 그리고 영원히 그 나라를 소유하게 되는 것이다. 어떻게 심령이 가난한 자가 되는가?

하나님을 바라보라. 여러분의 육을 주리게 하라. 그리고 구하라. 간청하라. 하나님께서는 조금도 꺼리지 않으신다.

여러분은 '내 심령이 가난한 때를 어떻게 알 수 있지?'라고 의문을 가질 것이다. 다음은 심령이 가난한 삶을 살 때 여러분에게서 나타나게 될 7가지 특징이다.

- **자신에게서 벗어나게 된다**시 131:2. 심령이 가난한 자는 자의식을 잃는다. 자의식이 사라져 버린다! 하나님과 그의 영광 그리고 다른 사람들과 그들의 필요만을 생각한다.

- **그리스도의 영광을 보면서 그에 대한 경이감에 사로잡히게 된다**고후 3:18을 보라. 빌립처럼 "주여 아버지를 우리에게 보여 주옵소서 그리하면 족하겠나이다"요 14:8라고 말할 것이다. 다윗처럼 "나는……깰 때에 주의 형상으로 만족하리이다"시 17:15라고 말할 것이다.

- **자신의 처지에 대해 결코 불평하지 않는다.** 왜 그런가? 여러분은 그 무엇에 대해서도 자격이 없다. 그렇지 않은가? 여러분이 내놓을 게 뭐가 있는가? 더 깊이 들어갈수록 은혜는 더 감미롭다. 여

러분에게 더 많이 필요할수록 하나님께서는 더 풍성히 주신다. 모든 것이 결핍될 때, 여러분은 모든 은혜를 받을 입장에 있는 것이다. 다른 곳에 정신 팔릴 일이 없다. 여러분은 투덜거리지 않고 고난을 당할 것이다. 여러분은 그 무엇에 대해서도 자격이 없기 때문이다. 그러나 그와 동시에, 여러분은 하나님의 은혜를 구할 것이다.

- 다른 사람의 탁월함과 여러분의 연약함만을 본다. 모든 사람을 올려다보는 사람이 참으로 비천한/겸손한 사람이다.

- 기도에 많은 시간을 들이게 된다. 왜 그런가? 거지는 언제나 구걸하기 때문이다. 그는 하늘 문을 자주 두드리고 축복을 받을 때까지 물러나지 않을 것이다.

- 여러분이 원하는 대로가 아니라, 그리스도께서 원하시는 대로 그를 받아들일 것이다. 교만한 죄인은 그리스도와 자신의 즐거움, 그리스도와 자신의 탐심, 그리스도와 자신의 부도덕을 원한다. 그러나 심령이 가난한 자는 너무나 큰 절망에 사로잡혀 있기에 그저 그리스도를 얻기 위해서라면 그 무엇이라도 포기할 것이다. 토머스 왓슨은 이렇게 말했다. "오랫동안 포위되어 함락 직전에 있는 성은 목숨을 구하기 위해서는 무엇이든 포기할 것이다. 그 마음이 악마의 요새여서 오랫동안 하나님을 대적해 온 사람의 경우, 일단 하나님께서 그의 심령을 가난하게 하시면, 그리스도가

없으면 자신이 멸망받는 것을 깨닫고 그저 '하나님, 제가 어떻게 하기를 원하시나이까?' 라고 말할 것이다."[1]

- 마지막으로, 하나님을 찬양하고 그의 은혜를 감사하게 된다. 심령이 가난한 자의 특징이 있다면, 하나님께 대한 넘치는 감사이다. 여러분이 가진 모든 것 하나하나가 하나님의 선물이다. 사랑하는 사도 바울은 디모데전서 1:14에서 "우리 주의 은혜가……넘치도록 풍성하였도다"라고 했다.

우리는 얼마나 자격이 있는가? 우리에게 자격이 전혀 없다는 걸 안다면, 우리는 참된 행복으로 향하는 길을 가고 있는 것이다.
"심령이 가난한 자는 복이 있나니."

---

1) Thomas Watson, *The Beatitudes*(Edinburgh:Banner of Truth, 1975), 42.

04
애통하는 자는 복이 있나니
마태복음 5:4

시편 55편은 다윗이 지은 가장 훌륭한 시편 중 하나이다. 여기서 다윗은 살면서 겪는 실망과 슬픔 속에서 가슴 깊이 느껴지는 고통의 깊이를 노래한다. 그리고 나서 이렇게 외친다.

내게 비둘기같이 날개가 있다면 날아가서 편히 쉬리로다 내가 멀리 날아가서 광야에 머무르리로다(셀라) 내가 나의 피난처로 속히 가서 폭풍과 광풍을 피하리라6-8절.

다윗의 절규는 모든 인간이 이런 저런 슬픔을 당했을 때, 실망했을 때, 비극적인 일을 당했을 때 내는 절규이다. 날개가 있다면 고통과 고뇌로부터 멀리 날아가 버리고 싶다는 절규이다. 슬픔과 실망과 고통이 깊어질수록 위로의 자리는 찾기가 더 힘들다.

이것이 팔복의 역설이다. "애통하는 자는 복이 있나니 그들이 위로를 받을 것임이요."

'슬픈 자는 복이 있다.'는 말은 우리가 아는 모든 것과 모순된다. 쾌락에 미쳐 있고, 스릴을 추구하며, 재미와 오락을 찾는 데 돈과 시간과 정열을 쏟는 우리의 삶은 애통과 슬픔과 고통을 피하려는 세상의 바람을 그대로 표현해 준다.

그러나 예수께서는 이렇게 말씀하신다. "슬픈 자는 복이 있다. 애통하는 자는 위로를 받을 것이다." 예수님은 삶에 대한 새로운 접근을 제시하신다. 그리고 이 속에서 세상의 웃음소리와 행복을 꾸짖으신다. 애통하는 자들에게 복과 행복과 기쁨과 평안과 위로를 선언하신다. 도대체 무슨 뜻으로 이렇게 하셨을까?

헬라어만 해도 슬픔을 표현하는 동사가 아홉 개나 된다(아홉 개 모두 성경에 사용되었다). 이 사실만 보아도 슬픔이 삶의 일부라는 것을 잘 알 수 있다. 인간의 역사는 눈물과 슬픔으로 얼룩져 있다. 그러나 마태복음 24장에 따르면, 우리는 아직 아무 것도 보지 못했다. 여기서 예수께서는 이렇게 말씀하신다.

너희가 사람의 미혹을 받지 않도록 주의하라 많은 사람이 내 이름으로 와서 이르되 나는 그리스도라 하여 많은 사람을 미혹하리라 난리와 난리 소문을 듣겠으나 너희는 삼가 두려워하지 말라 이런 일이 있어야 하되 아직 끝은 아니니라 민족이 민족을, 나라가 나라를 대적하여 일어나겠고 곳곳에 기근과 지진이 있으리니4-7절.

예수께서는 세상의 마지막에 대해 말씀하신다. 그리고 이어서 이렇게 말씀하신다. "이 모든 것은 재난의 시작이니라"8절.

적절한 슬픔

성경은 여러 가지 슬픔과 애통에 대해 말한다. 첫째, 일반적인 슬픔, 인생의 슬픔, 원한다면 적절한 슬픔이라고 부를 수 있는 슬픔이 있다. 이것은 받아들일 만하며, 삶의 한 부분인 정상적인 울음과 애통이다. 사실, 울 수 있는 능력이 하나님의 선물이라는 걸 아는가? 마음 한 구석에 쌓인 고통과 근심은 눈물로 표출되지 않을 경우 우리의 전 감정 체계를 마비시킬 수 있다.

애통하는 것은 매우 자연스러운 일이다. 아브라함은 아내를 잃었을 때 울었다. 시편 42편에서, 시편 기자는 그 영혼이 하나님을 찾기에 갈급하면서 애통해 했다. "내 영혼이 하나님 곧 살아 계시는 하나님을 갈망하나니 내가 어느 때에 나아가서 하나님의 얼굴을 뵈올까 사람들이 종일 내게 하는 말이 네 하나님이 어디 있느뇨 하오니 내 눈물이 주야로 내 음식이 되었도다"2-3절. 두 뺨을 타고 흐르는 눈물을 통해, 하나님이 계시지 않은 것 같은 데 대한 슬픔이 시편 기자의 마음에서 표출되었다. 외로움은 울어야 하는 충분한 이유가 된다.

디모데후서 1:3－4에서, 바울은 디모데에게 이렇게 말한다. "내가 밤낮 간구하는 가운데 쉬지 않고 너를 생각하여 청결한 양심으로 조상 적부터 섬겨 오는 하나님께 감사하고 네 눈물을 생각하여 너 보기를 원함은 내 기쁨이 가득하게 하려 함이니." 디모데는 실의와 좌절 때문에 울었다.

예레미야 9:1에서, 다가오는 심판을 이스라엘에게 전하라고 하나님께 부름받았던 선지자는 눈물을 흘리며 전파한다. "어찌하면 내 머리는 물이 되고 내 눈은 눈물 근원이 될꼬 죽임을 당한 딸 내 백성을 위하여 주야로 울리로다."

사도행전 20:31에서, 사도 바울은 에베소 장로들에게 말했다. "그러므로 여러분이 일깨어 내가 삼 년이나 밤낮 쉬지 않고 눈물로 각 사람을 훈계하던 것을 기억하라."

시편 기자는 외로움의 눈물을 흘렸다. 디모데는 실의의 눈물을 흘렸다. 예레미야는 실망의 눈물을 흘렸다. 바울은 염려와 관심의 눈물을 흘렸다. 마가복음 9장에서, 한 아버지가 귀신들린 아들을 예수께 데려왔다. 아버지의 두 뺨에서는 눈물이 흘러 내렸다. 그 때 예수께서 말씀하셨다. "할 수 있거든이 무슨 말이냐 믿는 자에게는 능히 하지 못할 일이 없느니라"23절. 그러자 아이의 아버지는 눈물을 흘리며 외친다. "내가 믿나이다 나의 믿음 없는 것을 도와주소서"24절. 이것은 아들을 위한 진실된 사랑의 눈물이었다.

누가복음 7장에서, 한 여인이 눈물로 예수님의 발을 씻고 머리카락으로 닦았다. 이것은 헌신의 눈물, 경배의 눈물, 마음으로 느껴지는 감사의 눈물이었다. 사랑은 사람을 울릴 수 있다. 주님께서는 나사로의 무덤에서 우셨다. 그를 사랑하셨기 때문이다. 주님께서는 예루살렘을 보고 우셨다. 그 성의 사람들을 사랑하셨기 때문이다. 막달라 마리아는 예수님이 죽으셨기 때문에 울었다. 그녀의 눈물은 사랑하는 사람을 잃은 슬픔의 눈물, 끔찍한 마음의 고통을 해소하는, 바로 하나님께서 주신 방법이었다.

부적절한 슬픔

또 다른 종류의 울음이 있다. 이것은 부적절한 울음이다. 부정不貞한 울음이다. 자신의 욕망을 만족시키지 못하기 때문에 우는 울음이다. 사무엘하 13장에서 암논이 그의 누이 다말과 동침하고 싶어서 병이 나기까지 울고 애통해 하면서 흘렸던 눈물이다. 아합도 그렇게 애통해 했다. 그는 나봇의 포도원을 너무나 가지고 싶어했다. 그래서 열왕기상 21:4은 그가 침상에 누워 얼굴을 돌리고 식사도 하지 않았다고 말한다.

또한 어떤 때는 사랑하는 사람을 떠나보낼 수 없는 사람들의 어리석고 오랜 애통도 있다. 어떤 사람이 사랑하는 이를 남겨 두고 세상을 떠났을 때, 남은 사람의 감정이 폭발하는 경우를 자주 보았을 것이다. 이런 일은 그리스도인들에게도 이따금씩 일어난다. 최근에 아내를 주님 곁으로 떠나 보내고 상실감에 거의 정신을 잃은 한 남자의 이야기를 들은 적이 있다. 나는 냉정하다는 말을 듣고 싶지는 않지만, 이것은 순전한 이기심이다. 너무나 이기적이어서 자신이 그토록 사랑하는 사람이 천국 가는 걸 기뻐할 수 없는 모습을 볼 때면 왠지 마음이 울적해진다. 인생의 동반자를 잃을 때 깊은 고통과 슬픔을 느끼는 것은 지극히 당연한 일이다. 하지만 이러한 정신병적인 움츠림은 전혀 다른 문제이다.

또 다른 종류의 부정不貞한 슬픔은 죄책감으로 인한 과도한 슬픔이다. 여기에 대한 훌륭한 성경적인 예를 사무엘하 15-20장에서 찾아볼 수 있다. 여기서 압살롬은 아버지 다윗을 폐위시키려 했다. 압살롬은 교만하고 독선적이었다. 그는 특히 자신의 머리카락을 좋아했다. 그는 다윗을 예루살렘에서 쫓아낼 모의를 꾸몄다.

압살롬은 왕궁을 차지했으며 다윗의 세력을 쓸어버릴 쿠데타를 꾸몄다. 그에게는 안된 일이지만, 그의 군대는 패배했고 그는 죽음을 당했다. 전에 다윗은 그의 군사들에게 이렇게 말했었다. "나를 위하여 젊은 압살롬을 너그러이 대우하라" 삼하 18:5.

압살롬이 죽었다는 소식을 전해 듣자, 다윗은 이렇게 말했다. "내 아들 압살롬아 내 아들 내 아들 압살롬아 차라리 내가 너를 대신하여 죽었더면, 압살롬 내 아들아 내 아들아" 삼하 18:33. 그의 사랑은 감탄할 만하지만, 그의 생각은 어리석은 것이다. 도대체 누가 압살롬이 이스라엘을 다스리길 원하겠는가? 왜 다윗은 이렇게 슬퍼했을까? 다윗의 마음은 압살롬에게 좋은 아버지가 되지 못한 데 대한 죄책감으로 가득 차 있었기 때문이다. 그리고 다윗은 자신의 슬픔이 과거 그의 분명한 실패들을 씻어주길 바랐던 것이다.

압살롬의 죽음이 다윗이 밧세바와 범한 죄의 대가 중 일부라는 데는 의심의 여지가 없다. 하나님께서는 사무엘하 12장의 비유를 통해 다윗이 자기 죄에 대해 네 배의 대가를 치러야 하리라는 것을 보여주셨다. 다윗은 이렇게 말했다. "여호와의 살아 계심을 두고 맹세하노니 이 일을 행한 그 사람은 마땅히 죽을 자라 그가 불쌍히 여기지 아니하고 이런 일을 행하였으니 그 양 새끼를 네 배나 갚아 주어야 하리라"5-6절. 하나님께서는 나단 선지자를 통해 "당신이 그 사람이라"7절고 선언하셨다. 네 가지 큰 비극이 다윗에게 찾아왔다. 밧세바가 낳은 아들이 죽었다. 그의 딸 다말이 겁탈을 당했다. 아들 암논이 죽음당했다. 그리고 압살롬 역시 살해당했다.

다윗은 압살롬의 죽음을 어찌나 애통해 했던지 그의 군사들은 사실 자신들이 승리한 것이 부끄럽기까지 했다. 요압은 이렇게 말했다. "오늘 내가 깨달으니 만일 압살롬이 살고 오늘 우리가 다 죽었더면 왕이 마땅히 여기실 뻔하였나이다"삼하 19:6.

생명을 주는 경건한 슬픔

이제는 적절한 애통과 부적절한 애통을 구별할 수 있을 것이다. 어떤 사람들은 이렇게 말한다. "애통한 자가 복이 있다는 말씀은 일반적으로 맞는 말이에요. 울고 나면 기분이 더 좋아지니까요. 슬픔은 우리를 단련시키는 한 방법이지요." 그러나 예수께서 여기서 말씀하시는 것은 그런 의미의 것이 아니다. 그는 우리가 언급한 건강하거나 그렇지 못한 어떤 애통과도 매우 다른 경건한 슬픔에 대해 말씀하신 것이다.

사도 바울은 고린도후서 7:10에서 이런 슬픔에 대한 이해를 도와준다. "하나님의 뜻대로 하는 근심은 후회할 것이 없는 구원에 이르게 하는 회개를 이루는 것이요 세상 근심은 사망을 이루는 것이니라." 여러분은 자신의 문제들을 놓고 눈이 붓도록 울 수 있다. 외로움과 좌절과 실망에 싸여, 그리고 진정한 사랑의 마음에서 울고 싶은 만큼 실컷 울 수 있다. 또한 채워지지 않은 욕망에 대해 머리를 쥐어짜며 울 수도 있다. 그러나 이렇게 했다고 해서, 그 어떤 세상적인 슬픔도 여러분에게 생명을 가져다주지는 않을 것이다.

단 한 가지 종류의 슬픔만이 생명을 가져다준다. 그것은 여러분을 회개로 인도하는 경건한 슬픔이다. 그러므로 예수께서는 팔복에서 죄에 대한 슬픔/애통을 말씀하시는 것이라고 결론내릴 수 있다. 바로 이것이다. 경건한 슬픔은 회개와 연결되어 있으며, 회개는 죄와 연결되어 있다. 이런 종류의 애통은 죄인이기 때문에 슬퍼하는 것을 뜻한다.

팔복은 영적 파산과 그 사실을 아는 데 대한 언급으로 시작된다. 이것은 지적인 부분이다. 4절은 감정적인(정서적인) 부분이다. 자신이 영적으로 파산한 것을 알고, 감정이 그 상황을 접수하여, 파산에 대해 애통하게 되는 것이다. 하나님 나라의 백성들은 이렇다. 심령이 가난하다는 것은 우리에게는 아무 것도 없으며, 우리는 아무 것도 아니며,

우리는 아무 것도 할 수 없다는 것을 인식하는 것이다. 그 결과 우리는 스스로를 도울 아무런 자원도, 능력도 없는 거지인 것이다. 주님께서는 3절에서 이렇게 말씀하신다. "영적으로 절대적으로 궁핍한 자, 그저 거지일 뿐인 자, 자비와 은혜를 구하지 않을 수 없는 자는 행복하다. 이런 사람이 그 나라를 얻기 때문이다."

살아 있는 한, 우리도 영적 가난에 대한 똑같은 의식을 가지고 있다. 애초에 이런 의식이 없었다면, 여러분은 그리스도인이 아니다. 지금 이런 의식이 없다면, 여러분이 그리스도인인지 의심스러울 따름이다. 너무 냉정하고, 너무 엄격하고, 너무 지나치게 들리는가? 성경은 심령이 가난하며 그 사실을 애통하는 것은 천국 백성 – 그리스도인 – 의 특징이라고 말한다.

밧세바와 끔찍한 죄를 지은 후, 그리고 그녀의 남편 우리아를 죽음으로 내몬 후, 다윗은 어머니가 그를 죄 중에 잉태하였을 뿐 아니라 그는 아무런 희망도 없으며 지극히 가난한 자라는 것을 깨달았다시 51편. 그뿐만 아니라 그는 마음을 찢으며 애통해 했다.

욥을 보라. 욥은 모든 것을 가졌다. 욥은 큰 부자였다. 그래서 성경은 버터가 그의 발자취를 씻겼다고 말한다욥 29:6. 욥은 대단한 부자였다! 욥은 모든 것을 다 가졌다! 그러나 하나님께서 그를 완전히 낮추심으로 자신이 아무 것도 아니라는 것을 깨닫기 전에는 결코 참된 인간이 되지 못했다. 그가 어떤 반응을 보였는지 아는가? "그러므로 내가 스스로 거두어들이고 티끌과 재 가운데에서 회개하나이다"욥 42:6.

예수께서 팔복에서 사용하셨던 애통하는mourning이라는 단어는 성경에서 슬픔을 나타내는 데 사용된 아홉 개의 헬라어 단어 중 그 의미가 가장 강하고 통렬한 것이다. 이 단어는 죽은 자에 대한 애도를 나타내는 데에만 사용된다. 아들 요셉이 죽었다고 믿었던 순간에 야곱이 느낀 슬픔을 가리키는 데 사용되었다창 37:34.

이 단어는 복음서, 예를 들면 마가복음 16:10에서 그리스도께서 죽으신 후 '예수와 함께 하던 사람들의 슬퍼하며 울고 있는' 모습을 묘사하는 데 사용되었다. 이 단어는 단지 외적인 울음이 아니라, 깊은 내적 고뇌라는 의미를 담고 있다.

시편 32편에서 다윗은 이렇게 썼다. "내가 입을 열지 아니할 때에 종일 신음하므로 내 뼈가 쇠하였도다"3절. 다윗이 그의 죄를 하나님께 자백하지 않을 때 그의 마음은 갈기갈기 찢어지는 것 같았다. "주의 손이 주야로 나를 누르시오니 내 진액이 빠져서 여름 가뭄에 마름같이 되었나이다"4절. 그런 다음 그는 이렇게 말했다. "내 허물을 여호와께 자복하리라 하고 주께 내 죄를 아뢰고 내 죄악을 숨기지 아니하였더니 곧 주께서 내 죄악을 사하셨나이다"5절.

시편 51:1-3에서, 다윗은 밧세바와 지은 죄를 뉘우치면서 이렇게 말했다. "하나님이여 주의 인자를 따라 내게 은혜를 베푸시며 주의 많은 긍휼을 따라 내 죄악을 지워주소서 나의 죄악을 말갛게 씻으시며 나의 죄를 깨끗이 제하소서 무릇 나는 내 죄과를 아오니 내 죄가 항상 내 앞에 있나이다."

10-12절에서 그는 계속해서 이렇게 말했다. "하나님이여 내 속에 정한 마음을 창조하시고 내 안에 정직한 영을 새롭게 하소서 나를 주

앞에서 쫓아내지 마시며 주의 성령을 내게서 거두지 마소서 주의 구원의 즐거움을 내게 회복시켜 주시고 자원하는 심령을 주사 나를 붙드소서." 자신의 죄를 애통하고 고백할 때, 다윗은 깨끗이 씻음을 받았다. 그는 전혀 다른 태도를 갖게 되었다.

모든 것을 고백하면서, 그는 이렇게 말했다. "허물의 사함을 받고 자신의 죄가 가려진 자는 복이 있도다 마음에 간사함이 없고 여호와께 정죄를 당하지 아니하는 자는 복이 있도다"시 32:1-2.

위로, 애통하는 자에 대한 하나님의 응답

애통하는 자들이 행복한 것은 이들만이 용서를 받기 때문이다. 그렇지 않은 나머지 세상 사람들은 끝없는 죄에 사로잡혀 살아야 한다. 정확하게 말하면 이렇다— 행복은 애통하는 것에서 오지 않는다. 행복은 애통하는 것에 대한 하나님의 응답에서 온다.

하나님의 응답은 무엇인가? 그것은 위로이다. 죄를 짓고 감춰두기만 하면 죄가 얼마나 큰 파멸을 초래하는지 알게 될 것이다. 죄를 고백하고 용서 가운데서 찾아오는 자유와 기쁨을 보라.

다윗은 외로움의 눈물을 흘렸다. 배척당해 눈물을 흘렸다. 좌절과 실의와 실망의 눈물을 흘렸다. 실패의 눈물을 흘렸다. 그는 자신의 죄를 보상하려고 애쓰면서 죄책감에서 부정한 눈물도 흘렸다. 그러나 자신의 죄만큼 그의 마음을 찢어 놓은 것은 없었다. 그 때 하나님께서 다윗을 위로하셨고, 그는 "허물의 사함을 받고 자신의 죄가 가려진 자는 복이 있도다."라고 말했다.

슬픈 자는 행복하다. 세상은 뭐라고 말하는지 아는가? "여러분의 문제들을 낡은 가방에 구겨 넣고 미소를 지어라, 미소를 지어라, 미소를 지어라!" 성경은 "애통하라, 애통하라, 애통하라."고 말한다. 솔직히 이것만으로는 충분치 않다. 야고보서 4:8-10은 이렇게 말한다. "하나님을 가까이하라 그리하면 너희를 가까이하시리라 죄인들아 손을 깨끗이 하라 두 마음을 품은 자들아 마음을 성결하게 하라 슬퍼하며 애통하며 울지어다 너희 웃음을 애통으로, 너희 즐거움을 근심으로 바꿀지어다 주 앞에서 낮추라 그리하면 주께서 너희를 높이시리라."

나는 오늘날의 교회를 위한 메시지로, 웃음 대신 울음으로 시작하라는 것보다 더 좋은 메시지를 생각할 수 없다. 기독교라는 이름으로 행해지는 경박스러움과 어리석음을 볼 때 마음이 아프다. 자신의 죄를 애통해 하지 않는 사람은 그 누구도 천국에 들어가지 못한다. 여러분의 삶에서 죄에 대한 이 같은 의식이 늘 있지 않다면, 여러분은 스스로 참된 그리스도인임을 입증할 수 없다.

내가 행복할 수 있는 것은 용서받았기 때문이다. 그러나 내 죄를 해결할 때까지는 웃을 수 없다. 내 죄가 해결되었을 때에도, 항상 웃기란 어렵다. 경박하게 웃기에는 나는 아는 것이 너무 많다. 하나님께서는 영원한 심판을 하실 준비가 다 되셨다. 도대체 우리에게 웃을 일이 어디 있단 말인가?

오늘날의 교회가 죄를 올바로 인식하지 못하는 것을 볼 때 걱정이 된다. 너무나 많은 사람들이 그리스도인의 삶을 농담거리로 생각하며, 교회를 놀림거리나 웃음거리로 생각한다. 스스로를 풍자적인 교회 비평가로 자청하면서 기독교를 평할 익살맞은 방법들을 생각하느라 시간을 보내는 사람들도 있다. 최근에 한 권의 책이 다음과 같은 문구로 광고된 적이 있었다. '이 책은 하나님의 말씀이 우스운 것일 수 있음을 증명합니다.'

우리는 텔레비전에 악이 그려질 때 웃는가? 누군가 악을 행했다는 말을 들을 때 웃는가? 경건치 못한 농담들을 들으며 웃는가? 이런 일들이 웃을 만한 것인가? 잠언 2:14은 어떤 사람들은 악인의 패역을 즐거워한다고 말한다. 데살로니가후서 2:12은 불의를 좋아하는 자들을 경고한다. 우리는 악인의 패역을 즐거워하고 불의를 좋아하는가? 결코 그래서는 안 된다.

그렇다고 즐거운 시간을 갖는 걸 반대하는 것은 아니다. 구약은 즐거운 마음은 약처럼 몸에 좋다고 분명히 말한다. 그러나 우리는 너무나 균형을 맞추지 못한다. 우리는 웃음이라는 약을 항상 복용하자! 이것은 애통과는 거리가 먼 것이다.

죄에 대한 자각이 반드시 선행되고 그 후에 회심이 뒤따라야 한다. 이것이 복으로 나아가는 길이다. 어떤 그리스도인들은 행복을 찾느라 그들의 삶을 다 소진한다. 이들에게 정말 필요한 것은 자신의 죄를 애통하는 것인데도 이들은 상담을 하고 행복에 관한 책을 읽는다. 하나님께서는 이들을 위로하실 것이다. 그리고 예수께서는 이들이, 경박한 행복이라는 의미에서가 아니라 하나님과의 바른 관계에서 오는 깊고 지속적인 평안이라는 의미에서 복이 있을(행복할) 것이라고 말씀하셨다.

바리새인들처럼 어떤 사람들은 모든 사람들에게 완전하게 보이려고 애쓰면서 자신의 죄를 부인하고 속이는 삶을 산다. 또 어떤 사람들은 자신의 영적 파산을 인정하기는 하지만 "소매를 걷어붙이고 더 나은 사람이 되어 볼게요!"라고 말하면서 스스로 해결해 보려고 애쓴다. 도덕적 재무장을 하는 것이다. 그런가 하면 어떤 사람들은 자신의 죄를 인정하고 깊은 절망에 빠져 유다처럼 스스로 목을 매기도 한다.

여러분은 죄를 부인하고 가식된 얼굴을 할 수도 있다. 여러분은 죄를 인정하고 자신을 바꾸려고 노력할 수도 있다. 여러분은 죄를 인정하고 절망 가운데 빠질 수도 있다. 또는 죄를 인정하고 하나님께로 고개를 돌려 그의 은혜와 자비를 구할 수도 있다. 탕자는 돼지죽을 먹으면서 어떻게 했는가? 자신의 처지를 부인했는가? "난 괜찮아! 이건 그런 대로 먹을 만해!" 아니면 자신이 쓰러진 것을 인정하고 스스로의 노력으로 옛 지위를 회복해 보겠다고 다짐했는가? 그렇지 않으면 절망하고 돼지죽 속에 주저앉아 버렸는가?

아니다. 그는 바르게 행동했다. 그는 자신의 처지를 인정하고 은혜와 자비를 찾을 수 있는 아버지에게 돌아갔다. 그는 고백하고 용서받았으며 위로받고 복을 받았다.

구원은 회개를 통해 온다. 회개는 애통을 통해 온다. 하나님께서 애통을 요구하신다. 이 세상에는 자신이 그리스도인이라고 생각하지만 파산한 심령으로 죄를 애통하면서 그리스도께 전혀 나아오지 않는 사람들이 많다. 이것이 유일한 길인데도 말이다. 신약은 결코 결단하거나 교회 문지방을 들어서는 것에 대해 말하지 않는다. 결코 등록카드에 서명하는 것에 대해 말하지 않는다. 신약이 말하는 것은 현재적 증거가 있다면 여러분은 그리스도인이라는 것이다. 이것은 언제나 중요하다. 고린도후서 12:21에서, 사도 바울은 사실 이렇게 말했다. "너희가 그것에 대해 울지 않는다면, 이제 남은 것은 내가 그것에 대해 우는 것뿐이다."

하나님께서는 회개를 요구하신다. 죄를 깨달을 것을 요구하신다. 자기 연민에 빠지라는 이야기가 아니다. 참된 회개를 하라는 말이다. 이 둘의 차이를 모른다면, 여러분의 회개는 참된 것이 아니다.

사람들은 로마서 7장을 읽고는 바울이 죄와 씨름했던 문제는 한순간의 일이었을 뿐이고, 그는 로마서 8장의 진리 가운데서 살게 되었으며 다시는 죄와 씨름하지 않았다고 생각한다. 그렇지 않다. 로마서 7:15에서 그는 "(내가) 원하는 것은 행하지 아니하고 도리어 미워하는 것을 행함이라"고 말했다. 그는 17-18절에서 그것이 그의 속에 거하는 죄라고 말했다. "이제는 그것을 행하는 자가 내가 아니요 내 속에 거하는 죄니라 내 속 곧 내 육신에 선한 것이 거하지 아니하는 줄을 아노니 원함은 내게 있으나 선을 행하는 것은 없노라." 바울은 다시 20절에서 "내 속에 거하는 죄"라고 썼다. 그러고 나서 이렇게 강조했다. "그러므로 내가 한 법을 깨달았노니 곧 선을 행하기 원하는 나에게 악이 함께 있는 것이로다 내 속사람으로는 하나님의 법을 즐거워하되 내 지체 속에서 한 다른 법이 내 마음의 법과 싸워 내 지체 속에 있는 죄의 법으로 나를 사로잡는 것을 보는도다"21-23절.

의와 죄가 싸우고 있다. "오호라 나는 곤고한 사람이로다 이 사망의 몸에서 누가 나를 건져내랴"24절. 이것이 그가 사는 방법이었다. 이것은 한순간의 일이 아니었다. 그는 25절에서 "우리 주 예수 그리스도로 말미암아 하나님께 감사하리로다"라고 했다. 그리고 사람들은 이렇게 말한다. "아하! 그거구나! 승리했어!" 그러나 바울은 그 승리가 단번에 이뤄진 영원한 승리가 아님을 알았기에 예수님의 얼굴을 뵈올 때까지 매일 죄와 싸웠다.

요한일서에서, 사도 요한은 그리스도인의 증거들을 제시하는데 그 중 하나가 이것이다. "만일 우리가 우리 죄를 자백하면 그는 미쁘시고 의로우사 우리 죄를 사하시며 우리를 모든 불의에서 깨끗하게 하실 것이요"1:9. 이 말씀이 문맥에서 실제로 의미하는 것은 이것이다 - 우리가 계속해서 우리 죄를 자백하고 있다면, 이것은 우리가 용서받고 있는 자라는 증거를 제시하는 것이다. 바꾸어 말하자면, 용서받은 자들, 그 나라의 백성들, 그 왕의 자녀들, 하나님의 자녀들은 죄를 계속 자백하는 특징이 있다.

마태복음 5:4에서, 동사는 계속적인 동작을 나타내는 현재 시제(미완료)라는 데 주목하라. 계속해서 애통하는 자들은 계속해서 위로를 받는다. 마틴 루터는 95개조 반박문에서 우리의 전생애는 회개와 뉘우침의 연속이라고 말했다. 다윗은 시편 38:4에서 "내 죄악이 내 머리에 넘쳐서 무거운 짐 같으니 내가 감당할 수 없나이다"라고 외쳤다. 그는 전생애를 통해 죄의 실재에 직면했다.

신약에서 전혀 찾아볼 수 없는 모습 중 하나는 예수께서 웃으시는 것이다. 예수께서는 웃을 일이 많지 않으셨던 것이 분명하다. 그는 주리셨다. 화가 나 있었다. 목마르셨고, 우셨다. 그러나 그가 웃으셨다는 기록은 전혀 없다. 우리는 이러한 진지함을 잃어버렸다. 바보들과 광대들과 코미디언들로 가득한, 재미를 구하며, 스릴을 찾고, 쾌락에 미친 어리석은 세상에 푹 빠져버렸다. 그러나 예수님은 비애와 슬픔을 아는 분이셨다(예수께서는 다른 사람들의 죄를 애통해 하셨다).

여러분은 이렇게 묻는다. "그런데 애통이 내게 뭘 가져다줍니까?" "내 죄를 후회하면서 침울해 있습니다. 그래서 어쨌다는 겁니까?" 앞에서 말했듯이, 애통하는 자가 복이 있는 것은 위로를 받기 때문이다. 애통하지 않는다면 위로를 받지 못할 것이다(그런데 여기에 강조의 3인칭 복수 대명사 '아우토이'autoi가 사용되었다. 그래서 이런 의미가 된다. '계속해서 애통하는 자는 복이 있나니, 그들만이 위로를 받을 것임이요.' 애통하는 자들만이 하나님의 위로를 안다. 자신의 죄를 애통하는 자들만이 예수 그리스도께서 사랑의 손으로 눈물을 닦아주시는 것이 무엇인지 안다).

"저희가 위로를 받을 것임이요." 누가 그들을 위로하는가? '파라클라토스'paraclatos라는 말에서 옆에서 도우시는 분, 위로자라는 '파라클레테'paraclete, 위로의 성령라는 말이 나왔다. 성경은 여러 곳에서 하나님을 가리켜 위로자라고 말한다시 30:5, 50:15; 사 55:6-7; 미 7:18-20. 그는 우리를 도우시고, 우리의 부르짖음을 들으시며, 우리의 필요를 채워주신다. 위로자께서는 언제나 거기 계시면서 타이르시고, 훈계하시며,

위로하시고, 동정하시며, 용기를 주시고, 힘을 주시며, 용서하시고, 회복시키신다. 성경은 이 모든 것이 합쳐져서 위로가 된다고 말한다.

위로자가 누구인지 아는가? 첫째는 예수님이다. 그는 "내가 아버지께 구하겠으니 그가 또 다른 보혜사(위로자)를 너희에게 주사"요 14:16라고 말씀하셨기 때문이다. 하나님은 모든 위로의 하나님이시며, 그리스도는 곁에서 우리를 도우시는 첫 번째 '파라클레테'이셨다. 그리고 이제 성령께서 그 일을 인계받으셨다.

하나님의 말씀도 위로자이다. "무엇이든지 전에 기록한 바는 우리의 교훈을 위하여 기록된 것이니 우리로 하여금 인내로 또는 성경의 위로로 소망을 가지게 함이니라"롬 15:4. 하나님의 말씀은 하나님의 사랑을 말한다. 하나님의 용서를 말한다. 하나님의 도우심을 말한다. 하나님의 용기 주심과 임재를 말한다.

성령께서 우리를 위로하시고, 성경이 우리를 위로하며, 우리는 서로를 위로한다. 위로받을 때, 우리는 진정 행복하다. 행복은 슬픈 자들에게 온다. 슬픈 자들이 행복한 것은 슬프기 때문이 아니라, 그들의 슬픔이 위로로 이어지기 때문이다. 나는 예수께서 마태복음 11:28에서 하신 말씀을 좋아한다. "수고하고 무거운 짐진 자들아 다 내게로 오라 내가 너희를 쉬게 하리라."

자신이 '무거운 짐진 자'라는 것을 알지 못하면, 자신의 죄를 느끼지 못한다면, 쉼을 찾으러 오지 않는다. 그렇지 않은가? 죄짐이 어깨를 짓누를 때, 여러분은 와서 쉼을 찾는다. 주님께서는 여러분의 무거운 짐을 벗기시고 쉬운 그의 멍에와 가벼운 그의 짐을 여러분에게 지워

주신다. 성령님의 부축을 받으면서 하나님의 기준과 그리스도의 계명을 지는 것은 죄악의 짐을 홀로 지는 것과 비교해 볼 때 쉬운 일이 아닐 수 없다.

이제 결론을 내리겠다. 우리의 죄를 애통하고 고백하는 한, 우리는 위로를 받는다. 그러면 우리는 참으로 기뻐할 수 있다.

애통하는 심령의 장애물들

'어떻게 하면 애통하는 자가 될 수 있는가?'

먼저, 여러분의 죄를 깨닫는 데 방해가 되는 장애물들을 제거하라. 여러분의 마음을 강퍅하게 하는 것들, 여러분이 성령님을 거역하게 하는 것들, 여러분을 무감각하게 만드는 것들을 제거하라. 돌 같은 마음은 애통하지 않는다. 여기에는 은혜가 있을 수 없다. 하나님의 쟁기는 이런 마음을 갈지 않는다.

'무엇이 내 마음을 돌처럼 만드는가?'

우선, 죄에 대한 사랑이 마음을 돌처럼 만들 수 있다. 다음의 5가지도 여러분의 마음을 돌처럼 되게 할 수 있다.

1. **절망**. 절망이 뭐라고 말하는지 아는가? "하나님은 이걸 용서하실 수 없어!" 절망은 하나님의 능력을 경시하고 그리스도의 보혈을 과소평가한다. 절망은 하나님의 은혜를 과소평가하며, 하나님을

실제 모습에서 끌어내린다. "그러나 그들이 말하기를 이는 헛되니 우리는 우리의 계획대로 행하며 우리는 각기 악한 마음이 완악한 대로 행하리라 하느니라"렘 18:12. 바꾸어 말하자면 이렇다. "하나님은 우리를 전혀 어떻게 하시지 못해. 우린 희망이 없어!" 절망의 언어는 자비를 무지 뒤에, 은혜를 의심 뒤에 숨겨버린다. 명심하라. 상황이 아무리 나쁘거나 여러분이 아무리 악하더라도, 하나님의 은혜는 여러분에게 이르러 여러분을 바꿀 수 있다.

2. **자만.** "글쎄요, 난 그렇게 나쁜 사람이 아닌 거 같은데요. 제가 자신에 대해 유감을 가져야 한다고 생각하신다면, 그건 절 모르시는 말씀입니다. 전 아무렇지도 않습니다. 사실, 전 꽤 착한 사람이라고요." 예수 그리스도께서 여러분의 죄를 위해 십자가에서 피 흘려 죽으셔야 했다면, 여러분은 나쁜 사람이다. 여러분은 아주 나쁜 사람이며 그건 나도 마찬가지이다. 여러분이 나쁘다고 생각하지 않는다면, 여러분은 더 나쁜 사람이다. 교만이 가장 나쁜 죄이기 때문이다.

3. **추정.** 이것은 값싼 은혜이다. "아시다시피, 한때 나는 예수님이 내 마음에 계시길 원한다고 말했고, 초청에 응하여 강단 앞으로 나가 세례도 받았습니다. 그러니 내가 걱정할 게 뭐가 있겠습니까? 난 내가 원하는 건 무엇이든 해도 괜찮을 겁니다. 난 내 죄를 고백할 필요도 없고 그 어떤 것에 대해서도 당혹스러워할 필요가 없습니다." 그러나 이사야 55:7은 이렇게 말한다. "악인은 그의 길

을……버리고 여호와께로 돌아오라 그리하면 그가 긍휼히 여기시리라……그가 너그럽게 용서하시리라." 악인이 그의 길을 버리지 않으면, 그가 용서받았다고 믿을 이유가 전혀 없다. 추정하지 말라. 값싼 은혜란 없다. 방종이란 있을 수 없다.

4. **연기.** "글쎄요, 요즘은 좀 바빠서요. 나중에 내 죄를 차근히 살펴보고 행동을 자제해야겠네요." 그러나 야고보 사도는 이렇게 경고한다. "너희는 잠깐 보이다가 없어지는 안개니라"4:14. 내일을 말하기 전에, 내일이 없을 수도 있다는 것을 깨닫는 것이 낫다. 어리석은 자가 되지 말라. 병을 빨리 치료할수록 위로와 축복이 빨리 찾아온다. 미루지 말라. 여러분은 하나님 없이 영원을 보낼 수도 있다.

5. **경박.** 어떤 사람들은 삶을 실제적으로 다루고 싶어하지 않는다. 이들은 항상 웃고 싶어한다. 이들이 원하는 것은 그저 큰 파티일 뿐이며, 이 파티를 계속할 수 있는 한 이들은 결코 현실을 직시할 필요가 없다. 아모스 6:5-7은 이런 불의한 사람들을 말하면서 "비파 소리에 맞추어 노래를 지절거리며 다윗처럼 자기를 위하여 악기를 제조하며 대접(잔은 충분치 않다)으로 포도주를 마시며 귀한 기름을 몸에 바르면서 요셉의 환난에 대하여는 근심하지 아니하는 자"에게 화가 있을 것이며, "그러므로 저희가 이제는 사로잡히는 자 중에 앞서 사로잡히리니"라고 했다. 알겠는가? 어리석은 자들이다! 이들은 웃을 이유도 없는데 웃는다. 이들은 슬

퍼해야 한다.

우리가 사는 세상은 파티와 음악에 미쳐 있다. 그러나 하나님께서 대환난 때에 첫 번째로 하실 일 가운데 하나는 모든 음악을 폐하는 것이다. 요한계시록 18:22은 모든 음악이 그칠 것이라고 말한다. 사람들은 현실을 직시하게 될 것이다. 잠시 라디오를 꺼라. 여러분의 내면에서 무슨 일이 일어나고 있는지 깨닫는 데 도움이 될 것이다.

애통하는 자가 되는 법

'이러한 장애물들을 어떻게 제거할 수 있을까?'

한 가지 방법은 십자가를 바라보는 것이다. 그리스도께서 하신 일을 깨달으라. 그리스도께서는 여러분을 위해 죽으셨다. 이 사실에 여러분의 돌 같은 마음이 깨지지 않는다면, 나로서도 방법이 없다. 여러분에게 장애물이 있는가? 그렇다면 십자가를 차분히 바라보며 여러분에게 예수 그리스도가 얼마나 필요한지 보라.

애통하는 자가 되는 또 다른 방법은 성경에 나타난 죄에 대해 공부하는 것이다. 다윗은 "나의 근심이 항상 내 앞에 있사오니 내 죄악을 아뢰고 내 죄를 슬퍼함이니이다"시 38:17-18라고 했다. "화로다 나여 망하게 되었도다 나는 입술이 부정한 사람이요"사 6:5라고 말한 이사야를 연구하라. 죄 때문에 울었던 예레미야를 연구하라렘 9장을 보라. "주여 나를 떠나소서 나는 죄인이로소이다"눅 5:8라고 한 베드로를 연구하라. 스스로를 죄인의 괴수라고 한 바울을 연구하라딤전 1:15.

가장 위대한 몇몇 사람들의 이러한 말에 자신을 비춰 보면, 여러분이 죄인이 아니라고 확신할 수는 없을 것이다. 죄는 하나님의 법을 짓밟는다. 죄는 하나님의 사랑을 무시한다. 죄는 우리에게 철저하게 영향을 끼친다. 죄는 우리를 발가벗기며, 우리를 더럽히고, 우리의 예복과 면류관을 빼앗아버린다. 죄는 우리의 영광을 망쳐버린다. 죄는 우리에게 더러워진 옷을 입혀놓는다. 하나님의 형상으로 창조된 우리는 멸망할 짐승처럼 된다.

또한, 통회하는 마음을 달라고 기도하라. 오직 하나님만이 우리에게 그런 마음을 주실 수 있다. 하나님께서는 진정으로 구하는 자를 물리치지 않으신다.

애통하는 자

'내가 애통하는 자인지 어떻게 알 수 있는가?'

간단하다. 죄에 대해 민감한가? 죄에 대해 그냥 웃어버리는가? 죄를 그냥 못 본 체하는가? 죄를 기뻐하는가? 이것은 도덕적 의미의 죄일 수도 있고, 부정직일 수도 있고, 기도하지 않은 것일 수도 있다. 이것은 신한 생각을 하지 않은 것일 수도 있고, 사랑을 베풀지 않은 것일 수도 있다. 여러분의 죄에 애통하는가?

우리는 참으로 애통하는 자인가? 그렇다면 우리의 죄뿐만 아니라 세상의 죄에 대해서도 애통할 것이다. 예레미야 13:17에서 선지자가 했듯이 우리는 다른 사람들의 죄를 느끼고 있는가? 예레미야는 이렇게 말했다. "너희가 이를 듣지 아니하면 나의 심령이 너희 교만으로 말미암아 은밀한 곳에서 울 것이며."

예수께서는 산꼭대기에 앉아서 예루살렘을 바라보시며 우셨다. 그는 "예루살렘아 예루살렘아……암탉이 그 새끼를 날개 아래 모음같이 내가 네 자녀를 모으려 한 일이 몇 번이더냐 그러나 너희가 원하지 아니하였도다"마 23:37라고 하셨다.

여러분도 이렇게 우는가? 하나님의 마음이 찢어질 때 우리의 마음도 찢어지는가? 시편 69:9의 다윗처럼 우리도 그렇게 말하는가? "주의 집을 위하는 열성이 나를 삼키고 주를 비방하는 비방이 내게 미쳤나이다." 우리는 진정으로 우리의 죄와 주변의 죄를 슬퍼하며 우는가? 애통하는 자라면 그렇게 할 것이다.

우리가 애통하는 자인지 알 수 있는 두 번째 방법은 우리가 하나님의 용서를 의식하고 있는지 보는 것이다. 우리 삶에 기쁨이 있는가? 우리는 용서받고, 깨끗하게 된 삶에서 오는 참된 평안, 참된 행복, 참된 위로를 알고 있는가? 여러분이 애통하는 자이기를 바란다. 하나님께서는 여러분이 위로받기 원하시기 때문이다. 하나님은 여러분이 진정으로 행복하기 원한다.

05
온유한 자는 복이 있나니

마태복음 5:5

"온유한 자는 복이 있나니 그들이 땅을 기업으로 받을 것임이요." 이것은 예수님의 청중들에게는 충격적인 말이었다. 그것은 이들의 생각과는 전혀 달랐다.

이들은 영적으로 자긍하는 법을 알았다.

이들은 자만하는 법을 알았다.

이들은 경건한 역할을 하는 법을 알았다.

이들은 종교를 알았다.

이들은 형식을 잘 지키는 법을 알았다.

이들은 자신들이 '내內집단' in group이라고 생각했다.

이들은 자신들의 힘과 지혜와 능력과 자원으로 살 수 있다고 생각했다.

이들은 메시아가 오시면 그들을 그의 나라로 불러들이고 이렇게 말씀하실 거라고 기대했다. "너희의 종교성, 놀라운 영성을 칭찬하노라. 하나님께서 천국에서 내려다보시고 너희를 매우 기뻐하셨느니라."

이들은 이러한 혁신적인 접근을 이해하지 못했다. 이들은 온갖 것들을 가지고 자신들의 영성이라는 둑을 쌓았다. 그러나 예수께서는 입을 여실 때마다 그 둑을 무너뜨리셨다. 예수께서는 상한 심령, 애통하는 마음을 요구하셨고, 지금은 온유함을 요구하신다. 어떤 형태의 자기 의나 영적 교만도 요구하지 않으신다.

우리 사회는 이들이 살았던 사회와는 다르다. 우리는 승리와 전리품이 강자의 것이라고 생각한다. 가서 취하라! 마음껏 즐기라! 용감하라! 유대인들처럼 우리도 예수님의 새로운 접근에 충격을 받았을 것이다. 이제 유대 역사의 어떤 장면에서 예수님이 나타나셨는지 살펴보기로 하자.

예수님 시대의 정치와 종교

예수님이 태어나시기 반세기쯤 전인 B. C. 63년에 폼페이가 팔레스타인을 로마에 합병시킴으로써 유대의 독립은 끝이 났다. 이 독립은 마카비 혁명이라 불리는 유혈 폭동을 통해 그리스로부터 얻어낸 것이었지만, 유대는 불과 얼마 지나지 않아 로마 제국의 속박 아래 놓이고 말았다.

B. C. 63년부터, 팔레스타인은 부분적으로 헤롯가의 왕들(가이사에게 임명을 받은 분봉왕가)에 의해 통치되었다. 가이사는 팔레스타인 사람들이 왕을 원했기 때문에 그들에게 왕을 허락했다. 그러나 가이사는 이 외에도 팔레스타인에 로마 행정관과 총독들을 두었으며, 그 중 가장 유명한 사람이 본디오 빌라도였다. 유대인들이 꼭두각시인 헤롯왕가의 왕들, 행정 장관들, 그리고 총독들 아래서 로마의 통치를 받고 있는 동안, 사실 신약과 관련된 다른 모든 지역도 로마의 통치 아래 있었다.

유대인들에게는 슬픔의 시대였다. 이들은 로마의 압제를 어찌나 경멸했던지 자신들이 로마의 지배 아래 있다는 사실조차 인정하려 하지 않았다. 예수께서 요한복음 8:32에서 유대 지도자들에게 "진리를 알지니 진리가 너희를 자유롭게 하리라"고 말씀하셨을 때, 이들은 "우리가 아브라함의 자손이라 남의 종이 된 적이 없거늘"33절 하고 대답했다.

예수님의 이야기 전체가 로마의 지배하에 있는 한 민족의 테두리 속에 있다. 가이사의 그림자가 신약을 덮고 있으며, 신약의 모든 페이지에서 그를 느낄 수 있다. 이와 동시에, 유대인들은 메시아가 오리라고 믿고 있었다. 무슨 일인가 곧 일어나리라는 느낌이 있었다. 하나님의 나라가 세워질 것이었다. 성경은 이 점을 분명히 말하고 있었다.

그 때 예수께서 나타나셨으며 마가는 그 장면을 이렇게 전한다. "요한이 잡힌 후 예수께서 갈릴리에 오셔서 하나님의 복음을 전파하여 이르시되 때가 찼고 하나님의 나라가 가까이 왔으니 회개하고 복음을 믿으라 하시더라"1:14-15.

유대인들은 흥분했다! 이들은 로마의 지배와 압제를 알고 있었다. 그런데 갑자기 이적을 행하는 사람, 기적의 사람, 그 누구와도 다르게 말하는 사람이 나타났던 것이다. 정말 메시아가 오셨다고 생각했다!

예수께서 언덕에서 무리를 먹이실 때, 이들은 그를 왕으로 삼고 로마의 멍에를 끊어버릴 혁명을 시작하길 원했다. 이들은 독립을 가져다줄 혁명을 일으킬 수 있는 위대한 지도자를 고대하고 있었다. 당시 유대교에는 기본적으로 네 집단이 있었다는 걸 기억하라 – 바리새인, 사두개인, 셀롯당(열심당), 에세네파.

바리새인들은 종교적인 보수주의자들이었으며, 사두개인들은 자유주의자들이었다. 에세네파는 사해 사본이 발견된 쿰란 동굴에서 살았던 신비주의자들이었다. 그리고 셀롯당은 종교보다는 정치에 관심이 더 많았던 행동주의자들이었다. 이들이 꿈꾸는 나라는 군사적 왕국이었다. 이들은 군사적 혁명을 이끌 장군을 고대하고 있었다.

바리새인들도 로마의 전복을 꿈꾸고 있었던 것은 마찬가지였다. 그러나 이들이 고대하고 있었던 것은 군사적 왕국이 아니었다. 이들은 거룩한 복지국가, 구약 신정神政의 회복을 고대하고 있었다. 이들은 대단한 초자연적 행동을 통해 로마를 전복시킬 기적의 메시아를 고대하고 있었다. 바리새인들과 셀롯당 모두 대변혁을 동반한 하나님의 개입을 기다리고 있었다. 이들은 성경이 다니엘 7:13–14에서 메시아가 구름을 타고 큰 영광 중에 오실 것을 말했다는 걸 알고 있었다. 하지만 이 일이 어떻게 이루어질지는 몰랐기 때문에, 각자 나름대로의 생각을 가지고 있었다.

열두 사도들도 이것을 기대하기는 마찬가지였다. 사도행전 1:6에서, 이들은 "주께서 이스라엘 나라를 회복하심이 이 때니이까"라고 물었다. 이들은 기적적인 행동이나 군사적 행동을 언제 볼 수 있을지 알고 싶었다. 그러나 그것은 예수님의 목적이 아니었다. 빌라도가 나라도 보좌도 왕관도 없는 왕이 도대체 어떤 종류의 왕인지 알려고 애쓸 때 예수께서는 "내 나라는 여기에 속한 것이 아니니라"요 18:36고 말씀하셨다.

실제로 그는 이렇게 말씀하고 계셨던 것이다. "여러분은 내가 어떤 종류의 왕인지 알지 못하오. 군사적 행동을 취하는 것은 내 방법이 아니오. 난 기적적인 쿠데타를 일으켜 로마를 전복하려는 것이 아니오. 내 목적은 그게 아니오." 그렇게 하길 원하셨다면, 천사 부대, 수천의 천사들을 부르실 수 있었을 것이다(천사 하나가 한 번에 185,000명을 죽일 수 있다면왕하 19:35, 천사 한 부대가 못할 일이 없을 것이다).

정치적, 종교적 회복에 대한 희망은 헛된 꿈이었다. 그러나 이런 희망이 유대인들의 가슴마다 어찌나 뜨겁게 타오르고 있었던지 거짓 메시아들을 다발로 낳았다. 거짓 메시아들이 도처에 나타났다. 거짓 메시아들이 떼거지로 나타났다.

열심당원들은 메시아를 기다릴 수 없었다. 그래서 이들은 '시카리이'sicarii라고 불리는 자객들을 조직해서 로마를 공격하곤 했다. 이들은 요인을 암살하거나 그 밖의 혁명적인 행동을 했지만, 이 모든 일은 로마의 보복을 살 뿐이었다.

깨져버린 기대들

하나님의 계획은 유대인들이 생각했던 것과는 달랐다. 그러므로 예수께서 산상설교에서 그가 행하실 방법을 말씀하기 시작하실 때 그들이 보인 반응이 어떠했는지 상상할 수 있을 것이다. '이 사람은 또 어떤 종류의 메시아지? 이 사람은 어떤 종류의 무리를 모을까? 도대체 누가 우는 여자들, 온유한 사람들을 원한단 말인가? 그 사람들이 로마를 어떻게 할 수 있겠어!'

정치적 행동가들은 예수께 크게 실망했다. 예수께서 혁명을 일으키지 않으셨기 때문이었다. 종교주의자들도 크게 실망하기는 마찬가지였다. 예수께서는 대변혁의 기적으로 로마를 무너뜨리지 않으셨기 때문이다. 마침내 이들이 예수께서 로마 군인들에게 체포되어 빌라도에게 맞으시고 채찍질을 당하시며 가시관을 쓰시고 애처로운 한 인간으로 바라바 곁에 서신 것을 보았을 때, 그에게는 사람이 흠모할 만한 아름다움이라고는 전혀 없었다사 53장. 그래서 이들은 이렇게 생각했다. '잊어버려! 이 사람은 우리가 원하는 메시아가 아냐!' 그리고 이들은 외쳤다. "그를 십자가에 달아라! 그를 십자가에 달아라!"

이들은 예수님을 미워했다. 예수께서 이들을 실망시키셨고 이들의 기대를 채워주지 않으셨기 때문이었다. 사람들이 나중에 "그는 메시아였도다."라고 말하자 이들은 이렇게 말했다. "그 사람은 십자가에서 죽었어! 구약은 '나무에 달린 자는 하나님께 저주를 받았음이니라'고 말하잖아. 그러니 그가 우리의 메시아라고 말하지 마!"신 21:23과 갈

3:13을 보라.

500명이 부활을 증언했음에도 불구하고, 실망한 유대인들은 믿지 않으려 했다. 사도들은 늘 부활을 증거해야 했으며, 늘 이렇게 말해야 했다. "메시아가 고난을 당해야 한다는 걸 너희도 알지 않느냐! 그가 죽어야 하지 않았느냐. 성경이 이렇게 가르쳤지 않느냐. 그러니 이렇게 되어야 하지 않았느냐." 예수께서는 엠마오로 가시는 길에서 이렇게 말씀하셨다. "너희가 성경을 알았다면, 이렇게 되어야 했다는 걸 알았을 것이다" 눅 24:25-27을 보라.

그러나 대부분의 유대인들은 메시아를 고난받는 종으로 제시하는 대단락인 이사야 40-66장의 의미를 몰랐다. 사실, 예수께서는 자신이 누구인지 선포하시면서 이사야 61장을 인용하셨다. 그는 자신을 비천한 무리와 동일시하셨다. 그는 이렇게 말씀하셨다. "주의 성령이 내게 임하셨으니 이는 가난한 자에게 복음을 전하게 하시려고 내게 기름을 부으시고 나를 보내사 포로 된 자에게 자유를, 눈 먼 자에게 다시 보게 함을 전파하며 눌린 자를 자유롭게 하고 주의 은혜의 해를 전파하게 하려 하심이라" 눅 4:18-19.

사도 바울은 고린도전서 1:26-27에서 이렇게 말했다. "육체를 따라 지혜 있는 자가 많지 아니하며 능한 자가 많지 아니하며 문벌 좋은 자가 많지 아니하도다 그러나 하나님께서 세상의 미련한 것들을 택하사." 예수님은 종이셨다. 그는 로마를 전복하러 오신 것이 아니었다. 그는 추한 제자들의 발을 씻기러 오셨다. 그의 전생애는 낮아짐과 섬김의 표본이었다. 그는 이렇게 말씀하셨다. "인자의 온 것은 섬김을 받

으려 함이 아니라 도리어 섬기려 하고 자기 목숨을 많은 사람의 대속
물로 주려 함이니라" 막 10:45.

이스라엘의 종교 지도자들은 전체적인 핵심을 놓쳐버렸다. 이들은 예수께서 오신 목적을 알지 못했다. 예수께서는 낮아짐과 자기 부인 가운데서 오셨다. 그는 이렇게 말씀하셨다. "내 나라에 들어가는 것은 자긍하는 자, 스스로를 의롭게 여기는 자, 교만한 자, 강한 자, 오만한 자, 자신 만만한 자, 종교적인 자가 아니다. 마음을 찢는 자, 애통하는 자, 온유한 자, 주리고 목마른 자, 긍휼히 여기는 자, 청결한 자, 화평케 하는 자, 박해받는 자, 욕을 먹는 자, 비방받으나 보복하지 않는 자이다. 이들이 내 나라의 백성이다."

이들은 도저히 믿을 수 없었다. 때때로 믿을 수 없기는 우리도 마찬가지이다. 우리는 하나님께서 슈퍼스타들을 필요로 하신다고 생각한다. 우리는 하나님께서는 높은 자, 강한 자, 부자, 유명한 자를 필요로 하신다고 생각한다. 그러나 절대 그렇지 않다! 주님께서는 오셔서 이들의 급소를 치셨다. 주님께서는 이렇게 말씀하셨다. "너희가 내 나라에 들어오길 원하느냐? 내 나라의 백성은 영적으로 파산하고, 애통하며, 온유한 자들이다."

온유함, 거룩한 하나님께 대한 반응

이제 온유함에 대해 자세히 살펴보기로 하자.

온유함은 상한 심령broken in spirit, 마음을 찢음과 어근은 같지만 그 뜻은 다르다. 성경의 어떤 곳에서는 이 둘이 서로 바뀌어 사용될 수도 있다. 그러나 나는 이 둘 사이의 아름다운 차이를 보고 싶다. 상한 심령은 나의 죄악된 상태에 초점을 맞춘다. 반면에 온유함은 하나님의 거룩하심에 초점을 맞춘다.

바꾸어 말하자면, 내가 심령이 가난한 것은 내가 죄인이기 때문이며, 내가 온유한 것은 이에 비해 하나님께서 너무나 거룩하시기 때문이다. 상한 심령은 부정적이며, 애통이라는 결과를 낳는다. 온유함은 긍정적이며, 의를 구하는 결과를 낳는다. 이것이 순서상의 아름다움, 팔복 메시지 전개상의 아름다움이다. 첫째, 상한 심령, 즉 죄에 대한 엄청난 깨달음이 있다. 그러나 전혀 절망하지 않는다. 여러분은 그 이면을 보기 시작하기 때문이다. 여러분은 거룩한 하나님을 보고 그의 거룩하심에 주리기 시작한다.

현실적이며 자신의 죄를 회개하는 사람들은 하나님께 반응한다. 그러나 복이 없고 불행하며 하나님 나라 문 앞에서 쫓겨나는 사람들은 오만하고, 자긍하며, 스스로 의롭다 하고, 회개하지 않으며, 목이 곧은 자들이다. 이들에겐 멸망이 있을 뿐이다.

열심당들은 "우리는 군사적인 메시아를 원해."라고 말했다. 바리새인들은 "우리는 기적을 행하는 메시아를 원해."라고 말했다. 사두개인들은 "우리는 물질주의적인 메시아를 원해."라고 말했다. 그리고 에세네파는 모퉁이에 서서 "우리는 금욕적인 메시아를 원해."라고 말했다. 그러나 예수께서는 "나는 너희에게 온유한 메시아를 줄 것이다."라고 말씀하셨다.

사도 바울의 서신에는 이 가르침에 병행하는 말씀들이 많다. 에베소서 4:1–2에서, 그는 이렇게 썼다. "그러므로 주 안에서 갇힌 내가 너희를 권하노니 너희가 부르심을 받은 일에 합당하게 행하여 모든 겸손과 온유로 하고." 그는 디도에게 이렇게 말했다. "아무도 비방하지 말며 다투지 말며 관용하며 범사에 온유함을 모든 사람에게 나타낼 것을 기억하게 하라"딛 3:2. 골로새 교인들에게는 이렇게 썼다. "그러므로 너희는 하나님이 택하사 거룩하고 사랑받는 자처럼 긍휼과 자비와 겸손과 온유와 오래 참음을 옷 입고"골 3:12.

하나님의 기준은 언제나 똑같다. 따라서 우리는 구약에서도 온유함을 찾아볼 수 있다. 다윗은 시편 22:26에서 이렇게 썼다. "겸손한meek, 온유한자는 먹고 배부를 것이며 여호와를 찾는 자는 그를 찬송할 것이라 너희 마음은 영원히 살지어다."

영생은 교만한 자가 아니라 온유한 자의 것이다. 다윗은 또 이렇게 썼다. "온유한 자를 정의로 지도하심이여 온유한 자에게 그의 도를 가르치시리로다"시 25:9. 그리고 시편 147:6은 이렇게 말한다. "여호와께서 겸손한온유한 자들은 붙드시고."

하나님께서는 언제나 자신을 온유한 자와 동일시하신다. 온유한 자들은 하나님께 대해 우선권이 있다. 이들은 하나님의 백성이다. "겸손한온유한 자에게 여호와로 말미암아 기쁨이 더하겠고"사 29:19. 온유한 자에게는 구원과 가르침과 복과 기쁨이 있다.

온유함에 대한 다섯 가지 문답

이제 온유함에 대한 5가지 분명한 질문을 살펴보기로 하겠다.

첫째, 온유하다는 것이 실제로 무슨 뜻인가? 온유한 자들만이 행복하다면, 온유함이 무엇인지 배워야 할 것이다. 그게 무엇이든 간에, 온유함은 가난하고 애통하는 마음에서 나온다. 온유함에 대한 사전적 정의는 '용기 부족'인데, 이것은 성경적 정의가 아니다. 성경에서 온유하다라는 말은 기본적으로 '유순하고, 온화하고, 부드럽다'는 뜻을 가진 헬라어 '프라오스' praos에서 파생했다.

그러므로 온유한 사람은 온화하고, 유순하고, 다정하며, 인내심 있고, 순종적인 사람이다. '온유하다'라는 말은 진정제, 산들바람, 길들여진 망아지를 묘사하는 데 자주 사용되었다. 더 나아가, 이 말은 예수님의 성품이기도 했다. 고린도후서 10:1과 마태복음 21:5은 그리스도의 온유하심에 대해 말씀한다. 마태복음 21:5은 이렇게 말한다. "네 왕이 네게 임하나니 그는 겸손하여온유하여 나귀, 곧 멍에 메는 짐승의 새끼를 탔도다."

예수께서는 예루살렘에 입성하실 때 흰 군마가 아니라 나귀 새끼를 타셨다. 이것은 참으로 하층 계급의 운송 수단이었다. 그는 온유하셨다. 온유함은 온화함과 부드러움과 억제된 성품일 뿐 연약함은 아니다. 온유함은 제어된 힘이다. 이 정의를 취하라 - 제어된 힘. 겸손은 하나님 앞에서 자기를 비우고, 낮추며, 마음을 찢는상한 마음 데서 오는 부산물이다. 이것은 사자를 길들이는 것이다.

온유함은 무기력을 의미하지 않는다. "자기의 마음을 제어하지 아니하는 자는 성읍이 무너지고 성벽이 없는 것과 같으니라"잠 25:28. 바꾸어 말하자면, 힘은 있지만 그 힘을 제어하지 못하는 사람은 무너진 성읍과 같다. 그 반대는 이렇다. "노하기를 더디하는 자는 용사보다 낫고 자기의 마음을 다스리는 자는 성을 빼앗는 자보다 나으니라"잠 16:32. 마음을 다스리는 것이 온유함이다. 제어력의 상실은 곧 온유함의 결여이다.

헬라어에서는 '온유하다'는 말을 어떻게 사용하는지 살펴보자. 길들여지지 않은 망아지는 파괴한다. 길들여진 망아지는 유익하다. 산들바람은 시원하며 마음을 가라앉혀 준다. 허리케인은 죽인다. 온유함은 폭력과 복수의 반대이다. 온유한 자는 자신의 소유가 약탈당하는 것을 기쁘게 받아들인다. 그에게는 더 나은 소유, 영구한 산업, 즉 하나님과 함께 하는 산업이 있음을 알기 때문이다히 10:34을 보라. 온유한 자는 자아에 대해 죽었다. 그는 결코 자신의 상처나 손실을 걱정하지 않는다. 그는 결코 원한을 품지 않는다.

존 번연은 "엎드린 자는 넘어질 것을 걱정할 필요가 없다."고 했다. 잃을 것이 없다. 온유한 자는 결코 자신을 변호하지 않는다. 자신은 그 무엇에 대해서도 자격이 없다는 걸 알기 때문이다. 그는 자신에게 일어난 일에 대해 결코 화를 내지 않는다.

그는 자신의 몫을 가지려고 뛰어다니지도 않는다. 이미 자신의 죄에 대해 마음을 찢었으며, 죄의 결과에 대해 이미 애통하며 울고 있다. 거룩하신 하나님 앞에 겸허하게 서 있으며 자신에 대해 아무 것도 칭찬하지 않는다.

온유함은 비겁함도 아니며 자신감의 결여도 아니다. 온유함은 그저 인간적인 친절함도 아니다. 온유함은 이렇게 말한다. "나 스스로는, 모든 것이 불가능합니다. 그러나 하나님으로는, 모든 것이 가능합니다." 온유함은 또 이렇게 말한다. "나를 위해서는, 아무런 변호도 하지 않습니다. 하나님을 위해서는, 내 생명을 바치겠습니다." 온유함은 죄에 대한 수동적인 수용이 아니다. 온유함은 제어된 분노이다. 온유함은 거룩한 분노이다.

베드로전서 2:21-22을 깊이 생각해 보라. "이를 위하여 너희가 부르심을 받았으니 그리스도도 너희를 위하여 고난을 받으사 너희에게 본을 끼쳐 그 자취를 따라오게 하려 하셨느니라 그는 죄를 범하지 아니하시고 그 입에 거짓도 없으시며." 여기에 진짜 온유함이 있다. 그리스도께서는 결코 어떤 잘못도 범하지 않으셨으며, 따라서 그를 비난하고 고소하는 모든 내용이 거짓이었다. 그에게 내려진 모든 벌이 잘못된 것이었다. 그를 고소할 때마다, 사람들의 고소는 일치하지 않았다. 그를 비방할 때마다, 사람들은 잘못하고 있었다. 그를 조롱할 때마다, 그 조롱은 거짓말이었다.

베드로전서 2:23은 예수께서 "욕을 당하시되 맞대어 욕하지 아니하시고 고난을 당하시되 위협하지 아니하시고 오직 공의로 심판하시는 이에게 부탁하시며"라고 말씀한다.

이것이 온유함이다. 그리고 하나님께서는 이런 자에게 땅을 약속하신다. 예수께서는 결코 자신을 변호하지 않으셨다. 그러나 사람들이 그의 아버지의 성전을 더럽히자, 예수께서는 채찍을 만들어 그들을 치셨다. 온유함은 말한다. "나는 결코 스스로를 변호하지 않지만 하나님을 변호하는 데는 목숨을 바칠 것입니다." 예수께서는 성전을 두 번 정화하셨다. 외식하는 자들을 호되게 꾸짖으셨다. 이스라엘의 거짓 지도자들도 책망하셨다. 사람들에게 하나님의 심판을 아무 두려움 없이 선포하셨다. 그러나 성경은 그가 온유하셨다고 말한다. 온유함은 하나님을 변호하는 데만 사용되는 힘이다.

둘째, 온유함은 자신을 어떻게 나타내는가? 창세기 12장에서, 하나님께서는 아브라함과 거짓말 같은 언약을 맺으셨다. 사실 하나님께서는 이렇게 말씀하셨다. "너의 씨는 하늘의 별과 같고 바다의 모래 같을 것이다. 아브라함아, 네게 땅을 주겠다. 아브라함아, 지금까지 그 어느 것과도 다른 한 언약을 네게 줄 것이다. 네 허리에서 한 민족이 나올 것이다"1-3절을 보라.

창세기 13장에서는 아브라함의 목자들과 그의 조카 롯의 목자들이 다투는 모습을 볼 수 있다. 이 때 아브라함은 이렇게 말할 수도 있었을 것이다. "이보게 조카! 언약을 받은 사람이 누구인가? 자네인가 나인가?"

"아브라함 삼촌, 그거야 삼촌이지요."

"조카, 절대 잊지 말게! 언약을 받은 건 나네. 그러니까 땅을 선택할 권리는 내게 있네!" 그는 지위를 이용하여 조카를 누를 수도 있었을 것이다. 그에게는 그럴 권리가 있었다. 그는 하나님의 사람이었고, 롯은 빌붙어 사는 친척에 지나지 않았다. 그런데 아브라함이 어떻게 했는가? 창세기 13장을 보라.

"아브람이 롯에게 이르되 우리는 한 친족이라 나나 너나 내 목자나 네 목자나 서로 다투게 하지 말자 네 앞에 온 땅이 있지 아니하냐 나를 떠나가라 네가 좌 하면 나는 우 하고 네가 우 하면 나는 좌 하리라"8-9절. 바꾸어 말하자면 이렇다. "네가 원하는 부분을 선택해라. 남은 쪽을 내가 가지마."

이것이 온유함이다. 자신이 죄인일 뿐이라는 것을 깨달을 때, 여러분은 "서로 우애하고 존경하기를 서로 먼저 하며"라는 로마서 12:10 말씀의 의미를 알게 될 것이다. 아브라함처럼 말이다.

그리고 요셉이 있다. 형들이 그를 종으로 팔아버렸고, 그는 애굽으로 끌려갔다. 형들은 '이제야 이 놈을 처치했어.' 라고 생각했다. 아버지가 요셉을 편애했기 때문에, 형들은 요셉을 그냥 놔둘 수가 없었다. 후에 흉년이 들어 기근이 일어났기 때문에, 이들은 애굽에 곡식을 구하러 가야 했다. 애굽을 움직이는 인물이 누구였을지 상상이 가는가? 요셉이었다. 그는 바로왕 다음가는 총리(수상)의 자리에까지 올랐으며, 그 앞에서 형들이 그에게 곡식을 구하고 있었다.

요셉은 이렇게 말할 수도 있었을 것이다. "안 된다고 하는 이유를 말해드리다." 그러나 그는 그렇게 하지 않았다. 그에게는 힘이 있었지만, 그 힘은 제어되었다. 그의 몸에는 복수의 칼날이 숨겨져 있지 않다. 어떤 적대감이나 비통함이나 원한도 없었다. 그는 형들을 사랑했고 그들이 필요로 하는 것을 모두 주었다. 사실, 그는 동생 베냐민이 오지 않았다는 걸 알고는 그가 몹시 보고 싶었다. 요셉은 결코 겁쟁이가 아니었다. 그는 바로에게도 공세를 취했었다. 요셉은 강한 사람이었다. 온유함은 비겁함이 아니다.

사무엘상 26장에서, 사울이 다윗을 잡으려고 쫓아다닌 것을 기억하는가? 사울은 하나님께서 다윗을 다음 왕으로 기름부으셨다는 걸 알고 있었다. 사울은 다윗을 미워했고 그를 죽이려 했다. 그러나 다윗이 우연히 사울을 발견했을 때 그는 깊이 잠들어 있었다. 형세가 역전되었던 것이다. 다윗에게 절호의 기회가 찾아왔던 것이다. 다윗의 군사들은 "다윗이시여, 어서 하십시오. 어서 하십시오. 그를 해치우십시오! 절호의 기회입니다! 머뭇거리지 마십시오. 지금 사울을 놓아주면 당신이 오히려 당하실 겁니다!" 하고 말했다.

다윗은 자신이 거기 있었으며, 그를 죽일 수도 있었다는 걸 사울이 알도록 그의 창과 물병을 취했다. 다윗은 자신의 힘을 사용하지 않았다. 그는 창을 들고 있었고 사울은 잠들어 있었다. 그러나 다윗은 그 창을 사용하지 않았다. 그는 자신의 편에서 행동하지 않고 하나님의 편에서 행동하려 했다.

사무엘하 16장에서, 다윗과 그의 아들 압살롬이 충돌 상태에 있었고, 압살롬은 다윗을 예루살렘 밖으로 쫓아내고 말았다. 전에 사울의 심복 중 하나였던 시므이가 따라와 욕을 하며 다윗을 저주했다. "다윗이여, 아들에게 당하셨구려! 당신은 유능한 사람이잖소? 거물이지 않소! 이스라엘의 큰 왕이여, 어찌 수풀 속에 숨으셨소!"

다윗의 조카 아비새는 이렇게 말했다. "이 죽은 개가 어찌 내 주 왕을 저주하리이까 청하건대 내가 건너가서 그의 머리를 베게 하소서"삼하 16:9. 그러나 다윗은 아비새에게 시므이를 내버려두라고 했다. 그는 자신을 변호하려 하지 않았다. 그 순간 그는 하나님의 뜻에 전적으로 순종하는 아름답고, 순종적이며, 신뢰하는 태도를 취했던 것이다.

민수기 12:3은 "모세는 온유함이 지면의 모든 사람보다 더하더라"고 말한다. 여러분은 이렇게 물을 것이다. "**그가** 온순했다고요? 그는 바로에게 '내 백성을 보내라!' 고 했던 그 사람이 아닙니까? 시내산에서 내려와 형 아론이 백성들을 이끌어 금송아지를 섬기며 주연을 벌이는 것을 보고 너무 화가 나서 십계명 돌판을 던져 부셔버리지 않았습니까?" 사실이다. 그러나 그는 자신을 변호하지 않았다. 그는 여호와 하나님을 변호하고 있었다.

사실, 하나님께서 그에게 "모세야, 너는 내 사람이다."라고 말씀하셨을 때, 모세는 이렇게 대답했다. "하나님, 저를 원하실 수는 없습니다. 저는 쓸모없는 사람입니다. 저는 입술이 둔한 사람입니다. 농담 그만 하십시오. 제가 이스라엘의 자녀들을 애굽에서 인도해내길 원하신다고요? 전 애굽 사람도 하나 죽였고 그 때문에 40년 동안 광야에서 떠돌아다녔습니다! 그런 제가 어떻게 문제 없이 200만 명이나 되는 유대인들을 애굽에서 끌어낼 수 있겠습니까? 전 할 수 없습니다"출 3장.

모세는 자신을 믿지 않았다. 그는 하나님 앞에서 자신을 변호할 수도 있었지만, 누구 앞에서건 하나님을 변호하려 했다. 이것이 온유함이다.

셋째, 온유함의 결과는 무엇인가? "온유한 자는 복이 있나니." 이것이 첫 번째 결과이다. 행복하길('마카리오스') 원하는가? 이것이 온유함의 의미이다. 세상의 경박한 의미의 행복이나 환경적인 행복이 아니라, 하나님의 견지에서 보는 행복 – 살아 계신 하나님과의 영원한 관계에 기초한 지속적이며 참된 기쁨 – 이다.

두 번째이자 큰 결과는 온유한 자는 땅을 기업으로 받는다는 것이다. 그리스도께서 여기서 의미하시는 것은, 여러분이 그 나라에 들어갈 때 하나님께서 아담에게 주셨던 땅에 대한 원래의 통치권을 받게 된다는 것이다. 이것은 되찾은 낙원이다. 그 나라의 백성은 그 땅을 기업으로 받을 것이다. 그의 나라에 들어가는 사람들은 스스로 죄 없다고 생각하는 사람들이 아니라 자신의 죄에 대해 마음을 찢는 사람들(상한 심령)뿐이다.

창세기에서, 하나님께서는 그의 자녀들에게 땅을 약속하셨다. 이 첫 약속의 땅이 유브라데강까지 이른다는 것을 아는가? 유대인들은 동쪽으로 요단강도 거의 건널 수 없다. 따라서 여기에는 성취되지 않은 약속이라는 의미가 있다. 이사야 57:13과 60:21은 메시아가 와서 그들에게 그 땅을 모두 주며, 온 땅도 줄 날이 있을 것이라고 말씀한다.

그러나 예수님 시대의 유대인들이 무엇을 생각했는지 아는가?

'천년왕국은 강한 자들의 것이다. 자긍하는 자들, 도전적인 자들, 이 압제를 당하지 않을 자들의 것이다.'

예수께서는 이렇게 말씀하셨다. "아니다. 그렇지 않다! 땅은 온유한 자들의 것이 되리라."

온유한 자들이 어떻게 땅을 차지할까? 그렇지 못할 것 같다. 이들은 아무 것도 하지 않는다. 그리스도께서 하신다. 온유한 자들은 그 나라에 들어가고, 그리스도께서 그들에게 땅을 주신다. 다른 팔복에서처럼 여기서도 강조의 대명사가 사용되었으며, 따라서 이 부분은 이런 의미이다. "온유한 자는 복이 있나니 그들만이 땅을 기업으로 받을 것임이요."

헬라어에서 '기업으로 받다' inherit에 해당하는 동사는 '분배된 몫을 받다' 라는 뜻이다. 하나님께서 이것을 약속하셨다. 하나님께서 땅을 내어주셨다. 시편 37편에는 땅에 대한 매우 분명한 약속이 있다. 하지만 유대인들 가운데 의인들은 이렇게 묻고 있었다. "우리는 모든 일이 제대로 되지 않는데 어찌해서 악인들은 번성하는가?"

시편 기자는 사실 이렇게 대답하는 것이다. "거기에 대해서는 걱정하지 말라. 너희는 그저 너희 길을 여호와께 맡기고, 그를 의뢰하며, 그를 기뻐하라. 그리하면 그가 너희 마음의 소원을 이루어 주시리라." 시편 37:13은 "주께서 그(악인)를 비웃으시리니 그의 날이 다가옴을 보심이로다"라고 말씀한다. 지금은 거꾸로 된 것처럼 보일지 모른다. 그러나 하나님께서는 악을 행하는 자들이 풀처럼 잘리며 시들 것이라고 말씀하신다. "진실로 악을 행하는 자들은 끊어질 것이나 여호와를 소망하는 자들은 땅을 차지하리로다" 9절.

'기업으로 받다' inherit는 미래 시제 동사이다. 우리는 그 나라의 일부가 될 것이다. 우리는 예수 그리스도와 함께 다스릴 것이다. 성경은 이렇게 말씀한다. "그런즉 누구든지 사람을 자랑하지 말라 만물이 다 너희 것임이라 바울이나 아볼로나 게바나 세계나 생명이나 사망이나 지금 것이나 장래 것이나 다 너희의 것이요 너희는 그리스도의 것이요 그리스도는 하나님의 것이니라"고전 3:21-23.

시편 149:4은 이렇게 말한다. "여호와께서는 자기 백성을 기뻐하시며 겸손한온유한 자를 구원으로 아름답게 하심이로다." 어느 날 하나님께서는 열방들을 보수報聖하실 것이다. 열방의 왕들을 사슬로 묶으시고 귀족들에게 착고를 채우실 것이다. 이 중 어느 날에, 하나님께서는 악한 자들을 한데 모으시고 그들에게서 모든 것을 빼앗으시며 새 땅을 그의 백성에게 주실 것이다. 내가 지금 알고 있는 세상, 내가 지금 보고 있는 세상이 내게 생생한 의미로 살아나는 것은 이 세상이 잠시 남에게 맡겨진 나의 것이기 때문이다. 내가 하나님 나라 안에 있다는 사실은 나로 하여금 세상을 다르게 볼 수 있게 해준다. 그리스도가 없다면, 나는 세상이 세상을 보는 것과 다르게 세상을 볼 수 없을 것이다. 어느 날 세상은 천년왕국에 대한 약속이 성취되는 가운데 나의 것이 될 것이다.

넷째, 온유함이 왜 필요한가? 온유한 자만이 구원받을 수 있다. 기억하라. "여호와께서는 자기 백성을 기뻐하시며 겸손한온유한 자를 구원으로 아름답게 하심이로다"시 149:4. 하나님의 거룩하심 앞에서 겸손히 여러분의 죄를 애통하면서 상한 심령으로 하나님께 나오지 않는다면, 여러분은 구원받을 수 없다. 더욱이, 이것은 명령이다. 스바냐 2:3에서 하나님께서는 "겸손온유함을 구하라"고 말씀하신다.

여러분에게 온유함이 필요한 것은 온유함이 없이는 하나님의 말씀을 받아들일 수조차 없기 때문이다. 야고보 사도는 "마음에 심어진 말씀을 온유함으로 받으라"약 1:21고 했다. 온유함 없이는 증거할 수도 없다. 이 사실을 아는가? 베드로 사도가 "너희 속에 있는 소망에 관한 이유를 묻는 자에게는 대답할 것을 항상 준비하되 온유와 두려움으로 하고"벧전 3:15라고 말한 것도 바로 이 때문이다.

또한 여러분이 온유해야 하는 것은 온유함만이 하나님께 영광을 돌릴 수 있기 때문이다. 베드로전서 3:4에서, 베드로 사도는 하나님을 영화롭게 하길 원한다면 외모에 신경 쓰지 말고 온유함으로 속을 단장하라고 말했다.

그러므로 온유함이 필요한 것은 이것이 구원받는 유일한 길이며, 하나님의 명령이며, 그의 말씀을 받고 전하는 데 필요하며, 존재의 근본 이유 — 하나님을 영화롭게 하는 것 — 이기 때문이다.

다섯째, 내가 온유한지 어떻게 알 수 있는가? 여러분의 마음을 점검하라. 여러분은 자제력을 보이는가? 하나님의 이름이 더럽혀질 때만 화를 내거나, 반응하거나, 응수하는가?

여러분은 하나님의 말씀에 언제나 겸손히 순종하는가? 여러분이 온유하다면 그렇게 할 것이다.

여러분은 언제나 화평케 하는가? 온유함은 용서하며 회복시킨다. 에베소서 4:2-3이 "모든 겸손과 온유로 하고 오래 참음으로 사랑 가운데서 서로 용납하고 평안의 매는 줄로 성령이 하나 되게 하신 것을 힘써 지키라"고 말하는 것도 바로 이 때문이다.

여러분은 비판을 잘 받아들이고 비판하는 사람들을 사랑하는가? 온유함은 그렇게 한다. 여러분은 온유함으로 가르치는가?

온유함은 나는 영원히 끝났다는 뜻이다.

06
의에 주리고 목마른 자는 복이 있나니

마태복음 5:6

기억하라. 마태복음의 전체적인 주제는 왕이신 그리스도이다. 반복적으로, 마태는 그의 왕적 족보이든, 동방박사들(동양의 공식적인 국왕 옹립자들)의 경배이든, 구약의 왕적 예언들의 성취이든, 사탄에 대한 그의 승리이든 간에, 그리스도의 왕 되심을 강조한다. 어느 경우든, 마태는 그리스도를 왕으로서 제시한다.

5장에서 마태는 이 왕의 말씀, 즉 그 나라의 선언서를 제시한다. 정말 그리스도께서 왕이시라면, 그의 나라는 어떤 나라인가? 그리스도께서는 마태복음 5, 6, 7장에서 그 나라의 성격을 묘사하시는데 우리는 그것이 영적인 나라임을 금방 알 수 있다. 산상설교의 끝인 마태복음 7:28은 "예수께서 이 말씀을 마치시매 무리들이 그의 가르치심에 놀라니"라고 말한다. 왜 놀랐는가? "이는 그 가르치시는 것이 권위 있는 자와 같고 그들의 서기관들과 같지 아니함일러라" 7:29.

그의 말씀이 왕의 말씀이었을 뿐만 아니라 그의 길도 왕의 길이었다. 그의 매너는 왕의 매너였다. 그는 권위가 있으셨다. 그는 그 누구의 말도 인용하지 않으셨다. 랍비와 서기관들은 유명한 사람의 말을 항상 인용하면서 가르쳤다. 그러나 예수께서는 그저 자신의 말씀을 하셨다.

예수께서는 그가 좇으시는 것은 행복이며 그가 주시는 것은 복이라는 말씀으로 설교를 시작하셨다. 그러나 그가 제시하신 것은 정확하게 사람들이 기대했던 것은 아니었다. 그는 사람들이 알지 못했던 행복과 듣지 못했던 길을 제시하셨으며, 그 결과 그들은 여기에 매료되었다. 그가 말씀을 끝내실 때쯤, 사람들은 그저 매료된 상태 그 이상이었다 – 그들은 놀랐다.

여기서 한 가지를 분명히 하겠다. 사람들은 이렇게 묻는다. "팔복의 진리들은 그 나라에 들어가는 방법에 관한 규범들입니까, 그렇지 않으면 일단 그 나라에 들어간 상태에서 어떻게 살아야 하는가에 대한 규범들입니까?" 대답은 둘 다이다. 그 나라에 들어가려면 심령이 가난해야만 한다. 그리고 그 나라에서 살면서 자신의 영적 가난을 계속해서 인식한다. 그 나라에 들어가려면 자신의 죄를 애통해야 한다. 그리고 그 나라에 살면서 자신의 죄를 계속해서 애통하게 된다. 그 나라에 들어가려면 온유해야만 한다. 교만한 자는 들어갈 수 없다. 일단 그 나라에 들어가면, 하나님께서 여러분에게 점점 더 멋진 분이 되시면서 온유함이 계속적으로 여러분의 성품이 된다. 그 나라에 들어가려면,

의에 주리고 목말라야만 한다. 일단 그 나라에 들어가면, 여러분은 계속해서 의에 주리고 목마를 것이다. 분명히, 우리가 하나님 나라의 삶이 갖는 이런 요소들에 보다 덜 충실할 때가 있고 철저히 순종할 때가 있을 것이다. 그러나 이것들은 여전히 우리 삶의 일부이다.

의를 향한 정열

"의에 주리고 목마른 자는 복이 있나니 그들이 배부를 것임이요." 이것은 매우 강한 열망, 정열적인 추구, 우리 속의 열정적인 힘, 즉 야망을 말한다.

성경에는 잘못된 것에 주려 있었던 자들이 많다. 천사장 루시퍼, 느부갓네살, 어리석은 부자 등이다. 그러나 바른 것에 초점이 맞춰지기만 한다면 야망, 정열, 불굴의 추진력, 큰 소원은 결코 잘못된 것이 아니다.

바른 것이란 무엇인가? 6절로 돌아가 보자. "의에 주리고 목마른 자는 복이 있나니." 이것은 강한 표현이다. 음식과 물은 꼭 필요하다. 그런데 여기서 그리스도께서는, 우리에게는 음식이 필요하듯이 의가 필요하다고 말씀하신다. 우리의 육체적 생명이 음식과 물에 달려 있듯이 우리의 영적 생명은 의에 달려 있다.

오늘도 아프리카, 인도, 라틴 아메리카 일부 지역에서는 수천 명이 영양 실조와 그에 따른 질병으로 죽어가고 있다. 굶주림은 전쟁이나 역병과 같다. 이것은 생명을 죽이고 쓸어버린다. 그러나 상상할 수 있는 굶주림에 대한 모든 공포도, 채워지지 못한 영적 굶주림과 해소되지 않은 영적 목마름에 비교하면 아무 것도 아니다.

구원받지 못한 사람들은 행복에 목말라 있고 성취에 주려 있지만 이것들을 엉뚱한 곳에서 찾는다. 사실, 베드로는 구원받지 못한 사람을 자신이 토한 것을 도로 핥아먹는 개나, 씻고 나서 다시 더러운 구덩이에 뒹구는 돼지에 비유했다 벧후 2:22을 보라. 신자이건 불신자이건 간에, 세상 모든 사람의 마음은 하나님에 주리도록 창조되었다. 그러나 인간은 하나님에 대한 이러한 주림을 엉뚱한 것들로 채우려고 한다. 인간은 성경이 '양식 아닌 것' 사 55:2이라고 부르는 것을 구한다.

예수께서는 사람들이 주려 있다는 것을 아시고 자신을 떡으로 제공하셨다. 사람들이 목말라 있다는 것을 아시고 자신을 물로 제공하셨다. 그러나 예레미야 2:13에서, 선지자는 사람들의 일반적인 반응을 생생히 증언한다. "내 백성이 두 가지 악을 행하였나니 곧 그들이 생수의 근원 되는 나를 버린 것과 스스로 웅덩이를 판 것인데 그것은 그 물을 가두지 못할 터진 웅덩이들이니라."

요한일서 2:15-16은 세상에서는 만족을 찾을 수 없을 것이라고 경고한다. "이 세상이나 세상에 있는 것들을 사랑하지 말라……육신의 정욕과 안목의 정욕과 이생의 자랑이니." 이 중 그 어느 것도 영원하지 않다. 그저 바람과 같을 뿐이다. 하나님의 성령에 반응하는 사람들은 아버지께 돌아온다. 그리고 아버지의 집에서는 이들의 빈 마음을 채울 잔치가 벌어진다.

그러므로 출발점에서 스스로에게 물어보라. "나는 무엇에 주려 있는가?" 권력인가? 명예인가? 재산인가? 쾌락인가? 여러분은 자신이 토한 것을 핥아먹는 개와 같은가? 자신의 오물에 뒹구는 돼지와 같은가? 그렇지 않으면 여러분은 참된 근원을 찾고 있는가? 여러분의 대답에 따라 여러분이 그 나라 안에 있는지 밖에 있는지가 드러날 것이다. 의에 주리고 목마른 자는 복이 있다. 팔복의 다른 부분에서와 마찬가지로, 여기서도 우리는 몇 가지 중요한 질문에 접하게 된다.

이것은 팔복의 다른 부분과 어떻게 조화를 이루는가

우리는 3절의 '심령이 가난한'이라는 말이 무슨 뜻인지 이야기했다. 이것은 우리에게는 어떤 의도 없으며 우리는 도덕적으로 파산한 자라는 것을 인식하고 깨닫는다는 뜻이었다. 우리는 스스로를 도울 수 없다. 우리는 희망이 없는 죄인들이다. 그 다음에 이어지는 것이 '애통하는 자'이다. 애통은 우리의 상한 심령에 대한 반응이다. 그 다음 온유함이 이어지며, 온유함은 "하나님께 비길 때, 저는 아무 것도 아닙니다!"라고 말한다. 온유함은 겸손이다. 하나님 앞에서 겸손할 때, 우리는 한 가지를 깨닫는다. 그것은 우리가 의를 알 수 있는 유일한 길은 하나님의 손에서 의를 구하는 것이라는 사실이다. 이것이 우리를 네 번째 복으로 인도하는데, 우리는 우리의 것이 아님을 알고 있으면서도 그것에 주리고 목말라 있다.

팔복의 진행은 단순하다. 마틴 로이드존스는 이렇게 썼다.

이 복은 앞의 것에 대한 논리적 귀결이다. 이 복은 나머지 것들이 수렴되는 진술이다. 이 복은 나머지 것들의 논리적인 결론이다. 이 복은 우리 모두가 하나님께 깊이 감사해야 하는 것이다. 나는 그리스도인의 신앙 고백에 있어서 스스로에게 적용하기에 이 복보다 나은 테스트를 알지 못한다. 이 구절이 여러분에게 성경 전체에서 가장 복된 말씀 중 하나라면, 여러분은 자신이 그리스도인임을 아주 분명히 확신할 수 있다. 그렇지 않다면 여러분의 기초를 다시 점검해 보는 게 낫다.[1]

예수께서는 행복은 마음을 찢는 것(상한 심령)이며, 행복은 애통하는 것이며, 행복은 온유함이며, 행복은 의에 주리고 목마른 것이라고 말씀하셨다. 이들 각각의 결과가 어떻게 합치되고 어울리는지 보라. "천국이 그들의 것임이요. 그들이 위로를 받을 것임이요. 그들이 땅을 기업으로 받을 것임이요. 그들이 배부를 것임이요." 거짓말 같지 않은가? 우리가 이 모든 것을 갖춘다면, 우리는 여기에 열거된 모든 복을 받을 것이다!

바꾸어 말하자면, 하나님의 편에서 볼 때는 모든 것이 우리의 것이 될 것이다. 세상은 이것저것을 얻기 위해 미친 듯이 일한다. 그러나 세상이 하나님의 나라가 되면 어쨌든 우리는 그 모든 것을 갖게 될 것이다. 사람들은 하나님께서 주길 원하시는 것을 가져 보려고 온갖 짓을 다한다! 약 4:1-2을 보라.

---

1) Martyn Lloyd-Jones, *Studies in the Sermon on the Mount*(Grand Rapids: Eerdmans, 1959), 1:73–74.

유대인들은 그 나라를 도래시키기 위해 노력했다. 이들은 매우 어려운 상황에서 위로받기 위해 최선을 다했으며, 땅을 기업으로 받길 몹시 원했다. 이들은 자신의 삶을 의미로 채우려고 노력했다. 이들은 엉뚱한 길을 좇고 있었으며, 주님께서는 이들에게 간단히 말씀하셨다. "너희가 원하는 것을 모두 다 주겠다. 너희에게 그 나라를 주며, 위로를 주며, 너희 삶에 필요한 모든 것을 채워주겠다. 너희에게 온 땅을 주겠다. 내 조건대로 오기만 하면, 너희는 모든 것을 가질 수 있을 것이다."

일단 하나님의 약속을 믿으면, 우리는 애쓸 필요가 없다. 우리는 기업으로 받기 때문이다. 나는 성경을 이렇게 읽는다. 하나님께서 이르시되 "너는 내 자녀이니 땅을 기업으로 받을 것이다." 그러니 내 힘으로 그 땅을 가지려고 내 온 시간을 허비해야 하겠는가? 그건 전혀 이치에 닿지 않는다. 어쨌든 그 땅은 내 것이 될 것이다. 나는 다른 사람들이 그 땅을 잠시 빌리는 것에 대해서는 개의치 않는다. 하나님의 약속에 따라 그 땅은 결국 내게 돌아올 것이기 때문이다.

이삭은 이 우물에서 저 우물로 또 다른 우물로 옮겨다녔다. 그가 우물을 팔 때마다 누군가 소유권을 주장하면서 그 우물을 그에게서 빼앗아 버렸다. 마침내 그는 또 다른 우물을 팠는데 이번에는 그 누구도 소유권을 주장하지 않았다. 그래서 그는 그 우물 이름을 "르호봇이라 하여 이르되 이제는 여호와께서 우리를 위하여 넓게 하셨으니"창 26:22라고 했다. 이삭은 하나님께서 그를 돌보아 주실 것을 알았다. 그는 비이기적일 수 있었다. 이것이 산상설교에 담긴 동기의 전체적인 기초이다.

모든 것은 하나님의 손에서만 여러분의 것이 될 수 있다. 이 사실은 다른 것들에 대한 동기가 된다. 마태복음 5:40은 "너를 고발하여 속옷을 가지고자 하는 자에게 겉옷까지도 가지게 하며"라고 말한다. 왜 그래야 하는가? 그 나라에는 여러분에게 필요한 모든 것이 있기 때문이다. 여러분은 무엇을 염려하는가? "또 누구든지 너로 억지로 오 리를 가게 하거든 그 사람과 십 리를 동행하고 네게 구하는 자에게 주며 네게 꾸고자 하는 자에게 거절하지 말라"마 5:41-42. 세상의 것에 매달리지 말라. 어쨌든 세상의 모든 것이 여러분의 것이다. 그러니 나누라. 이런 마음이 있을 때, 여러분은 바른 야망을 가질 수 있다.

여러분은 이렇게 말하고 있는가? "하나님, 제가 원하는 것은 오직 주님의 의뿐입니다. 제가 원하는 것은 주님 앞에서 온유해지는 것뿐입니다. 제가 원하는 것은 주님이 생각하시는 주님의 나라뿐입니다." 그렇다면 하나님의 약속은, 여러분이 마지막에 모든 것을 기업으로 받으리라는 것이다. 모든 것을 말이다! 사실, 사도 바울은 고린도 교인들에게 "다 너희의 것이요"(고전 3:22, 23에서는 이렇게 덧붙였다. "너희는 그리스도의 것이요 그리스도는 하나님의 것이니라")라고까지 말했다. 어쨌든 모든 것이 여러분의 것이다!

예수께서는 마태복음 6:33에서 이것을 이렇게 말씀하셨다. "너희는 먼저 그의 나라와 그의 의를 구하라 그리하면 이 모든 것을 너희에게 더하시리라." 하나님의 편에서 볼 때, 어쨌든 모든 것이 우리의 것이다. 그러므로 우리는 '주린 자는 행복하다.'고 말할 수 있다.

3절에는 '마음을 찢는' (상한 심령) 고통이 있다. 4절에는 '애통함'이 있다. 5절에는 '온유함' (자아의 죽음)이 있다. 그러나 주리고 목마른 고통 후에, 6절에는 위로가 있다. 우리는 마침내 하나님께 향하는 자리에까지 왔기 때문이다. 이 복이 팔복에서 이 부분에 꼭 맞는 것도 바로 이 때문이다. 이것이 이치에 닿기 때문이다.

주리고 목마르다는 것이 무슨 뜻인가

우리는 주리고 목마르다는 것이 무슨 뜻인지 이미 넌지시 말했다. 이것은 바람, 크고 간절한 바람과 연관이 있다. 이 말씀은 그 문화 속에 사는 사람들에게는 강하게 다가갔다. 우리 나라에서는 목이 마르다는 것이 무엇인지 실제로 알기 힘들다. 우리는 목이 마르다는 말을 어떤 뜻으로 사용하는가? 보통 시원한 걸 마시고 싶다는 뜻으로 사용한다. 우리는 배가 고프다는 말을 어떤 뜻으로 사용하는가? 보통 12시 경에 점심을 먹는데 1시가 됐는데도 아직 점심을 먹지 못했다는 뜻으로 사용한다.

제임스 보이스는 메이저 길버트라는 유명한 장군에 관한 이야기를 했다. 이 장군은 『최후의 십자군』*The Last Crusade*이라는 저서에서 1차 세계 대전 중 팔레스타인 사막에서 자신과 부하들이 겪었던 목마름을 이야기한다.

우리는 머리가 아팠다. 번쩍이는 섬광에 눈은 충혈되고 침침해져 있었다. ……혀는 붓기 시작했으며……입술은 검은 자줏빛으로 변한 채 부르터 있었다. 부대에서 낙오된 병사들은 다시 보이지 않았다. 그러나 부대는 필사적으로 세리아로 진격했다. 세리아에는 우물들이 있었으며, 해질 때까지 그곳에 도착하지 못하면 수천 명의 병사들이 목마름으로 죽을 운명이었다.

우리는 인간이 자신의 생명을 위해 싸우듯이 한낮의 뜨거운 태양과 싸웠다. 우리는 퇴각하는 터키군의 뒤를 따라 세리아에 들어갔다. 우리 눈에 가장 먼저 들어온 것은 차갑고 맑은 식수로 가득 찬 큰 돌항아리들이었다. ……마지막 병사까지 물을 마시는 데는 무려 네 시간이 걸렸다. ……나는 우리 모두가 브엘세바에서 세리아의 우물까지의 행진에서 성경의 교훈을 처음으로 제대로 배웠다고 믿었다. 하나님과 의에 대한, 우리의 삶을 향한 그의 뜻에 대한 우리의 목마름이 그렇게 애타고 간절했다면, 성령의 열매를 풍성히 맺을 수 있지 않을까![2]

예수께서는 이러한 궁핍과 결핍을 이해하는 사람들에게 주림과 목마름에 대해 이야기하고 계셨다. 헬라어 동사는 뜻이 매우 강하다 '페이나오' peinao는 '궁핍하다', '심한 굶주림으로 고통당하다' 라는 뜻이다 '디프사오' dipsao는 '진짜 목마름' 이라는 의미를 담고 있다. 예수께서는 계속적인 행동을 나타내는 현재 분사를 사용하여 아주 강한 신체적인 자극들을 표현하신다 – 주리고 있는 자들, 목말라 하고 있는 자들. 이것은 그 나라에 들어오는 자에게만 요구되는 조건이 아니라, 이미 그 나라에 들어와 있는 자의 패턴이기도 하다는 것을 기억하라.

---

2) Boice는 E. M. Blaiklock, "Water," *Eternity*, August 1966, 27에서 인용했다.

예수 그리스도께 나왔을 때, 나는 그의 의에 주리고 목말라 있었다. 그리고 지금은 그를 알기에, 그의 의에 더 주리고 목말라 있다. 훌륭한 주석가인 렌스키는 이렇게 말했다. "이러한 주림과 목마름은 계속되며, 사실 채워지고 해소되는 그 순간에 더 커진다."[3] 이것은 순간순간의 삶의 방식이다. 여러분이 의에 주리고 목마르지 않다면, 여러분이 그 나라에 들어와 있는지조차 의문스럽다.

모세를 예로 들어보겠다. 모세가 40년간 광야 생활을 하고 있을 때, 하나님께서 그를 부르셨다. 그는 타오르는 떨기나무 가운데서 하나님을 보았다. 이스라엘을 이끌어 내려고 애굽으로 돌아갔을 때, 모세는 애굽에 내린 재앙들과 홍해가 갈라지는 모습에서 하나님의 손을 보았다. 광야에서 큰 불기둥의 인도를 받는 가운데 하나님을 보았다. 마실 물과 먹을 만나 가운데서 하나님을 보았다. 하나님께 순종하여 성막을 지은 후에, 모세는 "주의 영광을 보기 원하나이다."라고 말했다.

여러분은 이렇게 말했을 것이다. "모세, 그만하면 충분해요! 당신은 정말이지 이미 많이 봤잖아요!" 그러면 모세는 "아직 충분하지 않아요."라고 말했을 것이다. 하나님께서는 그를 산으로 인도하시고 그 앞에서 불타는 손가락으로 그의 율법을 두 돌판에 쓰셨다. 그리고 모세는 내려왔지만 그에게는 충분치 않았다. 그는 계속해서 다시 산에 올라가 "원하건대 주의 영광을 내게 보이소서"출 33:18라고 간구했다. 이

---

[3] R. C. H. Lenski, *The Interpretation of Matthew's Gospel*(Minneapolis: Augsburg, 1943), 189.

것이 그 나라 자녀의 모습이다. 언제나 더 많은 것에 주려 있다.

다윗은 하나님과 동행한, 하나님의 마음에 합한 사람이었다. 그는 시편 23편을 썼다. 그는 평생에 하나님을 알았다. 하나님께서는 그를 보호하시고 돌보아주셨다. 하나님의 전에 대한 열심이 그를 삼켰다. 하나님의 아픔이 곧 그의 아픔이었다. 그는 하나님을 친밀하게 알고 있었다.

그러나 이런 다윗이 시편 42:1–2에서 뭐라고 했는지 아는가? 그는 이렇게 외쳤다. "하나님이여 사슴이 시냇물을 찾기에 갈급함같이 내 영혼이 주를 찾기에 갈급하니이다 내 영혼이 하나님 곧 살아 계시는 하나님을 갈망하나니." 시편 63:1에서는 "하나님이여 주는 나의 하나님이시라"고 했다. 그러나 그는 여기서 그치지 않았다. "내가 간절히 주를 찾되 물이 없어 마르고 황폐한 땅에서 내 영혼이 주를 갈망하며 내 육체가 주를 앙모하나이다."

다윗은 주림과 목마름이 결코 줄어들지 않는다고 말한다. 그 나라의 참된 자녀에게는 이것이 생활 방식이다.

사도 바울은 예수 그리스도를 세 번 보았다. 첫 번째는 다메섹 도상에서행 9:3-9, 두 번째는 고린도에서행 18:9-10, 세 번째는 삼층천에 이끌려가 말로 표현할 수 없는 것들을 보았을 때고후 12:1-4이다. 바울은 신약에서 신학을 썼고 하나님의 진리를 멋지게 표현했다. 그가 무엇을 더 원할 수 있겠는가?

그러나 빌립보서 3:10에서 그의 마음은 이렇게 외쳤다. "내가 그리스도와 그 부활의 권능과 그 고난에 참여함을 알고자 하여." 결코 충분치 않았다. 그는 율법을 알았다. 6-8절에서, 사실 그는 이렇게 말했다. "내가 율법의 의를 알지만, 이를 쓰레기로 여긴다. 나는 다만 하나님을 알기 원할 뿐이다."

초기 플리머스 형제단을 이끌었던 하나님의 사람 존 다비는 이렇게 말했다. "주리는hunger 것으로는 충분치 못하다. 나를 향한 하나님의 마음이 무엇인지 알기 위해 나는 정말이지 **굶주려야**starving 한다. 탕자가 주렸을 때, 그는 찌끼를 먹으러 갔다. 그러나 그가 굶주렸을 때에는 아버지에게 돌아갔다."[4] 이것은 하나님만이 해결하실 수 있는 절망이다.

사람들은 의에 주리고 목마르기 전에는 하나님께서 주실 수 있는 충만을 구하지 않는다. 누가복음 1:53에서 성경은 이렇게 말한다. "주리는 자를 좋은 것으로 배불리셨으며 부자는 빈 손으로 보내셨도다"시 107:0도 보과. 주림과 목마름은 심하며 끝을 모른다. 지금 나는 그 어느 때보다 하나님의 의에 주려 있으며, 내일은 오늘보다 더 주리게 될 것이라 믿는다.

우리는 무엇에 주리고 목말라야 하는가

아모스는 세상 사람들이 이 땅의 티끌을 탐낸다고 말한다암 2:7. 사람들은 하나같이 행복을 좇고 있지만 티끌뿐인 세상에서 그 행복을 찾

---

4) Lloyd-Jones, *Studies in the Sermon on the Mount*, 1:81에서 인용.

는다. 나는 우리 사회의 많은 오락 시설들을 볼 때마다 놀라지 않을 수 없다. 그렇다고 디즈니랜드나 노츠베리팜이나 그 밖의 것들을 반대하는 것은 아니다. 그러나 우리의 삶은 재미와 오락으로 가득 차 있다. 마치 고통스런 질병을 앓고 있으면서도 그 고통에서 해방되길 원할 뿐 그 원인을 치료하려 하지 않는 사람과 같다.

이런 현상은 교회에서도 일어나고 있다. 많은 그리스도인들이 일종의 황홀경을 좇고 있다. 이들은 체험, 즉 영적 느낌을 원한다. 사람들은 세미나와 집회와 상담자들을 찾아다니면서 영적인 신비 체험을 찾는다. 하지만 구해야 할 것은 이것이 아니다. 이들은 행복이 의에 주리고 목마른 데서 오는 부산물이라는 사실을 알지도 못한 채 행복을 찾으려 애쓰고 있을 뿐이다. 이것은 거룩하고 높은 것을 잡으려는 행동이 아니다.

헬라어로 '디카이오수나' dikaiosuna, 즉 의義 또는 칭의는 하나님과의 바른 관계를 의미한다. 인생에서 유일하고 진정한 행복은 하나님과의 바른 관계를 갖는 것이다. 이것은 두 가지를 가리킨다 – 구원과 성화가 그것이다. 먼저 구원에 대해 이야기해 보자. 의에 주리고 목마른 사람은 구원을 구한다. 그는 자신의 죄를 보고, 자신의 거역을 보며, 자신이 거룩한 하나님과 분리되어 있는 모습을 본다. 그는 마음을 찢고, 애통하고, 온유하며, 하나님과의 관계 회복을 간절히 바란다. 그는 용서를 원하며, 따라서 구원 가운데서 오는 의에 주리고 목말라 있다. 이것은 자아에서 해방되려는 바람이다. 이것은 죄 – 죄의 권세와 존재와 형벌 – 에서 해방되려는 바람이다.

이사야는 거듭 의를 구원과 동등시한다사 45:8, 46:12-13, 51:5, 56:1, 61:10을 보라. 여러분은 구원받는 순간 의도 받는다. 사실, 우리는 팔복에서 의라는 단어를 구원으로 대체할 수 있다. '구원에 주리고 목마른 자는 복이 있나니.' 행복하길 원하는가? **구원**에 주리라. 구원받길 갈망하라.* 그리스도의 피가 여러분의 죄를 씻길 갈망하라. 그리스도의 의가 여러분에게 덧입혀지길 갈망하라. 자신을 구원하려는 생각을 포기하고 하나님의 손에 의해서만 주어질 수 있는 구원에 주리기 시작할 때, 그 사람은 행복을 알게 될 것이다.

예수님 시대의 유대인들은 바로 이런 처지에 있었다. 이들은 자신의 공로로 구원을 얻으려고 애썼다. 이들은 "우리는 이미 의로 가득 차 있어."라고 말하고 있었다. 그러나 예수께서는 이렇게 말씀하셨다. "너희 노력으로 얻을 수 없는 참된 의에 주리고 목말라 하면서 완전히 쓰러지기 전에는 행복이 무엇인지 결코 알지 못할 것이다."

행복은 거룩한 자들의 것이다. 기억하라. 바울은 가장 긴급한 위기와 궁핍의 순간에 '기뻐하라.'고 했다. 행복하지 않은가? 그렇다면 여러분은 어느 부분에서인가 거룩하지 않은 것이다. 예수께서는 스스로 의롭다고 생각하는 사람들에게 말씀하고 계셨다. 그들에게 있어, 거룩이란 규범을 준수하는 것이었다. 이것은 외적인 것이었다.

그러나 이것으로는 충분치 못했다. 예수께서 "너희 의가 서기관과 바리새인보다 더 낫지 못하면 결코 천국에 들어가지 못하리라"마 5:20

---

* '주리다'와 '갈망하다'는 같은 동사(hunger)에 대한 번역이다 – 역자 주.

고 말씀하신 것도 바로 이 때문이다. 이들의 의는 껍데기에 지나지 않았다. 팔복은 껍데기를 벗김으로써 속을 들여다보지 않을 수 없게 했다.

앞에서 말했듯이, 두 번째 요소가 있다. 그것은 성화聖化이다. 우리는 성화, 즉 거룩의 증가에 주리고 목말라 있다. 나는 이것을 느끼는 만큼 강하게 표현할 방법이 없다. 하지만 내 삶 속에 이러한 주림─점점 더 많이 그리스도를 닮으려는 바람─이 있어서 결코 멈추지 않기를 바란다.

이것은 그리스도인의 표시이다. 그리스도인은 더 많은 덕과 더 큰 청결함에 계속 주리고 목말라 한다. 그리스도인은 '난 이미 이르렀어.'라는 생각을 결코 하지 않는다. 이런 생각은 스스로를 구원했다고 생각하는 중생하지 못한 사람들과 자신은 이미 이르렀다고 생각하는 그리스도인들이 갖는 가장 비극적인 태도이다빌 3:13-14을 보라. 그 나라의 자녀들은 주리기를 결코 멈추지 않는다.

바울은 빌립보서 1:9에서 이렇게 말했다. "내가 기도하노라 너희 사랑을……점점 더 풍성하게 하사." 여러분은 온전히 이룬 게 아니다. 여러분이 얼마나 많이 사랑하든, 더 많이 사랑해야 한다. 여러분이 얼마나 많이 기도하든, 더 많이 기도해야 한다. 여러분이 얼마나 많이 순종하든, 더 많이 순종해야 한다. 여러분이 얼마나 많이 그리스도처럼 생각하든, 더 많이 그리스도처럼 생각해야 한다. 계속해서 주리고 목마른 자는 복이 있다.

우리는 의의 몇몇 조각을 구하고 있는 것이 아니다. 완전한 의, 의의 전부─그리스도처럼 되기─를 구하고 있다. 우리는 결코 만족하지 않는다. 하나님의 은혜로 아무리 많은 의를 가지고 있다 하더라도, 우리가 의의 전부를 가진 것은 아니다. 그렇지 않은가? 따라서 주린 자와 목마른 자는 계속해서 전진하며, 시편 17:15의 다윗처럼 "나는 의로운 중에 주의 얼굴을 뵈오리니 깰 때에 주의 형상으로 만족하리이다"라고 외친다.

그러므로 의는 구원에서 시작되며 성화로 계속된다. 우리는 의의 한 부분으로는 결코 만족할 수 없다. 주님께서 우리에게 의를 소유하라고 명령하시지 않고, 의에 주리고 목말라 하라고 명령하셨다는 사실도 나를 매혹시킨다. 유대인들은 이렇게 말했을 것이다. "그게 우리지. 우린 모든 의를 소유했어."

예수께서는 이런 생각을 호되게 꾸짖으셨다. 그는 스스로 의를 소유했다고 생각하는 사람들은 복이 없고 스스로 의를 소유하지 못했음을 아는 사람들이 복이 있다고 말씀하셨다. 스스로 의롭다고 생각하는 바로 그 순간, 여러분은 그 어느 때보다 절망적이다. 하나님께서는 주리고 목마른 자들을 복 주신다. 그들이 항상 더 많은 것을 원할 수 있도록 말이다. 어떤 사람은 이것을 '세상의 어떤 시내도 해소할 수 없는 목마름, 그리스도께 의지하든지 그렇지 않으면 죽든지 해야 하는 주림'이라고 불렀다. 나는 이것을 '거룩한 불만족'이라고 부른다.

주림과 목마름의 결과는 무엇인가

주리고 목마른 자들에게는 무슨 일이 일어나는가? "그들이 배부를 것임이요." 배부르다filled, KJV는 멋진 단어이다. 이 단어는 동물에게 먹이를 잔뜩 주는 것을 묘사하는 데 사용된다. 이 단어는 완전히 만족되었다는 뜻이다. 하나님께서는 우리를 행복하고 만족하게 하길 원하신다. 무엇에 만족하길 원하는가? 우리는 무엇에 주려 있는가? 무엇에 목말라 있는가? 의이다.

엄청난 역설이지 않은가? 여러분은 만족하지만 결코 만족하지 않는다. 내 아내는 아주 특별한 레몬 크림 파이를 맛있게 잘 만든다. 나는 그 파이를 먹을 때마다 언제나 만족하지만 언제나 더 많이 원한다. 배가 부르지만 언제나 더 많이 원한다. 내가 이미 먹은 것이 나로 하여금 그 파이를 더 많이 원하게 하기 때문이다. 의도 마찬가지이다. 우리는 채워졌지만 그 채워짐이 너무나 감미롭고 풍성하고 가득해서 우리는 더 많이 원하게 된다.

우리가 하나님의 의를 구할 때, 하나님께서는 그 의를 주신다. 시편 107:9은 이렇게 말한다. "그가 사모하는 영혼에게 만족을 주시며 주린 영혼에게 좋은 것으로 채워주심이로다." 다윗은 "여호와를 찾는 자는 모든 좋은 것에 부족함이 없으리로다"시 34:10라고 노래했다. 시편 23편에서는 "내게 부족함이 없으리로다"1절와 "내 잔이 넘치나이다"5절라고 노래했다. 예레미야 31:14은 이렇게 말한다. "내 복으로 내 백성을 만족하게 하리라 여호와의 말씀이니라."

요한복음 4:14에서 예수께서는 우물가의 여인에게 "내가 주는 물을 마시는 자는 영원히 목마르지 아니하리니"라고 말씀하셨다. 요한복음 6:35에서는 "나는 생명의 떡이니 내게 오는 자는 결코 주리지 아니할 터이요"라고 말씀하셨다.

예수께서는 우리를 만족시키신다. 그러나 우리가 훨씬 더 많이 원하며 예수 그리스도를 볼 때에만 만족될 복 있는 불만족이 있다. 그 나라의 사람에게는 타오르는 열망이 있다. 그러나 이것은 권력과 쾌락에 대한 열망도, 소유나 명예에 대한 열망도 아니며 의에 대한 열망이다.

내가 참으로 의에 주리고 목마르다는 것을 어떻게 알 수 있는가

여러분은 자신에게 만족하는가? 청교도들은 이렇게 말하곤 했다. "의를 가장 원하지 않는 사람이 의가 가장 필요한 사람이다." 로마서 7장에서 항상 "오호라 나는 곤고한 사람이로다 이 사망의 몸에서 누가 나를 건져내랴"24절고 말하는 자신의 모습을 발견하는가? 그게 아니면, 자기 의가 너무 강한 나머지 다른 모든 사람들은 틀렸고 여러분만 옳다고 생각하는가? 여러분 안에 자기 만족이 조금이라도 있는가? 그렇다면 여러분이 과연 의에 주리고 목마른 것이 무엇인지 아는지 의심이 갈 뿐이다. 자신이 항상 부족하다는 생각에 늘 가슴 아파하는가? 그렇다면 이것은 하나님의 길을 구하는 사람의 징후이다.

외적인 것이 여러분을 만족시키는가? 물질적인 것들이 여러분의 느낌에 영향을 주는가? 잘못된 것에 구미가 당기고 마침내 미각을 잃어버리는가? 의에 대한 주림은 다른 어떤 것으로도 채워질 수 없다.

하나님의 말씀을 아주 맛있어 하는가? 순종할 때 의를 가져다주는 규범들이 하나님의 말씀 속에 있다. 예레미야는 "내가 주의 말씀을 얻어 먹었사오니"렘 15:16라고 했다. 의에 주리고 목말라 있다면, 여러분은 하나님의 말씀이 아주 맛있어서 게걸스럽게 먹을 것이다. 의에 주리고 목말라 있지 않다면, 여러분은 죄 많은 천국 자녀일 것이다. 그렇지 않으면 전혀 천국의 자녀가 아닐 것이다. 어느 쪽이든, 행복은 사라지고 말 것이다.

하나님의 것들이 여러분의 입에 달게 느껴지는가? 잠언 27:7은 "주린 자에게는 쓴 것이라도 다니라"고 말한다. 나는 의를 구하는 사람을 쉽게 알아볼 수 있다. 하나님께서 그의 삶을 황폐케 하실 때, 그 사람은 채워지고 만족되기 때문이다. 그는 고통스러울지라도 그 황폐함을 하나님의 것으로 받아들인다. 어떤 사람들은 좋은 일들이 일어날 때만 기뻐할 수 있다. 이들은 힘들고 어려운 일들이 일어나는 걸 좋아하지 않는다. 이들은 주리고 목마르지 않다. 이들은 그저 행복을 뒤쫓고 있을 뿐이다.

토머스 왓슨은 이렇게 말했다. "의에 주리고 목마른 자는 꿀뿐만 아니라 복음의 쓴 술도 먹을 수 있다."[5] 내 개인적인 경험으로 볼 때, 시련은 좋은 시간들만큼이나 달콤하다. 왜냐하면 하나님께서 그 가운데 계시면서 그의 목적을 이루시고 우리를 더 의롭게 하시기 때문이다.

---

5) Thomas Watson, *The Beatitudes*(Edinburgh:Banner of Truth, 1975), 128.

여러분의 주림과 목마름은 무조건적인가? 예수께 와서 그 나라에 들어가는 방법을 알고 싶다고 했지만 자신의 소유를 기꺼이 포기하지 않으려 했던 젊은 부자 관원을 기억하는가? 그의 주림은 조건적이었고, 그 주림은 결코 채워지지 않았다. 여러분은 어떤가? 여러분은 이렇게 말하지는 않는가?

"난 그리스도와 내 죄를 원해. 그리스도와 나의 교만을 원해. 그리스도와 나의 부정한 관계를 원해. 그리스도와 나의 속임수를 원해. 그리스도와 나의 거짓말을 원해. 그리스도와 나의 탐심을 원해. 그리스도와 물질주의를 원해. 그리스도와, 그리스도와……."

주린 사람은 음식과 새 옷을 원하지 않는다. 목마른 사람은 물과 새 신을 원하지 않는다. 이들은 그저 음식과 물을 원할 뿐이다. 시편 119:20은 이렇게 말한다. "주의 규례들을 항상 사모함으로 내 마음이 상하나이다."

여러분은 시험을 어떻게 치렀는가? 이사야 26:9은 이렇게 말한다. "밤에 내 영혼이 주를 사모하였사온즉 내 중심이 주를 간절히 구하오리니." 다윗은 부지런히 그리고 일찍이 하나님에 목말라 했다. 지혜로운 처녀들은 신랑이 오기 전에 기름을 준비해 두었다.

너무 늦게 목말라 하는 사람들이 있다. 이들은 누가복음 16:24의 부자처럼 될 것이다. 이들은 이렇게 말할 것이다. "나사로를 보내어 그 손가락 끝에 물을 찍어 내 혀를 서늘하게 하소서 내가 이 불꽃 가운데서 괴로워하나이다!" – 그러나 이것은 해결 방법이 있을 수 없는 목마름이다. 지금 목말라 하라. 그러면 채워질 것이다.

07
긍휼히 여기는 자는 복이 있나니
마태복음 5:7

예수께서 그 시대에 마주했던 종교는 피상적이며, 외적이고, 매우 의식적이었다. 유대 지도자들은 자신들은 안전하며, 확실히 그 나라의 거민居民이 될 거라고 생각했다. 자신들이 메시아 통치에서 지도자가 될 거라고 생각했다.

그러나 주님께서는 이들에게 말씀하셨다. "회칠한 무덤 같으니 겉으로는 아름답게 보이나 그 안에는 죽은 사람의 뼈와 모든 더러운 것이 가득하도다"마 23:27. 마태복음 3:7-12로 돌아가 보자. 세례 요한이 등장했을 때 많은 바리새인과 사두개인들이 세례를 받으러 그에게 왔다.

그러자 요한은 그들에게 말했다. "독사의 자식들아 누가 너희를 가르쳐 임박한 진노를 피하라 하더냐 그러므로 회개에 합당한 열매를 맺고 속으로 아브라함이 우리 조상이라고 생각하지 말라"7-9절. 바꾸어 말하자면, 여러분이 혈통 때문에 구원받을 것이라고 기대하지 말라는 것이다. 그런 다음 요한은 이렇게 덧붙였다.

내가 너희에게 이르노니 하나님이 능히 이 돌들로도 아브라함의 자손이 되게 하시리라 이미 도끼가 나무 뿌리에 놓였으니 좋은 열매를 맺지 아니하는 나무마다 찍혀 불에 던져지리라 나는 너희로 회개하게 하기 위하여 물로 세례를 베풀거니와 내 뒤에 오시는 이는 나보다 능력이 많으시니 나는 그의 신을 들기도 감당하지 못하겠노라 그는 성령과 불로 너희에게 세례를 베푸실 것이요 손에 키를 들고 자기의 타작 마당을 정하게 하사 알곡은 모아 곳간에 들이고 쭉정이는 꺼지지 않는 불에 태우시리라9-12절.

세례 요한은 외적인 종교밖에는 가진 것이 없는 자들에게 임할 엄청난 심판을 말하고 있었다. 도끼질이 시작되었으며, 불이 타오르기 시작했다.

예수께서는 이러한 외적이고 독선적이며 이기적인 무리에 맞서 "정말 중요한 것은 겉이 아니라 속이다."라고 말씀하셨다. 성품을 말씀하고 계셨던 것이다. 그는 이렇게 선포하셨다. "긍휼히 여기는 자는 복이 있나니 그들이 긍휼히 여김을 받을 것임이요."

내적인 의

예수께서는 이들이 자신들의 활동에 부여했던 점수를 모두 무시하시고 곧바로 문제의 중심으로 들어가셨다. 그리스도께서는 언제나 속을 강조하신다. 그렇다고 외적인 행위에 관심이 없으신 것은 아니다. 다만 외적인 행위가 적절한 동기에 의한 것일 때만 관심을 가지신다.

내적인 의는 바른 행위라는 열매를 맺을 것이다. 그러나 알맹이가 없는 행위는 거짓이다. 이것은 율법주의이다. 예수께서 원하시는 것은 바른 성품에서 나오는 행위이다.

마태복음 6장과 7장은 행위 - 우리의 행동이나 말이나 생각들 - 를 다룬다. 산상설교 전체의 토대가 되는 전제는 마음의 태도이다. 마틴 로이드존스는 이것을 잘 표현했다. "그리스도인은 상당한 것을 행하기 이전에 이미 상당한 존재이다."[1]

그 왕의 자녀요 그 나라의 백성이라는 것은 무엇보다도 특별한 성품을 갖는 것을 말한다. 그것은 마음을 찢고, 죄를 애통하며, 온유하고, 의에 주리고 목마르며, 긍휼히 여기고, 마음을 청결히 하며, 화평케 하는 것이다. 우리가 우리의 기독교 신앙을 제어해서는 안 된다. 우리의 기독교 신앙이 우리를 제어해야 한다.

그리스도인으로 사는 것은 허식이나 허울이 없음을 뜻한다. 기독교는 우리의 중심에서 우리에게 일어나는 것이며, 바로 이 중심에서 기

---

[1] Martyn Lloyd-Jones, *Studies in the Sermon on the Mount*(Grand Rapids:Eerdmans, 1959), 1:96.

독교 신앙은 삶의 행위로 흘러나온다. 하나님께서는 수소와 염소의 피에만 관심이 없으셨던 것이 결코 아니다. 하나님께서는 마음이 바르지 않은 껍데기뿐인 영적 행위에 대해서는 전혀 관심을 보이지 않으셨다암 5:21-24을 보라.

따라서 예수께서는 깜짝 놀랄 말씀으로 형식주의자들과 맞서셨다. 예수께서는 첫째 복에서 이렇게 말씀하셨다. "너희가 할 일은 영적으로 파산하는 것이다. 너희는 하나님 앞에 내놓을 선한 것이 전혀 없는 궁핍하고 방탕한 거지들이며, 너희의 유일한 희망은 자신의 처지를 깨닫고 자신을 위해 아무 것도 할 수 없는 사람으로서 어둠 속에 웅크린 채 손을 내미는 것뿐이라는 사실을 인정해야 한다. 너희는 자기 의에 절대 만족해서는 안 된다. 너희 죄를 눈물로 애통해야 한다. 더 나아가, 너희가 율법 몇 가지를 지켰다고 교만해서는 절대 안 된다. 너희는 거룩한 하나님 앞에서 온유해야만 한다. 너희 자신이 의가 없어 굶주리고 있다는 걸 깨달아야만 한다."

팔복 중 처음 넷은 전적으로 내적인 원리로 하나님 앞에서 자신을 어떻게 볼 것인가를 다룬다. 역시 내적인 태도인 다섯째 복은 손을 내밀어 다른 사람들과 접촉하기 시작한다. 이것은 앞선 넷의 열매이다. 심령이 가난한 거지로서 마음을 찢을 때, 애통하고, 온유하며, 의에 주리고 목마를 때, 우리는 다른 사람들을 긍휼히 여기게 될 것이다.

앞의 네 가지 복은 뒤의 네 가지 복과 조화를 이룬다. 앞의 넷은 내적인 태도이며 뒤의 넷은 그 태도가 나타내는 것들이다.

우리 심령이 가난하며, 우리가 거지일 뿐임을 깨달을 때, 우리는 기꺼이 다른 거지를 구제할 것이며, 따라서 긍휼히 여기는 자가 될 것이다.

우리 죄를 애통할 때, 우리는 참회의 눈물로 마음을 깨끗이 씻을 것이며, 따라서 우리는 마음이 청결해질 것이다.

온유할 때, 우리는 화평케 하는 자가 될 것이다. 온유함은 화평을 이루기 때문이다.

그리고 의에 주리고 목마를 때, 우리는 의를 위해 기꺼이 박해를 받을 것이다.

이제 '긍휼히 여기다'merciful* 라는 것이 무슨 뜻인지 살펴보기로 하자. 예수께서 여기서 하신 간단한 말씀은 그 뜻이 너무나 심오하며 그 함축적 의미가 너무나 포괄적이기 때문에 어디서 시작해야 할지 모르겠다. 7절을 설명하는 데 이 책을 다 할애한다 하더라도 부족할 것 같다. 하지만 그저 간략하게 살펴보기로 하겠다.

긍휼의 의미

긍휼히 여긴다는 것은 무슨 뜻일까? 그 시대 유대인들은 그 뜻을 거의 알지 못했다. 유대인들은 로마인들만큼이나 자비가 없었다. 유대인들은 교만했고, 이기적이었으며, 독선적이었고, 비난하길 좋아했다.

---

*mercy는 개역 성경에서 자비, 긍휼, 인자 등으로 번역되었다 - 역자 주.

예수께서 하고 계시는 말씀은 이들에게는 강한 충격이었다.

사람들은 팔복에서 이 부분을 인도주의적인 방법으로 해석하려 할 때가 많다. 그들은 이렇게 말한다. "글쎄요, 당신이 다른 모든 사람을 선하게 대하면 그들도 당신을 선하게 대할 것이라는 의미겠지요." 탈무드조차도 가말리엘의 말을 인용하면서 긍휼에 인간의 큰 덕이 담겨 있음을 인정한다. "당신이 긍휼히 여기면 하나님께서 당신을 긍휼히 여기실 것이며, 당신이 긍휼히 여기지 않으면 하나님께서도 당신을 긍휼히 여기지 않으실 것이다."

이것은 여러분이 모두를 선하게 대하면 그들 역시 그 친절에 보답할 것이라는 인간적인 생각으로 보인다. 가말리엘처럼 이 구절을 신학적으로 보는 사람들도 '내가 하나님을 위해 이것을 하면, 하나님께서는 나를 위해 저것을 해주실 거야.'라고 생각한다.

어떤 작가는 팔복의 이 부분을 이렇게 풀어썼다. '이것은 인생의 위대한 진리이다. 사람들이 우리가 돌보는 것을 보면 그들도 우리를 돌볼 것이다.' 그러나 그것은 그렇게 간단하지 않다. 여러분이 하나님께 무엇인가를 드리면, 보답이 있을 것이다. 우리가 하나님을 진심으로 경외한다면, 가말리엘이 말했듯이, 하나님께서는 우리를 돌보실 것이다. 그러나 세상은 그렇지 않다. 내 말을 믿으라. 사실, 로마 세계는 어떤 선행이 이루어지든 긍휼의 의미를 알지 못했다.

한 로마 철학자는 긍휼자비은 '영혼의 병,' 연약함의 표시라고 했다. 로마인들은 정의와 용기와 기강과 힘을 숭상했다. 이들은 긍휼을 멸시했다. 로마 세계에서 아이가 태어나면, 아버지는 '파트리아 포

테스타스' patria potestas라는 권리를 가졌다. 태어난 아기를 살리고 싶으면, 엄지손가락을 위로 폈다. 그 아이를 죽이고 싶으면, 엄지손가락을 아래로 내렸고 아이는 그 즉시 익사되었다.

로마 시민은 자신의 노예가 더 이상 마음에 들지 않으면 죽이거나 팔아치울 수 있었으며, 노예에게는 그 주인에게 대항할 법적 권리가 전혀 없었다. 또한 원한다면 아내도 죽일 수 있었다. 그러므로 여러분이 로마 통치 아래 있는 사람들에게 말하고 있다면, 여러분은 인간적인 수준에서 긍휼이 긍휼을 낳는다고 말할 수 없다. 그 사람들에게는 이런 말이 먹혀들지 않을 것이다.

이기적이고 경쟁적인 우리 사회에서도, 이것은 그저 소망일 뿐이다. 우리 시대의 사람들은 "누군가를 긍휼히 여겨라. 그러면 그가 네 목을 짓밟을 것이다."라고 말하길 더 좋아할 것이다.

긍휼은 그저 인간의 진부한 성품이 아님을 가장 잘 보여주는 예가 바로 우리 주 예수 그리스도이시다. 그는 가장 긍휼하신 분이었다. 그는 병든 자들에게 손을 내밀어 고치셨다. 저는 자들에게 손을 내밀어 걷게 하셨다. 소경의 눈을 뜨게 하셨고, 귀머거리가 듣게 하셨고, 벙어리가 말하게 하셨다. 창녀와 세리들과 방탕하고 술 취한 자들을 찾으셨으며, 이들을 사랑으로 감싸고 구속하시사 회복시키셨다.

그는 외로운 자들에게 다가가시고 그들로 사랑을 느끼게 하셨다. 어린아이들을 품에 안으시고 사랑하셨다. 이 땅에 그처럼 긍휼하신 분은 없었다. 한번은 장례 행렬이 지나가고 있었다. 예수께서는 아들을 잃은 어머니가 슬피 우는 모습을 보셨다. 그녀는 이미 남편을 여읜 과

부였으며, 이제는 그녀를 돌봐줄 자식마저 잃었다. 누가 그녀를 돌봐주겠는가? 예수께서는 장례 행렬을 멈추시고, 관에 손을 얹으셨다. 그러고는 죽은 아이를 살려내셨다. 그가 돌보신 것이다.

요한복음 8장에서, 예수께서는 간음 중에 잡혀온 여인을 용서하셨다. 얼마나 큰 긍휼인가! 마가복음 2:16에서, 서기관과 바리새인들은 예수께서 세리와 죄인들과 식사하시는 모습을 보자 제자들에게 물었다. "어찌하여 세리와 및 죄인들과 함께 먹는가." 예수께서는 가장 비천한 자들과 어울리셨던 것이다!

예수께서는 역사상 가장 긍휼이 많은 분이셨다. 그런데도 사람들은 그의 피를 흘리려 했다. 긍휼히 여기면 긍휼히 여김을 받는다면, 사람들은 그를 십자가에 못박고 그의 얼굴에 침을 뱉으며 그를 저주하지는 않았을 것이다. 예수께서는 그가 긍휼히 여기신 사람들에게서 전혀 긍휼히 여김을 받지 못하셨다.

무자비한 두 기관, 즉 로마 당국과 유대 당국이 예수님을 죽이려고 손을 잡았다. 여기서 말하는 긍휼은 긍휼로 보상받는 인간의 덕목이 아니다. 여기서 말하는 긍휼은 이런 개념이 아니다.

그러면 주님께서는 어떤 뜻으로 말씀하셨을까? 간단히 말하면 이렇다. "너희가 다른 사람들을 긍휼히 여기면, **하나님께서** 너희를 긍휼히 여기실 것이다." 하나님이 두 번째 문장의 주어이시다.

'긍휼히 여기는'이라는 형용사는 헬라어 '엘리아모수나' eliamosuna 에서 파생했는데, '은혜를 베푸는'이란 뜻의 '자선하는' eleemosynary 이라는 단어도 여기서 파생했다. 신약에서 이 단어가 이런 형태로 사용되는 것은 단 두 곳뿐이다. 다른 한 곳은 히브리서 2:17이다. "그러므로 그가 범사에 형제들과 같이 되심이 마땅하도다 이는 하나님의 일에 자비하고 신실한 대제사장이 되어 백성의 죄를 속량하려 하심이라." 그리스도는 긍휼의 훌륭한 본이시다. 그는 우리를 중보하시는 대제사장이시며, 긍휼은 바로 그에게서 나온다.

성경에서 '긍휼'의 동사형은 매우 흔하게 나타난다. 마태복음 6:3에서, 이 동사는 자선과 관련하여 사용되었다. 히브리어 동의어는 '헤세드' chesed인데, 이 단어는 '자비를 베풀다, 고통당하는 자들을 도와주다, 불쌍한 자들을 도와주다, 불행에 빠진 자들을 구해주다.' 라는 뜻이다. 도움이 필요한 사람에게 여러분이 베푸는 모든 것이 긍휼이다.

긍휼을, 구원받을 때 받는 용서라는 견지에서 생각할 때가 너무나 많다. 그러나 이 단어에는 훨씬 넓은 의미가 있다. 긍휼은 불쌍히 여김을 뛰어넘는 개념이다. 긍휼은 동정도 뛰어넘는 개념이다. 긍휼은 도움이 필요한 사람을 향한 행동 속에서 나타나는 동정과 불쌍히 여김을 의미한다.

주님께서 여기서 긍휼을 말씀하실 때 뜻하신 참 '엘리아모수나'는 육적인 이기심 때문에 느끼기만 할 뿐 전혀 행동하지 않는 연약한 동정심이 아니다. 양심의 가책을 줄이려고 생색만 냄으로써 자신의 배를 불리는 거짓 긍휼도 아니다. 가시적인 도움을 전혀 주지 않는 조용하고 수동적인 연민(불쌍히 여김)도 아니다. 이것은 도움의 손길로 이어지는 순전하고 이타적인 동기의 참된 연민이다.

바꾸어 말하자면, 예수께서는 이렇게 말씀하고 계셨다. "내 나라의 백성은 취하는 자들이 아니다. 그들은 주는 자들이다. 내 나라의 백성은 자신을 모든 사람들 위에 두는 자들이 아니다. 그들은 하던 일을 멈추고 도움의 손길을 내미는 자들이다."

예수께서는 부모님에게 꼭 필요한 돈도 주지 않으면서 이렇게 말하는 사람의 이야기를 들려주셨다. "저는 이미 그것을 하나님께 드렸습니다. 그러니 감히 내 맹세를 깨뜨리지 않겠습니다." 예수께서는 이들에게 말씀하셨다. "너희는 정말 문제구나. 부모를 공경하라는 하나님의 계명을 너희가 만든 전통과 바꾸어 버렸구나"마 15:1-9을 보라.

유대인들은 이런 짓을 잘했다! 이들은 부모에게까지 무자비했다.

긍휼은 먹을 것이 없는 사람을 보면 그에게 먹을 것을 주는 것이다. 긍휼은 사랑을 애걸하는 사람을 보면 그에게 사랑을 주는 것이다. 긍휼은 외로운 사람을 보면 그의 친구가 되어주는 것이다. 긍휼은 궁핍한 사람들의 필요를 단순히 느끼기만 하는 것이 아니라, 그 필요를 채워주는 것이다.

긍휼, 용서, 사랑 그리고 공의

긍휼을 성경에서 비슷한 단어들과 관련하여서 짧게나마 살펴보면 우리의 이해를 한층 넓힐 수 있을 것이다.

디도서 3:5은 "우리를 구원하시되……오직 그의 긍휼하심을 따라"라고 말한다. 에베소서 2:4-9은 '긍휼에 풍성하신' 하나님께서 우리를 구원하셨다고 말한다. 하나님께서 우리를 구속하시는 것은 그의 긍휼하심 때문이다. 그러므로 긍휼은 용서 뒤에 있다. 긍휼과 용서는 단짝이다.

다니엘 9:9은 "주 우리 하나님께는 긍휼과 용서하심이 있사오니"라고 말한다. 시편 130:1 – 7도 긍휼(인자)과 용서를 아름답게 연결한다.

여호와여 내가 깊은 곳에서 주께 부르짖었나이다 주여 내 소리를 들으시며 나의 부르짖는 소리에 귀를 기울이소서 여호와여 주께서 죄악을 지켜보실진대 주여 누가 서리이까 그러나 사유하심이 주께 있음은 주를 경외하게 하심이니이다 나 곧 내 영혼은 여호와를 기다리며 나는 주의 말씀을 바라는도다 파수꾼이 아침을 기다림보다 내 영혼이 주를 더 기다리나니 참으로 파수꾼이 아침을 기다림보다 더하도다 이스라엘아 여호와를 바랄지어다 여호와께서는 인자하심mercy과 풍성한 속량이 있음이라.

여기 죄를 고백하고, 용서를 구하며, 용서가 하나님의 긍휼하심인자이라는 샘에서 솟아남을 아는 사람이 있다. 우리는 용서로 표현되지 않은 긍휼을 생각할 수 없으며, 긍휼에서 근원하지 않은 용서도 생각할 수 없다. 그러나 용서는 긍휼의 '유일한' 표현은 아니다. 우리가 긍휼의 폭을 좁힐 수는 없다.

긍휼은 용서보다는 훨씬 더 큰 개념이다. 다음의 다섯 절을 보라. "여호와여 주의 인자하심mercy이 땅에 충만하였사오니"시 119:64. "나는 주께서 주의 종에게 베푸신 모든 은총mercy과 모든 진실하심을 조금도 감당할 수 없사오나"창 32:10. "여호와께서는 긍휼이 크시니"삼하 24:14. "주께서는 주의 크신 긍휼로"느 9:19. "하나님이여 많은 인자mercy와 구원의 진리로 내게 응답하소서"시 69:13. 용서는 긍휼의 한 행동이다. 그러나 내가 긍휼을 베풀 수 있는 길은 많다.

예레미야애가에는 긍휼에 대한 구절 중 가장 아름답다고 할 수 있는 구절이 있다. "여호와의 인자와 긍휼이 무궁하시므로 우리가 진멸되지 아니함이니이다 이것들이 아침마다 새로우니 주의 성실하심이 크시도소이다"애 3:22-23.

긍휼과 사랑은 어떤 관계인가? 이 둘은 어떻게 비교되는가? 우리는 용서가 긍휼에서 나온다고 말했다. 그러면 긍휼은 어디에서 흘러나오는가? 하나님은 왜 긍휼하신가? "긍휼이 풍성하신 하나님이 우리를 사랑하신 그 큰 사랑을 인하여……"엡 2:4. 순서가 어떻게 되는지 알겠는가? 하나님께서는 사랑하시며, 사랑은 긍휼하며, 긍휼은 용서하는 것이다 – 용서는 긍휼의 많은 표현 중 하나이다.

그러나 사랑은 긍휼보다 크다. 긍휼은 용서보다 크며, 사랑은 긍휼보다 크다. 사랑은 긍휼을 베푸는 것 외에도 많은 일을 할 수 있기 때문이다. 긍휼은 문제를 전제한다. 사랑은 문제가 없을 때도 행해질 수 있다.

예를 들면, 아버지께서 아들을 사랑하시지만, 아들에게는 긍휼이 필요치 않다. 아버지께서 천사들을 사랑하시고 천사들은 아버지를 사랑하지만, 어느 쪽도 긍휼이 필요치 않다. 긍휼은 의사이며, 사랑은 친구이다. 사랑은 애정에서 행동한다. 긍휼은 필요에 의해 행동한다. 사랑은 계속적이다. 긍휼은 어려울 때를 위해 예비된다. 사랑이 없으면 긍휼도 없다. 긍휼이라는 범주 아래서 하나님의 큰 사랑이 우리의 필요를 얼마나 채워주시는지 아는가?

전혀 다른 범주도 있다. 우리가 의롭고 긍휼이 필요없을 때에도 하나님께서는 여전히 우리를 사랑하신다. 우리가 더 이상 긍휼이 필요치 않을 때에도, 하나님께서는 영원히 우리를 사랑하실 것이다. 그러나 이생에서, 사랑은 긍휼을 통해 우리에게 전해지며, 긍휼은 용서로 나타난다.

긍휼과 은혜는 어떤 관계인가? 이제부터 정말 신학적인 문제를 살펴볼 테니 정신 단단히 차리라. '긍휼'이라는 단어와 그 모든 파생어들은 언제나 문제를 전제한다. 긍휼은 고통과 비극과 절망을 다룬다. 그러나 은혜는 죄 자체를 다룬다. 긍휼은 징후를 다룬다. 반면에 은혜는 문제를 다룬다. 긍휼은 징벌의 면제를 제안한다. 반면에 은혜는 범죄자에게 용서를 제안한다. 은혜가 먼저이다. 은혜는 죄를 제거한다. 그런 다음 긍휼이 징벌을 제거한다.

선한 사마리아인의 이야기에서, 긍휼이 고통당하는 사람을 구해준다. 은혜는 그에게 방을 얻어준다. 긍휼은 부정적인 것을 다루며, 은혜는 그것을 긍정적으로 표현한다. 긍휼은 고통을 제거하지만, 은혜는 더 나은 상황을 제공한다. 긍휼은 "지옥은 아니다."라고 말하지만, 은혜는 "천국"이라고 말한다. 긍휼은 "널 불쌍히 여긴다."라고 말하지만, 은혜는 "널 용서한다."라고 말한다. 그러므로 긍휼과 은혜는 동전의 양면이다. 하나님께서 둘 다 주신다.

긍휼과 공의는 어떤 관계인가? 사람들은 이렇게 말한다. "글쎄, 하나님이 공의의 하나님이라면 어떻게 긍휼하실 수 있을까?" 여러분도 이렇게 생각한다면, 즉 하나님이 공의롭고 거룩하며 의로우신 하나님이라면, 그런 하나님께서 어떻게 공의를 부정할 수 있는가? 하나님께서는 어떻게 이렇게 말씀하실 수 있는가? "네가 죄인임을 안다. 그리고 네가 끔찍한 일들을 저지른 것도 안다. 하지만 난 자비가 풍성해. 그러니 널 용서해 주겠다." 어떻게 그렇게 하실 수 있는가? 그렇다. 그는 하실 수 있다. 하나님은 인간의 몸으로 이 땅에 오셔서 십자가에 죽으심으로 그의 몸으로 우리 죄를 짊어지셨기 때문이다.

하나님께서는 우리 모든 죄값을 지불하셨다. 예수께서 십자가에 달려 죽으실 때 공의가 만족되었다. 하나님께서는 피흘림이 없이는 용서도 없을 것이라고 말씀하셨다. 하나님께서는 세상의 죄를 감당할 온전한 제물이 있어야 한다고 말씀하셨다. 공의가 만족되었다. 긍휼은 공의를 전혀 해치지 않는다.

하나님의 긍휼하심에 대해 말할 때, 나는 죄를 면해주는 시시한 감상感傷을 말하는 것이 아니다. 이런 일은 이미 교회에서조차도 너무나 많이 행해지고 있다. 하나님께서 그의 긍휼을 최고로 확대하신 때는 누군가가 죄값을 지불할 때였다. 공의를 없애 버리고 사람들이 어떤 값도 지불하길 원치 않는 거짓되고 어리석으며 감상적인 긍휼도 있다. 사울왕이 아각왕을 살려준 경우이다삼상 15장. 이것은 하나님의 거룩하심을 범하는 것이었다. 압살롬에게 보여준 가짜 긍휼에서, 다윗은 벌

07 긍휼히 여기는 자는 복이 있나니 | 163

을 내리지 않음으로써 압살롬의 마음에 반역의 씨앗을 심었다삼하 13장. 이 점을 잊지 말라. 시편 85:10은 "인애와 진리가 같이 만나고"라고 말한다.

하나님께서는 그의 공의와 거룩이 긍휼하다는 진리를 결코 무너뜨리지 않으신다. 하나님께서는 긍휼히 여기시지만 공의가 시행될 때만 그렇게 하신다. 압살롬이 회개하고 하나님의 진리를 받아들였다면, 긍휼히 여김을 받았을 것이다. 그러나 그렇지 못했다. 그가 결코 묵종하지 않았기 때문이다.

교회에는 죄를 지으면서도 결코 악을 해결하지 않는 사람들이 있다. 그럼에도 이들은 긍휼을 원한다. 야고보서 2장을 보자.

누구든지 온 율법을 지키다가 그 하나를 범하면 모두 범한 자가 되나니 간음하지 말라 하신 이가 또한 살인하지 말라 하셨은즉 네가 비록 간음하지 아니하여도 살인하면 율법을 범한 자가 되느니라 너희는 자유의 율법대로 심판받을 자처럼 말도 하고 행하기도 하라 긍휼을 행하지 아니하는 자에게는 긍휼 없는 심판이 있으리라10-13절.

진리, 곧 그리스도의 희생을 받아들이지 않는 자들에게는 긍휼 없는 심판이 있을 것이다. 우리는 지금 감상에 대해 이야기하고 있는 것이 아니다. 여러분이 죄를 지어 자신의 생명을 잃고도 예수 그리스도를 인정하지 않는다면, 하나님께서는 여러분을 긍휼히 여기시겠다거나 받아들이시겠다는 어떤 약속도 주지 않으신다.

긍휼의 중요성

그러므로 긍휼은 특별하다. 긍휼은 용서보다 크다. 하지만 사랑보다는 작다. 긍휼은 은혜와는 다르다. 그리고 긍휼은 공의와 한 짝이다. 긍휼히 여기는 자는 악인들에게 욕을 듣는다. 그러나 하나님께서는 긍휼히 여기는 자를 긍휼히 여기신다. 긍휼히 여기는 자는 상대의 마음을 함께 느낀다. 그는 용서한다. 그는 은혜와 사랑을 베푼다. 그는 감상적이지 않다. 그래서 누군가가 슬프거나 애처롭다는 이유만으로 죄를 벌하지 않거나 눈감아 주지 않는다.

다윗은 "악인은 꾸고 갚지 아니하나 의인은 은혜mercy를 베풀고 주는도다"시 37:21라고 했다. 내 아들이 내게 와서 "아빠, 제가 이런 저런 잘못을 했어요. 죄송합니다."라고 말한다면, 나는 그를 긍휼히 여길 것이다. 그러나 나는 아이들에게 어릴 때부터 이렇게 말해왔다. "너희들이 내게 진실을 말하지 않거나 너희가 한 짓을 인정하지 않을 때는 긍휼은 없을 거다. 벌이 있을 뿐이다."

아브라함이 조카 롯에게 부당한 대우를 받고도 가서 그를 구해준 것은 그의 긍휼 때문이었다.

요셉이 형들에게 팔린 후에도 그들을 받아들이고 그들의 필요를 채워 준 것은 그의 긍휼 때문이었다.

모세가 누이 미리암의 비방을 받고서도 하나님께서 그녀에게 문둥병을 주셨을 때 "하나님이여 원하건대 그를 고쳐 주옵소서"민 12:13라고 외친 것은 그의 긍휼 때문이었다.

다윗이 두 번이나 사울의 목숨을 살려 준 것은 그의 긍휼 때문이었다 삼상 24장과 26장을 보라.

시편 109:14-15에서, 우리는 긍휼이 없는 사람을 보게 된다. "여호와는 그의 조상들의 죄악을 기억하시며 그의 어미의 죄를 지워버리지 마시고 그 죄악을 항상 여호와 앞에 있게 하사 그들의 기억을 땅에서 끊으소서." 왜 이럴까? 왜 하나님의 심판을 이렇게 강하게 요구할까? 왜 이런 선고가 내려질까? 그 이유는 간단하다. "그가 인자를 베풀 일을 생각하지 아니하고 가난하고 궁핍한 자와 마음이 상한 자를 박해하여 죽이려 하였기 때문이니이다" 16절.

긍휼히 여기는 자는 움켜쥐고 취하는 자가 아니라 손을 펴서 나눠주는 자이다. 하나님께서는 우리가 타락한 사회의 물결을 이기며 또한 우리가 가진 것을 모두 주라고 말씀하시는 하나님의 음성을 들을 수 있도록 도와주신다.

누군가가 우리를 해친다면 우리는 그를 긍휼히 여겨야 한다. 동정심을 가지라. 호의를 베풀라. 불쌍히 여기라. 누군가가 실수를 하거나 잘못된 판단을 하거나 빚을 갚지 않거나 빌린 것을 돌려주지 않더라도 그를 긍휼히 여기라. 우리는 그 나라 백성의 성품으로 살아야만 한다.

솔로몬은 "인자한merciful 자는 자기의 영혼을 이롭게 하고 잔인한 자는 자기의 몸을 해롭게 하느니라" 잠 11:17고 했다. 정말 비참해지고 싶은가? 긍휼을 잃으라. 정말 행복해지길 원하는가? 다른 사람을 긍휼히 여기라. 잠언 12:10은 "의인은 자기의 가축의 생명을 돌보나 악인의 긍휼은 잔인이니라"고 말씀한다. 의인들은 동물들까지도 긍휼히 여기는 사람들이다. 악인은 누구나 무엇이나 잔인하게 대한다.

경건치 못한 사회의 성격이 어떤지 알고 싶은가? 로마서 1:29-31은 이렇게 말한다. "곧 모든 불의, 추악, 탐욕, 악의가 가득한 자요 시기, 살인, 분쟁, 사기, 악독이 가득한 자요 수군수군하는 자요 비방하는 자요 하나님께서 미워하시는 자요 능욕하는 자요 교만한 자요 자랑하는 자요 악을 도모하는 자요 부모를 거역하는 자요 우매한 자요 배약하는 자요 무정한 자요 무자비한 자라."

이것은 우리 사회가 고작해야 무자비하다는 뜻인가?

그러나 긍휼히 여김을 받은 우리가 어떻게 긍휼히 여기지 않을 수 있겠는가? 우리가 무슨 자격이 있었는가? 우리가 하나님의 긍휼을 그토록 절실히 필요로 했다면, 어떻게 다른 사람에게 잔인할 수 있겠는가? 이것은 우리를 다음 요점으로 인도한다. 하나님은 우리의 긍휼의 근원이시다.

긍휼의 근원

하나님은 긍휼의 근원이시지만, 앞선 네 가지 복을 경험하는 사람들에게만 그렇다. 긍휼은 일반적인 인간의 속성이 아니다. 사람들은 이따금씩 친절로 보답을 하지만, 이런 일이 일반적인 것은 아니다. 긍휼히 여기는 사람이 되는 유일한 길은 우리 안에 하나님이 주신 긍휼을 갖는 것이다. 그리고 그 긍휼을 갖는 유일한 길은 그리스도를 통해 주어지는 하나님의 의를 소유하는 것이다. 이것이 바로 예수께서 말씀하시는 것이다. 우리가 이 복의 길을 통해 의에 주리고 목마른 자리, 하나님에 의해 채워질 자리에까지 이른다면, 우리는 긍휼을 알게 될 것이다.

사람들은 복받기를 원하지만 그렇게 살길 원하지 않는다. 이들은 "나는 의인의 죽음을 죽기 원하며"민 23:10라고 말한 거짓 선지자 발람과 같다. 한 청교도 주석가는 "발람은 더할 나위 없는 의인처럼 죽고 싶었지만 의인처럼 살기는 원치 않았다."라고 했다. 긍휼히 여기는 사람들은 상한 심령으로 애걸하는 마음으로 거룩하신 하나님 앞에 나와 그의 의를 구하는 사람들뿐이다.

시편 기자는 "하늘이 땅에서 높음같이 그를 경외하는 자에게 그의 인자하심mercy이 크심이로다"시 103:11라고 노래했다. 우리는 하나님을 경외하고, 그리스도께 나아가며, 하나님께서는 우리를 긍휼히 여기신다. 그러므로 누가복음 6:36에서 주님께서는 "너희 아버지의 자비로우심(긍휼하심)같이 너희도 자비로운 자가 되라"고 말씀하셨다. 긍휼에 대해서는 그 어떤 것도 십자가와 견줄 수 없다. 십자가는 긍휼하신 대제사장으로서의 그리스도의 역할을 성취했기 때문이다히 2:17. 도널드 반하우스 박사는 이것을 이렇게 표현했다.

예수 그리스도께서 십자가에서 죽으실 때, 인간의 구원을 위한 하나님의 모든 역사는 예언의 영역을 지나 역사적 사실이 되었다. 하나님께서는 이제 우리에게 긍휼을 베푸셨다. 기도하는 사람이 "하나님, 나를 긍휼히 여기소서."라고 한다면 그것은 하나님께 그리스도의 희생 제사를 반복해 달라는 것과 같은 말이다. 하나님께서는 인간에게 베푸실 모든 긍휼을 그리스도께서 죽으실 때 이미 베푸셨다. 그리고 하나님께서는 이제 은혜 가운데서 우리를 향해 행동하실 수 있다. 이미 모든 긍휼을 우리에게 베푸셨기 때문이다. 이제 샘은 터졌고 마음껏 넘쳐흐르고 있다.[2]

긍휼의 실체

긍휼히 여긴다는 것이 무슨 뜻인가? 마태복음 5-6장, 로마서 15장, 고린도후서 1장, 갈라디아서 6장, 에베소서 4장, 골로새서 3장과 그 밖의 무수한 구절들이 이 질문에 대답해 줄 것이다. 왜냐하면 이 구절들은 우리가 긍휼히 여길 것을 요구하기 때문이다. 그러면 우리가 어떻게 긍휼히 여길 수 있는가?

우리는 물질적으로 긍휼히 여길 수 있다. 예를 들면, 우리는 가난한 사람에게 돈을, 배고픈 사람에게 먹을 것을, 헐벗은 사람에게 입을 것을, 집 없는 사람에게 잠자리를 줄 수 있다. 구약은 우리가 긍휼히 여길 수 있는 방법들로 가득 차 있다. 긍휼은 결코 인색하지 않으며, 결코 악으로 악을 갚지 않으며, 결코 원수 갚지 않으며, 다른 사람의 악

---

[2] Donald G. Barnhouse, *Expositions of Bible Doctrines:Bible Study* (Grand Rapids:Eerdmans, 1964), 9:4.

점을 결코 들추지 않으며, 결코 다른 사람의 실패를 이용하지 않으며, 결코 죄를 떠벌리지 않는다.

성 어거스틴은 사람들을 어찌나 긍휼히 여겼던지 먹을 것이 없는 사람들을 자신의 크고 아름다운 식탁으로 초대했다고 한다. 그는 식탁 위에 이런 글귀를 새겨 놓았다. "이 식탁은 다른 이를 욕하는 사람을 위한 것이 아니니 그런 이는 굶을지어다."[3]

자신을 변호하며, 독선적이며, 자신만을 지키는 방어적인 사람은 선한 사마리아인이 나중에 도와준 강도 만난 사람을 피하여 길 가장자리로 간 제사장 및 레위인과 같다.

우리는 또한 영적으로 긍휼히 여길 수 있다. 우리는 불쌍히 여김, 자극하기(찌르기), 기도, 설교를 통해 그들의 영적 필요를 돌봐준다.

첫째, 우리는 불쌍히 여길 수 있다. 어거스틴은 이렇게 말했다. "내가 영혼이 떠나버린 몸을 위해 운다면, 하나님이 떠나버린 영혼을 위해서도 당연히 울어야 하지 않겠는가?"[4] 우리는 죽은 시신들을 앞에 놓고 많은 눈물을 흘린다. 그러면 영혼들에 대해서는 어떻게 해야 하겠는가? 그들의 영혼을 불쌍히 여기고 있는가? 내가 그리스도인으로서 의가 전혀 없었지만 심령이 가난했고, 내가 절망 가운데서 내 죄를 정말 간절히 애통해 했으며, 내가 비참하고 불운하며 온유했고, 내가

---

3) Thomas Watson, *The Beatitudes*(Edinburgh:Banner of Truth, 1975), 149.
4) Watson, *The Beatitudes*, 144에서 인용.

가져야 했지만 스스로 생산할 수 없는 것에 주리고 목말랐으며, 결국 내가 하나님의 크신 마음으로부터 긍휼과 불쌍히 여김을 받았지만 다른 사람들에게 같은 긍휼을 베풀지 않는다면, 여기에 무슨 일관성이 있겠는가?

스데반이 돌에 맞아 죽어 가면서 했던 말이 귀에 생생히 들린다. "주여 이 죄를 그들에게 돌리지 마옵소서" 행 7:60. 그는 그들의 영혼을 불쌍히 여겼다. 여러분과 나는 잃은 자들 위에 군림하거나 우리가 그들보다 낫다고 생각하는 것이 아니라 그들을 불쌍히 여겨야 한다.

둘째, 우리는 자극을 줄 수 있다. 디모데후서 2:25은 이렇게 말한다. "거역하는 자를 온유함으로 훈계할지니 혹 하나님이 그들에게 회개함을 주사 진리를 알게 하실까 하며." 자극을 준다는 것은 하나님이 그들을 용서하시도록 사람들로 하여금 자신의 죄를 직시하게 하는 것이다. 이들은 복음을 들어야 한다.

바울은 디도에게 "네가 그들을 엄히 꾸짖으라 이는 그들로 하여금 믿음을 온전하게 하고" 딛 1:13라고 썼다. 나는 죄인의 면전에서 그를 꾸짖음으로써 그의 영혼을 보살필 수 있다. 유다서 23절은 우리가 두려움으로 "불에서 끌어내어" 구원시켜야 할 사람들이 있다고 말한다. 이것은 증오나 잔인함이 아니다. 이것은 사랑이다.

긍휼은 찔러 자극을 준다. 죄를 깨닫기 위해서는 먼저 죄를 직시해야 한다.

셋째, 우리는 기도할 수 있다. 하나님이 없는 영혼들을 위해 기도하는 것은 긍휼을 베푸는 행위이다. 잃은 자들을 위해 기도하는가? 이웃을 위해 기도하는가? 불순종의 길을 걷고 있는 그리스도인들을 위해 기도하는가? 우리의 기도는 긍휼의 행위이다. 기도는 하나님의 복을 가져오기 때문이다.

넷째, 우리는 전할 수 있다. 나는 복음을 전하는 일이야말로 잃은 영혼들을 위해 할 수 있는 가장 필요하고 자비로운 일이라고 믿는다.

그러므로 우리는 불쌍히 여김, 자극, 기도, 그리고 가르침을 통해 한 영혼에게 긍휼을 베풀 수 있다.

긍휼의 결과

긍휼히 여기는 결과는 긍휼히 여김을 받는 것이다. 얼마나 아름다운가? 여러분은 이런 사이클을 보고 있는가? 하나님께서 우리를 긍휼히 여기시고, 우리가 다른 사람을 긍휼히 여기게 되면, 하나님께서는 우리를 더욱더 긍휼히 여기신다. 사무엘하 22:26도 같은 말을 한다. 즉 하나님께서는 긍휼히 여기는 자를 긍휼히 여기신다는 것이다. 야고보서 2:13은 이것을 부정문 형태로 표현한다. "긍휼을 행하지 아니하는 자에게는 긍휼 없는 심판이 있으리라." 시편 18편과 잠언 14장에도 같은 말씀이 있다.

그러나 이제 우리는 한 가지 경고를 받아야만 하는데, 이 경고는 너무나 중요하다. 그것은 긍휼히 여기는 것을 우리가 구원받는 방법으로 생각하는 사람이 있다는 사실이다. 이것은 로마 가톨릭교회의 오류이다. 저들은 우리가 긍휼을 베풀 때 하나님께서 만족하시고 우리에게 긍휼을 베푸신다고 가르친다. 이러한 견해가 수도원과 수녀원 그리고 이와 관련된 모든 것들을 낳았다. 그러나 이것은 구원을 얻는 방법이 아니다. 우리는 공적功績으로 긍휼을 얻지 않는다. 긍휼은 공적이 없는 곳에서만 주어질 수 있다. 그렇지 않다면 그것은 긍휼이 아니다.

긍휼히 여김을 받은 사람은 긍휼히 여길 것이다. 용서를 받은 사람은 용서할 것이다. 여러분이 자비로운 사람이라면, 여러분은 하나님의 자녀인 증거를 나타낼 것이다. 그러므로 여러분이 죄를 지을 때마다, 하나님께서는 용서하신다. 여러분에게 필요한 것이 있을 때마다, 하나님께서는 채워주신다. 하나님께서 여러분을 돌보신다. 자비로우신 하나님으로부터 긍휼히 여김을 받았기 때문에 남을 긍휼히 여기는 자에게, 하나님께서는 긍휼에 긍휼을 부어주신다.

여러분은 긍휼히 여기는가?

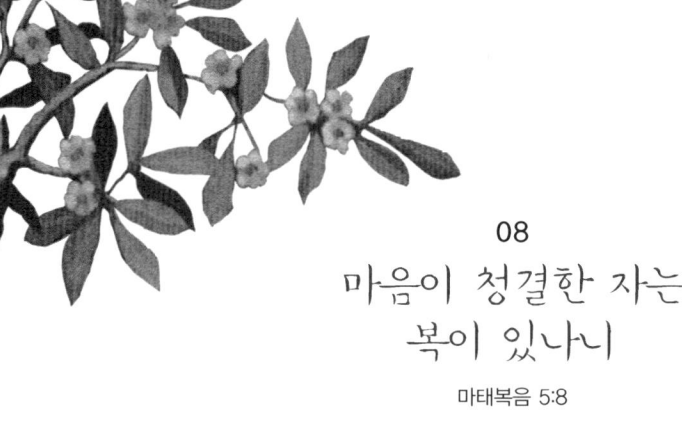

08
마음이 청결한 자는 복이 있나니

마태복음 5:8

성경의 어떤 진리들은 이해할 수 있을 것 같다. 그런데 끝도 없는 구덩이 같고 깊이를 잴 수 없는 우물처럼 그 깊이를 잴 수 없는 진리들이 있다. "마음이 청결한 자는 복이 있나니 그들이 하나님을 볼 것임이요"라는 말씀이 그 중 하나이다.

이처럼 믿기 힘든 놀라운 말씀을 짧게 한 장으로 다루는 것은 거의 하나님과 그의 말씀의 능력과 깊이와 통찰력에 대한 모독이다. 이 구절은 성경의 가장 큰 언명 중 하나로 성경에 계시된 다른 모든 것과 연결된다. 마음이 청결해야만 하나님을 볼 수 있다. 이것은 거대하고 무한한 주제이며, 성경의 거의 모든 맥락에서 나타난다.

이 말씀에 담긴 진리를 모두 캐낼 수는 없다. 하지만 나는 적어도 부요하고 의미 있는 핵심적인 가르침에 초점을 맞추도록 도와달라고 주님께 기도드렸다. 그리고 이런 구절에 접근하는 최선의 방법은 여기에 대해 질문을 던지는 것임을 알게 되었다.

예수님 말씀의 배경

이 말씀의 역사적 정황은 무엇이며 팔복 안에서는 어떤 위치에 있는가? 내가 보기에, 마음의 청결에 대한 이 말씀은 너무나 중요하다. 따라서 언뜻 보기에는 이 구절이 그저 임의적으로 이 자리에 놓인 것으로 보일 때가 자주 있겠지만, 그렇게 보는 것은 옳지 않다. 나는 왜 이 구절이 보다 전략적인 위치, 말하자면 설교의 시작이나 끝부분에 놓이지 않았는지 의아할 뿐이다. 그러므로 이제 이 구절의 정황을 살펴보되, 먼저 역사적 정황부터 살펴보기로 하겠다.

앞에서 그리스도 시대의 이스라엘의 정치적 상황은 아주 자세히 다루었다. 여기서는 당시의 영적 상황에 초점을 맞추기로 하겠다. 물론 이것은 예수께서 산상설교에서 압도적으로 다루신 문제이다. 8절은 영적 진리의 중심이다.

이스라엘은 바리새인들의 강압과 권위에 눌려 있었다. 당시 이스라엘에서, 이들은 유력한 세력이었다. 바리새인들은 냉혹하고 아주 엄격한 율법 제도를 이스라엘 사람들에게 부가했다(율법 제도는 영적으로 받아들여질 수 있는 것들 주변에 아주 절대적인 경계선을 그음으로써 그 제한적인 성격상 어느 곳에서나 압박하고 군림하는 경향이 있다).

바리새인들은 모세 율법을 잘못 해석했다. 이들은 새로운 율법을 만들어 냈다. 그 결과 이들은 하나님의 율법을 지키지 못하는 대신 전통을 지킴으로써 양심을 달랠 수 있었다. 사람들은 엄격한 율법의 요구대로 행하기란 불가능하다는 것을 알게 되었다. 사실 지도자들 스스로가 한 가지 결정을 했는데, 그것은 율법 가운데 몇 가지만 지키면 하나님도 이해하시리라는 것이었다. 그런데 그것마저도 지킬 수가 없었다. 그래서 이들은 한 가지 율법을 찾아 지키면 하나님께서 이해하시리라는 데 생각을 같이했다(마태복음 22:36의 질문도 이러한 맥락에서 주어진 것이다).

그래서 많은 이스라엘 사람들이 지키지 못할 율법 때문에 좌절했고 엄청난 죄책감과 근심에 사로잡혔다. 그러나 이들은 하나님의 진리를 믿고 하나님께서 율법 속에서 자신을 계시하셨다고 믿는 백성이었다. 나는 이것이 세례 요한의 사역에 그렇게도 극적인 힘을 부여한 요인들 중 하나라고 믿는다.

세례 요한에게는 준비된 청중이 있었다. 그들은 자신의 죄짐을 벗어 놓을 곳을 찾고 있었다. 무리들은 요한의 가르침을 들으러 광야로 몰려왔다. 바리새인과 사두개인들의 모습도 보였다. 사람들의 마음은 용서와 구원과 고뇌하는 자기 영혼을 위한 평안을 갈망하고 있었다.

이들은 구원자, 구속자를 기다리고 있었다 — 다시 말해, 그들에게 더 많은 규범을 부가할 분이 아니라 그들이 이미 어긴 규범들에 대해 용서할 분을 애타게 기다리고 있었다. 이들은 이미 오래전에 하나님께서 그와 같은 구속자를 보내시겠다고 약속하신 사실을 알고 있었다. 이들은 이사야의 말도 아주 잘 알고 있었다. 그래서 그들의 죄를 용서하고, 그들의 허물을 제하며, 그들의 잘못을 바로잡을 분이 오리라는 사실을 알고 있었다. 그가 와서 정직한 남은 자들과 진정으로 하나님을 섬기는 자들을 찾으리라는 것을 알고 있었다.

어느 날 하나님께서 오셔서 그들에게 물을 뿌려 주시고, 그들은 깨끗하게 되리라는 에스겔의 말도 알고 있었다. 그 때가 되면, 하나님께서는 돌 같은 마음을 제하고 새로운 마음을 주실 것이다. 하나님께서는 그들의 허물을 씻으시며 그들의 죄를 깨끗하게 하실 것이다.

용서받는다는 것이 어떤 것인지도 알았고 "마음에 간사함이 없고 여호와께 정죄를 당하지 아니하는 자는 복이 있도다"시 32:2라고 외친 다윗의 말도 이들은 알고 있었다. 알기는 알았다. 하지만 너무나 많은 사람들이 경험하지 못했다.

그래서 지금 이렇게 광야에 나와 있는 것이다. 어깨를 내리누르는 엄청난 짐을 지고서 말이다. 세례 요한이 메시아, 구속자, 구원자를 선포했을 때, 이들은 전혀 놀라지 않았다. 그가 "회개하라 천국이 가까이 왔느니라"마 3:2고 했을 때, 이들은 재빨리 나와 짐을 내려놓고 용서를 구할 수 없었다. 내가 믿기로, 여기에는 더 큰 이유가 있었다. 왜냐하면 예수님을 만났을 때도 사람들의 마음속에는 이런 바람이 있었던 것으로 보이기 때문이다.

요한복음 3장에 나오는 니고데모를 예로 들어 생각해 보자. 그는 바리새인이었지만 꽤 정직했다(나는 그의 고결함이 그를 그리스도께로 이끌어냈다고 믿는다). 그는 예수께서 하신 말씀이 사실이라면 자신은 정말 큰 일이라는 것을 알고 있었다. 헬라어 성경 1절에서는 니고데모를 묘사하는 데 강조형이 사용되었다. 그는 유대인의 그 선생, 그 관원, 최고의 율법 낭독자였다.

그러나 그의 마음은 염려로 가득 차 있었다. 그는 예수께 나와 "랍비여 우리가 당신은 하나님께로부터 오신 선생인 줄 아나이다 하나님이 함께 하시지 아니하시면 당신이 행하시는 이 표적을 아무도 할 수 없음이니이다"요 3:2라고 말했다. 이것은 엄청난 통찰력이었다. 그는 하나님에게서 오신 분을 발견했던 것이다. 그의 마음에는 큰 의문이 생겼다. "제가 의로워지려면, 당신의 나라에 들어가려면, 하나님의 자녀가 되려면, 구속함을 받으려면, 어떻게 해야 합니까?"

물론 니고데모는 이 질문을 던지지 않았다. 그럴 기회도 없었다. 예수께서 그의 마음을 읽으셨기 때문이다. 3절은 "예수께서 대답하여 이르시되"라고 말한다. 놀랍지 않은가? 때때로 여러분은 질문을 던질 필요도 없다. 그가 다 아시기 때문이다. 그가 아시고 대답을 해주시기 때문이다. 예수께서는 니고데모가 마음속으로 생각하고 있는 질문에 대답하셨다. "진실로 진실로 네게 이르노니 사람이 거듭나지 아니하면 하나님의 나라를 볼 수 없느니라."

니고데모는 자신의 삶을 돌아보고 판단했다. '난 바리새인이야. 율법을 지키려고 노력하고 있어. 그리고 이 지역 관원이고, 율법 선생이야. 하지만 이것으로 충분하다고 생각지는 않아.' 그는 자신이 죄인임을 인정할 정도로 정직했다. 율법을 지키려고 노력했던 자로서, 그는 비참하게 실패했다.

내가 믿기로, 지도자들 가운데는 아주 소수에 불과했겠지만, 니고데모와 같은 생각을 가지고 있었던 유대인들이 많았을 것이다.

예수께서는 기적적으로 5,000명을 먹이셨다. 그러자 다음날 무리가 그에게 "우리가 어떻게 하여야 하나님의 일을 하오리이까"라고 물었다. 그러자 예수께서는 "하나님께서 보내신 이를 믿는 것이 하나님의 일이니라"고 대답하셨다 요 6:28-29.

그들은 실제로 무슨 말을 하고 있었는가? 니고데모와 같은 말을 하고 있었다. "우리는 율법을 다 알고 있습니다. 의식儀式도 다 알고 있습니다. 그렇지만 하나님의 일의 실제를 알기 위해서는 어떻게 해야 합니까?"

이들은 무엇인가 실제적인 것을 원했다. 이들은 실제로 그 나라에 어떻게 들어가는지 알고 싶었다. 왜냐하면 율법을 지킴으로써 그 나라에 들어간다면, 그 누구도 들어갈 수 없을 것이며, 이들도 이 사실을 알고 있기 때문이었다.

누가복음 10:25을 보라. "어떤 율법교사가 일어나 예수를 시험하여 이르되 선생님 내가 무엇을 하여야 영생을 얻으리이까." 이것도 같은 질문이다. 이것이 많은 사람들이 알고 싶어하는 것이다. 이것이 니고데모가 알고 싶어하는 것이다. 다시 말해 "기준이 무엇입니까?" 하고 묻는 것이다. 하나님을 기쁘게 하려고 율법 제도를 대할 때마다 그걸 지킬 수 없다는 것을 알기에 느끼는 죄책감과 근심과 좌절에서 어떻게 벗어날 수 있는가?

딜레마 : 거룩하신 하나님, 죄악된 인간

바로 이 순간이 예수님이 오시기에 가장 적절한 때였다. 그가 해답이셨기 때문이다. 여러분도 알다시피, 하나님은 거룩하신 하나님이시며 완전히 의로우신 하나님이시다. 그에게는 죄가 전혀 없다. 하나님께서는 죄악된 인간에게 구원을 주겠다고 하시지만 죄악된 인간은 '어떻게 거룩한 하나님이 죄악된 인간에게 구원을 주실 수 있겠어?'라고 자문한다. 정직하고 신실한 유대인은 '내가 하나님의 율법을 지킬 수 없는데 어떻게 하나님 나라에 들어갈 수 있겠어?'라고 자문할 것이다.

이것은 예수께서 팔복에서 대답하시는 질문을 낳는다. 그것은 마태복음 5장에서 갈릴리 언덕에 앉아서 주님의 말씀을 듣던 사람들 대부분이 자문했던 질문이었다. 예수께서 온 갈릴리를 돌아다니시면서 회당에서 가르치시고 하나님 나라 복음을 전파하시며 온갖 병자들을 고치시자 그의 명성이 사방에 퍼졌다는 사실을 기억하라. 무리들이 그의 소식을 들었다. 그들은 그를 보았고, 그의 가르침을 들었으며, 그가 행하신 기적을 알고 있었다. 그러면서 그들은 이러한 큰 의문을 품었다.

팔복의 다른 어느 복보다도, 이 복은 그 의문에 대한 해답을 제시한다. "마음이 청결한 자는 복이 있나니 그들이('아우토이' *autoi*, 그들이 그리고 그들만이) 하나님을 볼 것임이요." 외적인 정결 의식을 지키는 자들이 아니다. 의식을 지키는 자들이 아니다. 인간의 성취를 중시하는 종교를 가진 자들도 아니다.

인간은 다른 사람을 보면서 자신을 헤아리는 경향이 있다. 고린도후서 11장은 스스로의 판단대로 자신을 헤아리는 거짓 선지자를 말한다. 바리새인들이 이런 짓을 잘했다. 우리는 우리의 인격이나 도덕성이나 윤리나 선함을 검증하고 싶으면 언제나 다른 사람과 비교하여 자신은 그들보다 낫다고 생각한다.

바리새인은 "하나님이여 나는 다른 사람들 곧……하는 자들과 같지 아니하고 이 세리와도 같지 아니함을 감사하나이다"눅 18:11라고 기도했다. 바리새인은 자기보다 못한 사람을 기준으로 삼았다. 물론 이러한 그의 생각은 잘못된 것이다. 그의 생각처럼 모두가 자기보다 못한 사람을 기준으로 자신을 평가한다면 어떻게 되겠는가? 모든 기준이 낮아지고 결국에는 생존하는 가장 부패한 사람이 궁극적인 기준이 되어 버릴 것이다.

하나님께서는 그가 받아들일 수 있는 행동에 대한 기준을 세우시면서 "너희는 세리나 부도덕한 사람보다 나아야 한다."고 말씀하지 않으셨다. 예수께서는 "하나님을 보고 싶다면 청결해야 한다."고 말씀하셨다. 산상설교 마태복음 5:48에서, 예수께서는 "그러므로 하늘에 계신 너희 아버지의 온전하심과 같이 너희도 온전하라"고 하셨다. 이것이 절대적이며, 거룩하고, 의로우며, 우주의 유일하신 하나님의 기준이다.

누가 그 나라에 들어가는가? 누가 천국에 들어가는가? 누가 하나님의 존전에 나아갈 수 있는가? 누가 구원받는가? 누가 하나님을 보는가? 누가 지복至福에 들어가는가? 누가 복을 알게 되는가? 누가 참 행복을 알게 되는가? 오직 마음이 청결한 자이다.

바리새인들은 손과 항아리와 그릇을 씻지 않으면 불안해 했다. 박하와 회향과 근채의 십일조도 빠짐 없이 드렸다. 이들은 작고 사소한 채소의 십일조까지 어김없이 드렸다. 하지만 사랑과 진리와 긍휼에는 전혀 관심이 없었다.

예수께서는 이런 이들을 꾸짖으셨다. "회칠한 무덤 같으니 겉으로는 아름답게 보이나 그 안에는 죽은 사람의 뼈와 모든 더러운 것이 가득하도다"마 23:27. 주님께서는 이 한마디로 위선(외식)의 겉옷을 완전히 찢어버리신다.

팔복의 순서

이 부분이 그렇게 중요하고 팔복에서 핵심적인 복이라면, 왜 여기에 위치해 있는가? 팔복 하나하나가 모두 중요하다. 그러므로 그 중 어느 하나도 버릴 수 없다. 팔복은 그 흐름이 아름답고 장엄할 뿐만 아니라 하나님의 마음에 맞는 완벽한 순서로 되어 있다. 첫 번째 것이나 마지막 것이나 중앙의 것이라고 더 중요한 것이 아니다. 팔복은 똑같이 중요하다. 이들 모두는 하나의 멋진 실체의 부분들이다.

그 나라의 시민은 이 모든 부분을 모두 만족시키는 사람이다. 그 중 하나나 몇을 뽑거나 선택할 수 없다. 여러분이 출발점에 섰으며 여러분의 심령이 가난하다면, 나머지는 하나님의 성령의 놀라운 역사 가운데서 흘러나온다. 처음 일곱 가지 복은 아름다운 패턴을 이룬다. 처음 셋은 넷째 것, 즉 의에 주리고 목마른 것으로 이어진다. 그리고 넷째 것은 일종의 절정이다.

여러분은 거지와 같은 마음으로 시작하지만 여기에서 죄에 대한 애통이 생겨난다. 자신을 전적인 죄인으로 볼 때, 여러분은 하나님 앞에서 겸손하고 온유해진다. 이 시점에서 여러분은 의를 소리쳐 구한다. 그러면 하나님께서 여러분을 긍휼히 여기시고, 여러분의 마음을 청결케 하시며, 여러분에게 화평케 하는 은사를 주신다. 그러므로 다섯째에서 일곱째 복은, 처음 셋이 넷째 것에 이른 후에, 넷째 것에서 흘러나온다.

그러나 여기에는 훨씬 더 복잡한 패턴이 있는데 혹시 발견했는가? 첫째와 다섯째, 둘째와 여섯째, 셋째와 일곱째가 짝인 것 같다. 심령이 가난한 자들은(첫째) 자신이 거지에 지나지 않는다는 것을 깨닫고 다른 사람들을 긍휼히 여기며 그들에게 도움의 손길을 내밀 것이다(다섯째). 자신의 죄를 애통하는 자들이(둘째) 마음이 청결한 것이 무엇인지 알 것이다(여섯째). 마지막으로, 온유한 자들이(셋째) 화평케 하는 자들이다(일곱째).

팔복이 이처럼 아름답게 짜여져 있다는 사실은 하나님의 마음이 어떻게 작용하는지 보여준다. 이 구절은 역사적으로 그리고 순서적으로도 적절한 위치에 놓여 있다.

마음이 청결한 자들에게 맞는 나라

세상에는 두 가지 종교밖에 없다. 오직 두 가지만 있을 뿐이다. 하나는 인간적인 성취의 종교이다. 여기에는 갖가지 아류들이 있지만 기본은 모두 같다. 그것은 스스로의 노력으로 성취한다는 것이다. 다른 하나는 신적인 성취의 종교이다. 이 종교는 "저는 할 수 없지만 하나님께서 그리스도 안에서 하셨습니다."라고 말한다.

선택하라. 인간적 성취는 사탄의 거짓말이다. 어느 무리에서나 자신의 노력으로, 자신의 정열과 힘과 자원으로 천국에 들어가려는 사람들이 있다. 예수께 나온 무리 가운데도 이런 사람들이 있었는데, 예수께서는 이들을 벌거벗기셨다. "미안하지만 너희들은 하나님을 볼 자격이 없다. 너희는 결코 내 나라에 들어오지 못할 것이다. 그 나라는 마음이 청결한 자들을 위한 것이다."

이들은 변명할 여지가 없었다. 이들은 "중심이 진실함을 원하시오니"시 51:6라는 말씀을 분명히 알고 있었을 것이다. 시편 기자는 같은 진리를 시편 24:1 – 5에서도 가르쳐 주었다.

> 땅과 거기에 충만한 것과 세계와 그 가운데에 사는 자들은 다 여호와의 것이로다 여호와께서 그 터를 바다 위에 세우심이여 강들 위에 건설하셨도다 여호와의 산에 오를 자가 누구며 그의 거룩한 곳에 설 자가 누구인가 곧 손이 깨끗하며 마음이 청결하며 뜻을 허탄한 데에 두지 아니하며 거짓 맹세하지 아니하는 자로다 그는 여호와께 복을 받고

구원의 하나님께 의를 얻으리니.

누가 그 나라에 들어가는가? 예수께서는 시편 24편을 여섯째 복으로 요약하셨다. 자신들이 그렇게도 높이며 사랑하는 선지자 이사야의 말씀을 되새겼다면, 유대인들은 알았을 것이다. 이사야 59:1은 "여호와의 손이 짧아 구원하지 못하심도 아니요"라고 말한다. 여러분이 구원받지 못했다면, 그것은 하나님의 팔이 여러분에게 미칠 수 없어서가 아니다.

> 오직 너희 죄악이 너희와 너희 하나님 사이를 갈라 놓았고 너희 죄가 그의 얼굴을 가리어서 너희에게서 듣지 않으시게 함이니라 이는 너희 손이 피에, 너희 손가락이 죄악에 더러워졌으며 너희 입술은 거짓을 말하며 너희 혀는 악독을 냄이라 공의대로 소송하는 자도 없고 진실하게 판결하는 자도 없으며 허망한 것을 의뢰하며 거짓을 말하며 악행을 잉태하여 죄악을 낳으며 독사의 알을 품으며 거미줄을 짜나니……이는 우리의 허물이 주의 앞에 심히 많으며 우리의 죄가 우리를 쳐서 증언하오니 이는 우리의 허물이 우리와 함께 있음이니라 우리의 죄악을 우리가 아나이다 사 59:2-5, 12.

이사야 선지자는 하나님에 대해 이렇게 썼다. "사람이 없음을 보시며 중재자가 없음을 이상히 여기셨으므로 자기 팔로 스스로 구원을 베푸시며 자기의 공의를 스스로 의지하사 공의를 갑옷으로 삼으시며 구원을 자기의 머리에 써서 투구로 삼으시며 보복을 속옷으로 삼으시며 열심을 입어 겉옷을 삼으시고"59:16-17.

이것은 그리스도의 모습이다. 그는 죄 가운데 빠져 길을 잃은 백성을 보셨다. 예수님 시대의 유대인들처럼, 이들은 "아무도 없어요? 중재자 없어요?"라고 외치고 있었다. 그리스도께서 오셔서 구원의 옷을 입으실 것이다. 이사야는 20절에서 "구속자가 시온에 임하며(임하리라)"라고 했다.

이사야 59장을 알았다면, 이들은 자신의 질문에 대한 해답도 알았을 것이다. 진정으로 에스겔 36장을 믿었다면, 메시아가 와서 그의 백성의 속을 씻어주리라는 것도 알았을 것이다. 사무엘상 16:7은 이들에게 "사람은 외모를 보거니와 나 여호와는 중심을 보느니라"고 상기시켰다.

마음이 청결하지 않으면, 우리는 결코 하나님 나라에 들어갈 수 없고, 결코 하나님 앞에 갈 수 없으며, 결코 그의 용서를 받을 수 없고, 결코 구속자를 알지 못하며, 결코 구원을 알지 못하고, 우리의 죄 가운데서 좌절하며 죽는다. 놀라운 것은 예수 그리스도께서 오셔서 바로 이 일을 하셨다는 것이다. 그는 우리의 마음을 청결케 하셨다.

십자가에서 죽으실 때, 그는 우리의 모든 죄를 지시고 모든 죗값을 지불하셨다. 성경은 이렇게 해서 그가 자신의 의를 우리에게 전가하셨다고 말한다. 이것은 정말 기이하고 엄청난 교환이다. 그는 우리의 죄를 취하시고 우리에게 그의 의를 주셨다. 우리가 예수 그리스도를 믿을 때 하나님께서는 우리를 깨끗하게 여기신다. 다른 어떤 조건에서도, 하나님은 우리를 그렇게 여기지 않으신다.

에베소서 1:6은 이것을 이렇게 말씀한다. "이는 그가 사랑하시는 자 안에서 우리에게 거저 주시는 바 그의 은혜의 영광을 찬송하게 하려는 것이라." 그리스도의 의가 우리에게 주어지는 것은 그가 우리를 대신하여 우리 죄를 직접 지시고 나무에 달리셨기 때문이다. 믿음으로, 하나님께서 우리를 정결케 하신다.

'마음이 청결하다' 는 것

마음이 청결하다는 것이 무슨 뜻인가? 성경에서, 마음은 언제나 한 인간의 내면, 그 사람의 개성의 자리로 여겨진다. 일반적으로, 마음은 사고의 과정을 가리킨다. 엄밀하게 말하면 마음은 감정과 다르다. 성경이 감정을 말할 때, 이것은 '연민', '욕구'(배에서 느껴지는 것)를 가리킬 때가 많다. 유대인들은 자신의 감정을 배에서 느껴지는 것으로 표현했다.

지성mind과 마음heart은 실제로 함께 한다. "대저 그 마음의 생각이 어떠하면 그 위인도 그러한즉" 잠 23:7. 때때로 '마음'이라는 말은 지성에서 나오는 의지와 감정을 가리킨다. 예를 들면, 내 지성이 실제로 어딘가에 몰두해 있다면, 이것이 내 의지에 영향을 끼칠 것이며, 내 의지는 내 감정에도 영향을 끼칠 것이다. 의지는 플라이휠(회전속도 조절 바퀴)과 같다. 지성은 플라이휠이 계속 돌게 하며, 일단 돌면 이것은 감정을 자아낸다.

잠언 4:23은 이것을 한꺼번에 제시한다. "모든 지킬 만한 것 중에 더욱 네 마음을 지키라 생명의 근원이 이에서 남이니라." 바꾸어 말하자면, 마음이 무엇이든 간에 그것은 생명의 샘의 근원이다. 생각과 느낌과 행동의 문제는 모두 마음에서 나온다. 에베소서 6:6은 하나님의 뜻을 진실된 마음으로 행하는 것을 말한다. 모든 것은 마음에서 나온다.

주님께서 여기서 마음heart의 청결을 말씀하실 때 무엇을 생각하셨을까? 그는 무엇보다도 지성mind을 생각하고 계셨다. 의지를 제어하고, 감정의 반응들을 제어하는 지성 말이다. 이것은 모든 사람에게 겉만 보살피면 된다고 말하고 다녔던 바리새인과 율법주의자들에게는 직격탄이었다. 예수께서는 그들을 정면으로 공격하고 계셨던 것이다.

하나님은 변화된 마음을 찾으신다. 다윗이 시편 51:10에서 뭐라고 했는가? "하나님이여 내 속에 정한 마음을 창조하시고"라고 했다.

시편 73:1은 "하나님이 참으로 이스라엘 중 마음이 정결한 자에게 선을 행하시나"라고 말한다. 이스라엘의 어떤 사람에게 선을 행하시는가? '마음이 정결한 자!'이다.

여러분이 하루도 빠짐 없이 교회에 가고, 성경을 가지고 다니며, 성경 구절들도 외우지만, 마음이 청결치 않다면 하나님의 기준에 도달하지 못한 것이다. 다윗과 사울의 예를 통해 이 진리를 설명해 보겠다.

하나님께서 사울을 왕으로 부르셨을 때, 사울은 키가 컸고, 용모가 준수했으나, 그 밖에는 대단한 것이 없었다. 그래서 사무엘상 10:9은 하나님께서 사울에게 새(다른) 마음을 주셨다고 말한다. 그는 자신의 내면을 바꾸어야 했다. 그러나 사울은 하나님께 불순종하기 시작했으며, 마침내 사무엘이 그를 찾아와 사실상 이렇게 말하는 지경에까지 이르고 말았다. "사울왕이시여, 하나님께서 당신은 끝났다고 하십니다. 당신에게서 왕이 나지 않을 것입니다"삼상 15장을 보라. 왜 그런가? 성경은 그 이유를 이렇게 말한다. "여호와께서 그의 마음에 맞는 사람을 구하여"삼상 13:14. 하나님께서는 그의 마음에 맞는 사람을 찾으셨던 것이다.

왜 하나님께서는 그의 마음에 맞는 사람을 찾으시는가? 그 대답은 사무엘상 16:7에 있다. "사람은 외모를 보거니와 나 여호와는 중심을 보느니라." 하나님의 마음에 맞는 사람이 누구였는가? 다윗이었다. 하나님께서 그를 택하신 것은 그의 마음이 바르기 때문이었다. 다윗은 시편 9:1에서 "내가 전심으로 여호와께 감사하오며"라고 했다.

시편 19:14에서, 다윗은 "나의 반석이시요 나의 구속자이신 여호와여 내 입의 말과 마음의 묵상이 주님 앞에 열납되기를 원하나이다"라고 노래했다. 시편 26:2에서, 다윗은 "여호와여 나를 살피시고 시험하사 내 뜻mind과 내 양심을 단련하소서"라고 외쳤다. 시편 27:8에서는 "너희는 내 얼굴을 찾으라 하실 때에 내가 마음으로 주께 말하되 여호와여 내가 주의 얼굴을 찾으리이다 하였나이다"라고 말한다.

여기 마음의 지배를 받은 사람이 있다. 시편 28:7은 "여호와는 나의 힘과 나의 방패이시니 내 마음이 그를 의지하여 도움을 얻었도다"라고 말한다. 다윗은 마음속 가장 깊은 곳에서 하나님을 찾았다. 그 결과가 무엇인지 아는가? 시편 57:7은 "하나님이여 내 마음이 확정되었고 내 마음이 확정되었사오니"라고 말한다. 하나님께서는 이런 예배를 원하시며, 오직 그에게 확정된 마음을 원하신다. 다윗은 겉으로는 자주 실패했을지 모르지만 그의 마음이 하나님을 향해 있을 때는 한 번도 실패하지 않았다.

'마음이 청결한'에서 두 번째 단어 청결한은 헬라어로 '카타로스' katharos이다. 이 세상에서 청결함을 말하면 큰 인기를 얻을 수 없다. 사람들은 청결함은 긴 옷을 입고 수도원에서 사는 이상한 사람들에게나 어울리는 따분하고, 무미건조하며, 다소 모호하고, 매력 없는 것이라고 생각한다.

'카타로스'는 '카타리조' katharidzo라는 동사에서 파생한 명사인데, 이 동사는 '더러움과 죄악을 씻다.'는 뜻이다. 이것은 죄로부터 자유롭게 된다는 뜻이다. 이것은 '순결한' chaste이라는 영어 단어의 어근인 라틴어 '카스투스' castus와 비슷한 의미이다. 의사들은 하제 cathartic가 상처나 감염 부위를 깨끗하게 씻어내는 데 사용되는 약품이라는 것을 알고 있다. 사람들은 심리학자나 상담가에게 가면 카타르시스 catharsis, 즉 영혼의 정화를 맛본다.

흥미롭게도 '카타로스'는 두 가지 의미를 갖는다. 어떤 사람들은 이 단어는 섞이지 않거나 순전하거나 걸러지거나 찌꺼기가 제거되었다는 의미도 가진다고 말한다. 바꾸어 말하자면, 청결하다는 것은 다른 어떤 요소도 더하거나 섞지 않았다는 뜻이다. 그러므로 여기서 주님께서 실제로 말씀하시는 것은 이렇다. "나는 그 헌신과 동기에서 아무 것도 섞이지 않은 마음을 원한다. 청결한 마음에서 나오는 청결한/순수한 동기를 원한다."

어느 쪽이든, 이것은 태도, 고결함, 표리부동 또는 두 마음과 반대되는 일편단심과 관련이 있다. 예레미야 32:39은 "내가 그들에게 한 마음과 한 길을 주어 자기들과 자기 후손의 복을 위하여 항상 나를 경외하게 하고"라고 말한다. 시편 78:72은 다윗에 대해 "이에 그가 그들을 자기의 마음의 완전함으로 기르고"라고 말한다. 이것이 오직 한 마음의 헌신, 오직 한 마음의 목적, 순수한 동기이다.

뒤에 산상설교에서 볼 수 있듯이 주님께서는 이 원리를 정말로 강조하신다. "네 보물 있는 그 곳에는 네 마음도 있느니라"마 6:21. 주님께서는 24절에서 이것을 "한 사람이 두 주인을 섬기지 못할 것이니"라고 요약하셨다. 야고보 사도도 그의 서신에서 여기에 대해 말했다. "죄인들아 손을 깨끗이 하라 두 마음을 품은 자들아 마음을 성결하게 하라"약 4:8.

바울은 로마서 7장에서 "나의 죄악된 육신을 이기지 못할지라도 내게는 순전한 동기들이 있다"고 말한다. 여러분은 참된 그리스도인인가? 그렇다면 청결함에 대한 동기가 여러분의 삶에서 나타나야 한다. 마음속에 이런 동기가 없다면, 그 사람이 하나님을 아는지 의심하지 않을 수 없다. 여러분의 마음속에는 청결함에 대한 열망이 있는가?

언젠가 어떤 사람이 『천로역정』과 『거룩한 전쟁』의 작가 존 번연에게 "당신은 너무나 훌륭한 설교가이며 이 시대의 명설교가라는 데는 의심의 여지가 없습니다."라고 했다. 그러자 번연은 이렇게 대답했다. "고맙습니다. 하지만 제가 강단을 내려오는 순간 이미 마귀가 내게 그렇게 속삭였습니다."

순수한 동기는 순수한 행동으로 이어진다. '카타로스'라는 단어는 동기를 넘어선다. 순수한 동기를 가졌으면서도 하나님께 전혀 나아오지 않는 이들도 많다. 나는 멕시코시티에서 사람들이 피를 흘리면서도 무릎으로 수백 미터를 기어 과달루페 성당을 오르는 광경을 보았다. 매우 진지하지만 잘못된 것이다.

엘리야 시대 바알 숭배자들이 칼을 빼들고 자해하기 시작했을 때 그들도 상당히 진지했다는 데는 의심의 여지가 없다. 나는 이것을 진지함이라고 말하고 싶다. 여러분은 자해하기 시작하며 진실된 마음에서 그렇게 한다. 그러나 '카타로스'라는 말에는 그 이상의 의미가 숨어 있다. 이것은 단순히 순수한 동기를 말하는 것이 아니다. 이것은 거룩한 행동(하나님이 규정하신)이다. 이 둘 모두가 있어야 한다.

순수한 행동은 순수한 동기에서 나온다. 토머스 왓슨은 "도덕은 악만큼이나 빠르게 사람을 익사시킬 수 있다."고 했다. 그는 또한 "금을 담든 배설물을 담든 그릇은 가라앉을 수 있다."고 했다.[1] 여러분은 "난 매우 경건한 사람이며 하나님을 기쁘시게 하고 싶어요."라고 말할 수 있다. 하지만 여러분의 행동이 하나님의 말씀에 맞지도 않고 참된 청결을 보여주지도 않는다면, 그 말은 아무 소용이 없다.

다섯 가지 청결

청결함(정결함)에는 5가지가 있다.

---

1) Thomas Watson, *The Beatitudes*(Edinburgh:Banner of Truth, 1975), 175.

- **근본적 청결** 이것은 하나님께만 있다. 이것은 태양에 빛이, 물에 습기가 그렇듯이 하나님께는 본질적인 것이다.

- **창조된 청결** 이것은 타락 전, 청결한 존재의 창조이다. 하나님께서는 천사들을 청결하게 창조하셨으며, 인간을 청결하게 창조하셨다. 그러나 둘 다 타락했다.

- **궁극적 청결** 이것은 영화榮化의 범주에 속한다. 궁극적으로 하나님의 모든 성도들은 완전히 청결해질 것이다. 우리의 모든 죄는 신분적으로가 아니라 실제적으로 씻겨질 것이다. 요한일서 3:2은 "우리가 그와 같을 줄을 아는 것은 그의 참 모습 그대로 볼 것이기 때문이니"라고 말씀한다.

- **신분적 청결** 이것은 그리스도의 의를 전가받은 우리가 지금 갖고 있는 청결함이다. 여러분이 예수 그리스도를 믿을 때, 하나님께서는 여러분에게 신분적 청결을 전가하신다. 그리스도인을 보실 때, 하나님께서는 "그리스도 안에서 너는 옳으며 절대적으로 청결하다."고 말씀하신다. 우리가 그 사실을 믿든 아니든 상관없다. 로마서 3장은 그리스도의 의가 우리에게 전가되었다고 말한다. 로마서 5장은 그리스도께서 하신 일 때문에 우리가 의롭다 함을 받았다고 말한다. 갈라디아서 2:16과 고린도후서 5:21도 같은 말을 한다.

- **실제적 청결** 이것은 어려운 부분이다. 오직 하나님만이 근본적

청결을 아신다. 오직 하나님만이 창조된 청결을 주실 수 있다. 어느 날 하나님께서는 모든 성도에게 궁극적 청결을 주실 것이다. 바로 지금, 모든 성도는 신분적 청결을 가지고 있다. 그러나 우리는 우리의 신분에 걸맞게 사는 데 많은 어려움을 겪고 있다. 그렇지 않은가? 사도 바울이 고린도후서 7:1에서 "우리는 하나님을 두려워하는 가운데서 거룩함을 온전히 이루어 육과 영의 온갖 더러운 것에서 자신을 깨끗하게 하자"고 외친 것도 바로 이 때문이다.

그는 실제적 청결, 살아 있는 청결을 말하고 있다. 기껏해야 이것은 검은 실이 조금 섞인 흰 외투일 테지만, 하나님께서는 우리가 하나님 앞에서 할 수 있는 한 최대한으로 실제적으로 청결하길 원하신다. 예수 그리스도 안에서 신분적으로 청결한 사람들이 하나님을 볼 것이며, 이들이 삶의 청결과 동기의 청결을 나타내 보일 것이다. 이런 모습이 나타나지 않는다면, 그 사람이 그리스도인이 아니거나 불순종의 삶을 살고 있거나 둘 중 하나일 것이다.

분명히 이 다섯 번째 유형의 청결에서 우리는 실패한다. 그러나 성경은 실패를 어떻게 다루는지 말해 준다. 우리는 청결치 말라는 유혹을 받게 되면, 청결치 못한 생각을 하고, 청결치 못한 말을 하며, 청결치 못한 짓을 하며, 청결치 못한 동기를 가지라는 유혹까지 받게 된다. 이것은 말이나 행동에서 바르지 못한 것들을 낳을 것이다. 그러나 성경은 유혹을 어떻게 다루어야 하는지 말해준다. 에베소서 6장을 읽고

무장을 하라. 이것은 방어책이다.

여러분은 "하지만 이게 소용이 없으면 어떻게 합니까?"라고 묻는다. 요한일서 1:9은 "만일 우리가 우리 죄를 자백하면 그는 미쁘시고 의로우사 우리 죄를 사하시며 우리를 모든 불의에서 깨끗하게 하실 것이요"라고 말한다. 여러분이 죄를 발견하고 회개할 때마다, 하나님께서는 여러분을 깨끗하게 하신다. 하나님이 우리를 청결케 하신다는 사실을 깨닫는 것은 엄청난 일이다.

청결한 마음 가꾸기

어떻게 하며 마음을 청결하게 할 수 있는가? 자신의 힘으로는 할 수 없다는 것을 깨달으라. 이것이 첫 번째 단계이다. 잠언 20:9은 "내가 내 마음을 정하게 하였다 내 죄를 깨끗하게 하였다 할 자가 누구냐"라고 말한다.

사도행전 15:9은 우리의 마음이 믿음으로 깨끗하게 된다고 말한다. 행위로 마음을 깨끗하게 할 수 없으며 오직 믿음으로 할 수 있다. 무엇을 통해서인가? 우리를 죄에서 깨끗하게 하시는 예수 그리스도의 피를 통해서이다. 사도 요한은 이렇게 말한다. "그가 빛 가운데 계신 것 같이 우리도 빛 가운데 행하면 우리가 서로 사귐이 있고 그 아들 예수의 피가 우리를 모든 죄에서 깨끗하게 하실 것이요"요일 1:7.

마음이 청결하길 원하는가? 그렇다면 십자가에서 그리스도께서 드리신 제사를 받아들이라. 그가 이미 이루신 것을 받아들이라. 스가랴 13:1은 "그 날에 죄와 더러움을 씻는 샘이……열리리라"고 말한다.

여러분은 이미 그리스도인인가? 그렇다면 예수님의 말씀과 기도를 통해 여러분의 마음을 청결케 하라. 요한복음 15:3은 "너희는 내가 일러 준 말로 이미 깨끗하여졌으니"라고 말한다. 말씀 안에 거하고 기도하라. "누가 깨끗한 것을 더러운 것 가운데서 낼 수 있으리이까"욥 14:4라는 욥의 말을 들어보라. 오직 한 가지 대답만이 영원히 메아리친다— '하나님이 하실 수 있다.'

청결한 자에게 주어지는 약속

마음이 청결한 자에게는 무슨 일이 일어나는가? 예수께서 이 복의 끝에서 "그들이 하나님을 볼 것임이요"라고 말씀하셨다. 여기에 사용된 헬라어 동사의 시제는 미래, 즉 미래 진행형이다. "그들이 계속해서 하나님을 직접 볼 것임이요." 구원받아 여러분의 마음이 청결해질 때 무슨 일이 일어나는지 아는가? 여러분은 하나님 앞에서 살게 된다.

여러분은 하나님을 알고, 그가 거기 계시다는 것을 깨달으며, 영적인 눈으로 그를 본다. "원하건대 주의 영광을 내게 보이소서"출 33:18라고 외쳤던 모세처럼, 예수 그리스도로 인해 그 마음이 청결케 된 자는 하나님의 영광을 보고 또 본다. 하나님을 보는 것은 구약에서 인간이 꿈꿀 수 있는 가장 큰 일이었다. 마음이 청결할 때 영의 눈도 깨끗해져서 하나님을 볼 수 있다.

여러분은 하나님을 보고 싶은가? 여러분의 세상에서 지금, 그리고 영원히 살아 계신 하나님을 보고 싶은가? 마음을 청결케 하라. 어느 날 여러분은 육신의 눈으로 하나님을 볼 것이다요일 3:2. 그리스도를 얼굴을 맞대고 보다니 그 얼마나 멋진 날이겠는가!

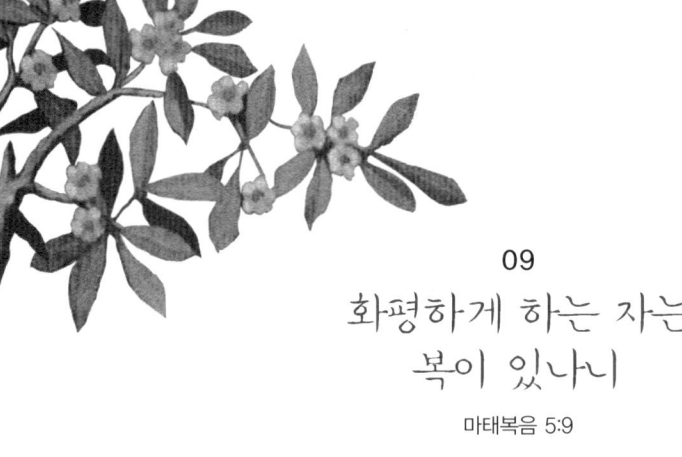

09
화평하게 하는 자는 복이 있나니

마태복음 5:9

화평평화, 평안은 성경 전체에 퍼져 있는 개념이다. 성경은 에덴 동산의 평화에서 시작해서 영원한 평화로 끝을 맺는다. 사실, 평화라는 주제로 성경 연대표를 그려낼 수도 있다. 인간의 죄가 에덴 동산의 평화를 깼다. 십자가에서, 그리스도께서 우리의 평화가 되셨다(그가 평화를 주셨기에, 그를 알게 되는 사람의 마음에 평화가 있게 된다). 어느 날 그는 다시 오실 것이며, '평강의 왕'인 그의 칭호는 성취될 것이다. 그는 영원한 평화의 나라를 세우실 것이다.

성경에서 평화는 400회 가량 언급된다. 하나님께서는 자신을 '평강의 하나님'이라 부르시지만 세상에는 평화가 없다. 여기에는 두 가지이유가 있다—사탄의 반대와 인간의 불순종이 그것이다. 몇몇 천사들의 타락과 인간의 타락이 평화 없는 세상을 만들고 말았다.

그렇다고 하나님이 평화를 원하지 않으시는 것이 아니다. 하나님이 인간과 타락한 천사들과 전쟁하고 계시는 것이 아니다. 오히려 타락한 천사들과 인간이 하나님과 전쟁하고 있는 것이다. 이들에게 평화가 없는 한, 평화는 없을 것이다.

이제 우리가 '행복'으로 번역한 하나님의 복에 이르는 사다리의 일곱째 단에 이르렀다. 이것은 행복으로 가는 유일한 길이다. 하나님께서 우리를 불러 회복하게 하시고 타락 이후 잃어버렸던 것을 경험하게 하셨기 때문이다. 우리는 우리 죄로 상실된 이 세상을 회복시켜야 한다. "화평하게 하는 자는 복이 있나니 그들이 하나님의 아들이라 일컬음을 받을 것임이요."

특별한 사람들, 그리스도께서 화평하게 하는 자로 부르신 사람들은 이 세상에서 하나님의 사절들이다. 그리고 이들은 어떤 노벨 평화상 수상자보다도 뛰어날 것이다. 이들이 주는 평화는 영원하며 실제적인 하나님의 평화이기 때문이다. 예수께서는 하나님께서 그의 평화의 사절들을 복주시며, 심지어 그들을 '하나님의 아들'이라 부르겠다고 약속하셨다고 말씀하셨다.

평화에 대한 헛된 추구

세상의 화평케 하는 자들은 경력이 끔찍하다. 우리가 오늘 찬양하는 평화가 내일이면 무너지기 시작한다. 우리에게는 정치적 평화, 경제적 평화, 사회적 평화, 가정의 평화, 그 어느 것도 없다. 우리에게는 그 어느 곳에도 평화가 없다. 이것은 우리 마음에 평화가 없기 때문이다. 이것이 정말 문제이다. 어떤 이는 이렇게 말한다. "워싱턴에는 평화의 기념비들이 많이 있다. 이것들은 전쟁이 끝날 때마다 하나씩 세워진다."

역사에서 평화는 모든 사람이 재장전을 위해 잠시 전쟁을 멈추는 짧고 영광스런 순간에 불과하다. 세계는 2차 세계 대전의 여파에 관심을 가지고 1945년 세계 평화를 위해 '후세들이 전쟁의 재앙에서 자유롭게 하기 위해'라는 슬로건을 내걸고 유엔을 발족시켰다. 이 때부터 지구상에는 평화로운 날이 하루도 없었다. 단 하루도 말이다. 이것은 헛된 공상이다. 평화는 없다. 우리 인간은 서로 사이좋게 지낼 능력이 없다. 모든 관계는 위태위태하다. 사람들은 전에 없이 정신적으로, 정서적으로 병을 앓고 있다. 가정이 깨지고 학교에서마저 무질서가 난무한다. 끝이 보이지 않는다. 인간에게는 평화가 없다. 그러기에 인간의 투영물일 뿐인 그의 세상도 혼돈투성이이다.

이 장에서 살펴보고 있는 이 멋진 구절에서, 하나님께서는 화평케 하는 자들을 특별히 복주시겠다고 말씀하셨다. 여기서 주님께서 하시는 말씀을 이해하기 위해서는, 평화에 대한 다섯 가지 진리, 다섯 가지 사실을 다루어야만 한다.

평화의 의미

어떤 사람들은 평화를 갈등이나 싸움이 없는 것이라고 정의한다.

공동묘지에는 아무런 갈등이나 싸움이 없다. 그러나 우리는 공동묘지에서 하나님의 평화의 모델을 찾지는 않는다. 하나님께서 보실 때, 평화는 무엇인가의 부재를 훨씬 넘어서는 것이다. 평화는 바른 관계를 낳는 의의 현존(실재)이다. 평화는 그저 전쟁을 그치는 것이 아니다. 평화는 원수를 사랑으로 하나되게 하는 의를 낳는 것이다.

유대인이 다른 유대인에게 '샬롬'이라고 할 때, 이것은 '전쟁이 없으시길'이란 뜻이 아니라, '하나님께서 주실 수 있는 모든 의와 선을 가지시길'이라는 뜻이다.

휴전과 평화는 크게 다르다. 휴전은 잠시 전투를 중단하는 것일 뿐이다. 평화는 진리가 알려지고, 문제가 해결되며, 양쪽이 서로를 포용할 때 찾아온다. 중단된 전쟁은 언제 다시 터질지 모른다. 평화에 대한 이런 식의 접근은 오히려 사태를 훨씬 악화시킬 수 있다.

성경의 평화는 결코 문제를 회피하지 않는다. 성경의 평화는 어떤 희생을 치르더라도 얻어내는 그런 평화가 아니다. 성경의 평화는 허울뿐인 평화가 아니다. 성경의 평화는 문제를 정복한다. 이것은 다리를 놓는다. 성경의 평화는 때로는 분투를, 때로는 아픔을, 때로는 고뇌를 의미한다. 그러나 결국에는 참된 평화가 찾아온다. 성경적 평화는 참된 평화이다.

야고보는 "오직 위로부터 난 지혜는 첫째 성결하고 다음에 화평하고"약 3:17라고 했다. 평화는 결코 의를 희생해서 얻어지는 것이 아니다. 두 사람이 자신의 죄와 실수 그리고 서로에 대한 증오와 잘못을 깨닫고 이것들을 하나님 앞에 내어놓고 바로잡지 않는다면, 화해할 수 없다. 그렇게 해야 청결함을 통해 평화가 찾아오기 때문이다.

히브리서 12:14은 "모든 사람과 더불어 화평함과 거룩함을 따르라 이것이 없이는 아무도 주를 보지 못하리라"고 말한다. 평화와 청결함을 분리할 수는 없다. 평화와 의를 떼어놓을 수도 없다시 85:10. 우리 모두는 가정에서나, 일터에서나, 어느 곳에서든 필요없는 다툼을 피하고 싶어한다. 그러나 진리를 희생해서까지 다툼을 피하려 한다면, 우리는 우리의 원칙들을 양보하게 되고 결국 전혀 평화를 얻지 못하게 된다—우리는 휴전, 정전, 냉전, 재장전을 위한 시간만을 갖게 된다.

주님께서는 마태복음 10:34에서 "내가 세상에 화평을 주러 온 줄로 생각하지 말라 화평이 아니요 검을 주러 왔노라"고 말씀하셨다. 이것은 팔복에서 지금 우리가 다루고 있는 부분과 전혀 반대되는 것으로 보인다. 그가 의미하시는 것은 그는 어떤 대가를 치러서라도 평화를 주러 오신 것이 아니라는 것이다. 그는 싸움이 있은 연후에야 평화가 있을 수 있다는 것을 아셨다.

나는 복음 선포를 할 때마다 이 점을 자주 말한다. 사람들이 여러분과 행복하게 지낼 수 있게 하려면 먼저 그들이 여러분에게 미치도록 화가 나게 만들어야 한다. 사람들을 보다 낫게 만들려면 먼저 그들을 망쳐놓아야 한다. 사람들을 기분 좋게 하려면 먼저 그들의 기분을 나쁘게 해야 한다. 세상에 참된 평화를 가져오는 것도 마찬가지이다. 먼저 칼이 떨어져야 그 칼에서 평화가 나올 수 있다. 왜냐하면 그것은 청결의 칼이며, 의의 칼이며, 거룩의 칼이기 때문이다. 유다서 3절은 이렇게 말하면서 이것을 지지한다. "사랑하는 자들아 우리가 일반으로 받은 구원에 관하여 내가 너희에게 편지하려는 생각이 간절하던 차에 성도에게 단번에 주신 믿음의 도를 위하여 힘써 싸우라는 편지로 너희를 권하여야 할 필요를 느꼈노니."

우리는 어떤 것들에 대해서는 싸워야 한다. 그래서 우리가 복음을 제시할 때 사람들은 성을 낸다. 복음은 사람들에게 유죄를 선고하며 따라서 다툼과 싸움을 낳는다. 그러나 예수 그리스도를 믿는 믿음으로 다툼이 해결될 때, 여기에 참된 평화가 있다. 우리는 교의와 확신을 포기해서는 안 되며, 진리가 누군가를 공격한다고 해서 진리를 밝히길 회피해서도 안 된다.

이와는 반대로, 우리는 진리를 제시해야 하며, 사람들이 참된 평화를 얻을 수 있도록 진리가 그들을 공격하게 해야 한다. 진리를 다룰 때, 여러분은 이간하는 자, 방해하는 자, 파괴하는 자가 될 것이다. 다른 방법은 없다.

우리는 모두 그리스도를 위해 살고 그를 증거하려고 노력한다. 또한 사람들이 하나님과 화평하고 이웃과 화평하며 마음의 평화를 얻도록 도와주면서 화평케 하는 자가 되려고 애쓴다. 이 경우 모든 사람들은 여러분에게 화를 낸다. 여러분이 전하는 메시지의 핵심은 죄를 해결하라는 것이기 때문이다. 그런데 사람들은 그런 소리를 듣길 좋아하지 않는다. 따라서 사람들은 평화로 가는 길에 장벽을 쌓는다.

우리는 이런 상황에서 휴전을 요청할 수도 있다. 그러나 이럴 경우 우리는 각 사람이 하나님과 화평하도록 돕는 것이 아니다. 성경이 말하는 화평케 하는 자는 어떤 풍파나 문제도 일으키고 싶어하지 않으며, 공의와 의에 대한 의식이 부족하고, 타협하고 상대를 달래는 조용하고 안이한 사람이 아니다. 사람들은 "정말 대단한 조정자(화평케 하는 자)야!"라고 말하지만, 이 말의 참뜻은 "신념도 없는 놈이야!"이다.

성경이 말하는 진짜 화평케 하는 자는 긁어 부스럼 만들지 말라는 태도를 취하지 않는다. 그는 현상 유지에 급급해 하지 않는다. 그는 이렇게 말하지 않는다. "그 사람이 잘못하고 있는 건 나도 알아. 하지만 괜히 긁어 부스럼 만들지 않는 게 좋겠어. 난 그저 평화를 지키고 싶어." 이것은 핑계일 뿐이다.

그러므로 평화의 의미는 하나님의 의에 초점을 맞추면서 진리로 다툼을 해결하는 것이다.

평화를 위협하는 것

평화를 가로막는 장애물에는 어떤 것들이 있는가? 평화의 의미가 의와 진리라면, 평화를 위협하는 것은 불의와 거짓이다. 예레미야 17:9은 "만물보다 거짓되고 심히 부패한 것은 마음이라"고 말한다. 악한 마음이 어떻게 드러나는가? 이사야 48:22은 "여호와께서 말씀하시되 악인에게는 평강이 없다 하셨느니라"고 말한다. 예레미야는 인간의 마음은 거짓되다고 말하며, 이사야는 그 때문에 인간에게는 평강(평화)이 없다고 말한다.

그렇다면 우리가 반드시 맞서야 할 것은 내적으로 부패한 인간, 그

속에서 악이 나오는 인간이다. 이런 마음에서는 결코 평화가 나올 수 없다. 평화는 거룩과 의의 결과이기 때문이다. 야고보서 3:18이 "화평하게 하는 자들은 화평으로 심어 의의 열매를 거두느니라"고 말하는 것도 바로 이 때문이다. 화평케 하는 자들은 의의 씨를 뿌린다.

두 사람이 싸우고 있다면, 그것은 죄 때문이다. 죄를 제거하면 싸움도 끝난다. 세상에서 참으로 화평케 하는 자들은 인간을 의로 그리고 하나님의 기준으로 이끌어내는 사람들뿐이다. 세상의 모든 외교관, 정치인, 대사, 대통령, 왕도 결코 평화를 가져올 수 없다. 팔복의 처음 여섯 복을 따르지 않는다면, 우리는 화평케 하는 자가 될 수 없다.

우리는 우리의 죄악에 대해 거지와 같은 태도로 시작한다3절. 구석 어두운 곳에 쪼그리고 앉아 하나님께 손을 내민다. 우리의 힘으로는 아무 것도 이룰 수 없다는 것을 알기 때문이다. 그런 다음 울고 애통하며4절, 우리의 죄악으로 마음은 쓰리고 아프다. 주권적이며 거룩하신 하나님 앞에 선 우리 자신을 발견한다. 그리고 애통에서 온유함이 나온다5절. 우리는 의에 주리고 목마른 상태로 외치며6절, 하나님의 긍휼하심을 입는다7절.

8절은 마음이 청결해진다고 말한다. 그리고 오직 이 때에만 화평케 하는 자가 될 수 있다9절. 우리가 화평케 하는 자가 될 때, 세상은 이 사실을 받아들이지 않을 것이다. 그래서 10절은 "의를 위하여 박해를 받은 자는 복이 있나니"라고 말한다. 왜 그런가? 사람들은 하나님께서 주시는 평화에 대해 즉시 듣고 싶어하지 않기 때문이다. 이 속에는 너무나 많은 진리가 있다.

여러분의 생활에 의와 청결함과 거룩함이 있는가? 그렇다면 여러분은 평화를 누리게 될 것이다. 여러분의 결혼 생활이나 나라나 가정에 의와 청결함과 거룩함이 있는가? 그렇다면 거기에도 평화가 있을 것이다. 언제나 이런 식이기 때문이다. 여러분에게 의가 있다면, 여러분은 하나님과 화평하며, 인간과 화평하며, 여러분 자신과 화평하다.

하나님께서 정말 미천하고 별볼일 없는 사람들을 세상의 화평케 하는 자로 사용하시는 모습은 얼마나 놀라운지 모른다. 하나님께서는 상을 받아보지도, 신문지상에 이름이 올라보지도 못한 사람들을 높이신다. 우리는 각 사람의 마음에 의를 심어야 한다. 그가 처음으로 평화를 알 수 있게 말이다. 우리는 서로의 관계에 의를 심어야 한다. 양쪽이 평화를 알 수 있도록 말이다. 우리는 복음을 전해야 한다. 인간들이 하나님과의 평화를 알 수 있도록 말이다.

예수께서는 가장 훌륭한 '화평케 하는 자'이셨다. 그렇다고 그가 싸움을 피하셨는가? 거의 그렇지 않으셨다. 사람들은 그를 죽였다. 그러나 그가 싸우신 것은 마지막에는 평화가 이루어질 것을 아셨기 때문이었다. 인간은 이 상담자 저 상담자를 찾으며, 물질을 쌓고 또 쌓으며, 계약서를 쓰고 또 쓰며, 이 종교에서 저 종교로 옮겨 다니며 세상을 온통 다 뒤지고 다닐 수는 있지만, 결코 평화를 찾을 수는 없다. 왜 그런가? 평화를 인간적인 동기나 환경에서 찾아서는 안 되기 때문이다.

이 세상은 평화를 만드는 사람이 아니라, 평화를 깨는 사람을 높일 때가 많다. 무슨 말인지 아는가? 우리는 링 위에서 서로를 흠씬 패주는 두 사람을 구경하기 위해 돈을 낸다. 세상의 나라들은 언제나 전사들에게 최고 훈장을 수여해 왔다. 우리는 힘있는 남성에게 머리를 숙인다. 힘있는 남성, 고집 센 사람, 거친 사람, 야성미 넘치는 사람, 자신 만만한 사람, 이들이 영웅이다. 여걸들은 권리를 위한 싸움을 주도하며 요구하는 여성들, 싸움과 대결을 부추기며 전통에 맞서는 여성들이다.

우리 사회는 자신의 권리를 위해 싸우며 자신을 높이는 사람들로 가득 차 있다. 심리학자들과 정신과 의사들 그리고 행동과학자들은 이렇게 말한다. "여러분 자신을 위해 취할 수 있는 모든 것을 취하라. 어느 누구도 여러분의 것을 빼앗지 못하게 하라." 그리스도인들이 복음의 평화를 이 사회에 심으려 할 때 저항을 받는 것은 전혀 놀랄 일이 아니다.

유대인들이 예수 그리스도를 좋아하지 않았던 것도 놀랄 일이 아니다. 이들은 투사를 원했다, 예수께서 "화평하게 하는 자는 복이 있나니"라고 말씀하셨을 때, 당시 사람들은 분명히 눈이 휘둥그래졌을 것이다. 현대인들도 그리스도인들을 겁쟁이요 나약한 자라고 생각하며 무시할 것이다. 그리스도인들이 담대하게 진정으로 그리스도를 전하면, 사람들은 이들과 싸울 것이다.

그리스도인인 우리에게 원수들이 있다고 기분 나빠할 것은 없다. 그 원수들이 정상적인 원수들이라면 말이다. 예수 그리스도는 평강의 왕이셨지만 싸움을 하셨다눅 23:5를 보라. 인간과 하나님을 화해시키는 메시지, '평화의 복음'을 전하던 사도 바울이 가는 거의 모든 곳에서 소요가 일어났다!

우리는 기꺼이 싸워야 한다. 그리스도께서 하셨듯이 맞고, 우리의 십자가를 지고, 자기를 부인하며, 대가를 지불하고, 우리가 옳다고 알고 있는 것을 담대하게 옳다고 주장해야 한다. 거친 상황을 회피하고 돌아선다면, 우리는 화평케 하는 자가 될 수 없다.

내가 어떤 사람이 죄 가운데서 살고 있는 모습을 보고 있다고 하자. 예수께서 내게 원하시듯이 내가 정말 화평케 하는 자라면, 그 사람에게 다가가서 이렇게 말해야 한다. "여러분은 거룩하신 하나님을 공격하고 있습니다. 지금 여러분의 삶을 통해, 여러분은 하나님과 전쟁을 하고 있습니다. 저는 여러분과 하나님을 화해시키고 싶습니다. 그래서 여러분의 죄를 지적하며 예수 그리스도의 복음을 여러분에게 전하는 것입니다."

이것이 담대함이다. 두 그리스도인이 싸우고 있는 모습을 본다면, 문제를 회피하는 것은 옳지 않다. 진정 화평케 하는 자라면 "두 사람은 이 문제를 서로 간에 바르게 해결해야 합니다."라고 말할 것이다. 화평케 하는 자로 사는 것은 문제를 회피하는 것이 아니다. 곧바로 문제에 뛰어들어 바른 해결책을 찾아내는 것이다.

평화의 조성자

평화의 조성자는 누구인가? 바울은 고린도전서 14:33에서 직접적으로 말했다. "하나님은 무질서의 하나님이 아니시요 오직 화평의 하나님이시니라." 하나님은 평화의 창시자이며, 조성자이며, 근원이시다.

하나님 없이는 평화도 없다. 신약에는 하나님이 평화의 하나님이라는 진술로 가득 차 있다. 바울은 로마서 15:33에서 "평강의 하나님께서 너희 모든 사람과 함께 계실지어다"라고 했다. 그리고 데살로니가후서 3:16에서는 그리스도를 가리켜 '평강의 주'라고 했다. 히브리서 기자는 '평강의 하나님' 히 13:20에 대해 썼다.

창세기 3장의 타락 이후, 인간은 하나님의 선물로 받지 않는 한 평화를 전혀 몰랐다. 하나님 자신은 완전한 평화이시다. 삼위일체는 완전한 하나이시다. 에베소서 2:14은 "그(그리스도)는 우리의 화평이신지라"고 말한다.

이혼 법정에서 티격태격 다투고 있는 한 부부의 이야기를 읽은 적이 있다. 그 때 네 살 난 아들이 눈물을 글썽이며 그 싸움을 지켜보고 있었다. 그 아이는 아버지의 손을 잡아끌었다. 그런 다음 어머니의 손을 잡아끌어 둘이 손을 잡게 했다. 그가 화평케 하는 자가 된 것이다.

어떤 의미에서, 이것이 그리스도께서 우리를 위해 하신 일이다. 그는 인간이 하나님의 손을 잡을 수 있게 해주는 의를 주셨다. 골로새서 1:20은 그리스도께서 "그의 십자가의 피로 화평을 이루사 만물 곧 땅에 있는 것들이나 하늘에 있는 것들이 그로 말미암아 자기와 화목하게 되기를 기뻐하심이라"고 말한다. 십자가에는 아무런 평화도 없었지만 십자가는 평화를 낳았다. 십자가는 혼돈의 장면이었다. 그러나 십자가는 유일하게 참된 평화를 낳는 의를 주었다.

그러므로 하나님은 평화의 근원이시며, 예수님은 평화의 현현이시며, 성령은 평화의 대리자이시다. 갈라디아서 5:22은 "오직 성령의 열매는 사랑과 희락과 화평……"이라고 말한다.

하나님께서는 싸움을 원치 않으신다. 사람들은 말한다. "우리의 하나님은 도대체 어떻게 된 하나님이십니까? 온갖 전쟁들 좀 보십시오!" 하나님은 그러한 전쟁들을 원하지 않으신다. 그렇다면 왜 그 많은 전쟁들을 멈추지 않으시는가? 그가 그 전쟁들을 시작하지 않으셨다. 그것들은 하나님의 전쟁이 아니다. 예레미야 29:11에서 선지자는 "여호와의 말씀이니라 너희를 향한 나의 생각을 내가 아나니 평안이요 재앙이 아니니라"고 썼다.

예수께서는 "이것을 너희에게 이르는 것은 너희로 내 안에서 평안을 누리게 하려 함이라 세상에서는 너희가 환난을 당하나 담대하라 내가 세상을 이기었노라"요 16:33고 하셨다. 우리 그리스도인들은 주님 안에 거할 수 있으며, 평화는 거기에 있다. 세상에 아무리 많은 근심과 소란이 있더라도, 평강의 왕을 아는 사람, 평강의 하나님이 주시는 평강의 성령이 그 속에 내주하시는 사람의 영혼에는 평화의 안식, 폭풍우 속의 안식이 있다.

평화의 사자들

우리는 평화의 사자들이다. 고린도전서 7:15은 "하나님은 화평 중에서 너희를 부르셨느니라"고 말한다. 고린도후서 5:18-20은 우리에게 이렇게 말한다.

모든 것이 하나님께로서 났으며 그가 그리스도로 말미암아 우리를 자기와 화목하게 하시고 또 우리에게 화목하게 하는 직분을 주셨으니 곧 하나님께서 그리스도 안에 계시사 세상을 자기와 화목하게 하시며 그들의 죄를 그들에게 돌리지 아니하시고 화목하게 하는 말씀을 우리에게 부탁하셨느니라 그러므로 우리가 그리스도를 대신하여 사신이 되어 하나님이 우리를 통하여 너희를 권면하시는 것같이 그리스도를 대신하여 간청하노니 너희는 하나님과 화목하라.

우리는 진정한 의미에서 하나님의 평화군이다. 다른 많은 성경 구절이 여기에 대해 말한다. 예를 들면, 골로새서 3:15은 "그리스도의 평강이 너희 마음을 주장하게 하라"고 말하며, 빌립보서 4:7은 "하나님의 평강이 그리스도 예수 안에서 너희 마음과 생각을 지키시리라"고 말한다.

여러분은 "화평케 하는 자로서 무엇을 해야 합니까?"라고 물을지 모른다. 다음 3가지를 하라.

첫째, 하나님과 화평하라. 평화의 복음을 받아들이라. 바울이 에베소서 6:15에서 말했듯이 "평안의 복음의 예비한 것으로 신을" 신으라. 우리가 하나님을 대적하여 싸웠던 때가 있었다. 그러나 예수 그리스도의 의가 우리에게 전가되었을 때, 우리는 하나님과 화평하게 되었다. 싸움은 끝났다.

우리는 평화를 유지해야만 한다. 우리의 삶에 죄가 있을 때마다, 평화는 침략당하고 하나님과 자유롭게 교제할 수 없다. 우리는 죄를 재빨리 고백해야 한다. 그래야 우리와 하나님 사이에 다시 평화가 찾아온다.

둘째, 다른 사람들이 하나님과 화평하도록 도우라. 화평케 하는 일이 갖는 가장 멋지고 훌륭한 점은 무엇일까? 그것은 우리가 하나님과 전쟁 중에 있는 사람을 찾아가 그 사람과 하나님 사이에 화평이 이루어지게 할 수 있다는 것이다. 그 사람이 예수 그리스도께 나와 하나님과 화평을 이루는 순간, 그는 우리와 화평하게 될 것이다. 그는 하나님의 친구요 우리의 형제가 된다.

복음 전파는 화평케 하는 일이다. 화평케 하는 자가 되는 최선의 방법은 평화의 복음을 전하여 하나님과 그리스도의 몸으로부터 이탈된 인간을 회복시켜 행복할 수 있게 하는 것이다. 로마서 10:15의 "아름답도다 좋은 소식을 전하는 자들의 발이여"라는 말씀은 전혀 놀라운 것이 아니다. 진정으로 화평케 하는 자가 되길 원하는가? 그렇다면 누군가에게 예수 그리스도에 대해 말하라.

스스로 의롭다 하고 잘난 체하는 바리새인들은 자신들에게는 로마와 싸우고, 자신들의 신학을 나불거리고, 사람들을 짓누를 권리가 얼마든지 있다고 생각했다. 이들은 어디를 가나 소란을 일으켰다. 이들은 사람들을 무시하고 사회를 여러 도당이나 파벌로 나누어버렸다. 예수께서는 이런 사람들에게 말씀하셨다. "너희들이 다 망쳐 놓았구나. 하나님께서 원하시는 것은 영적 엘리트가 아니라 자신에게는 내놓을 것이 아무 것도 없다는 것을 알고 평화를 구하는 가난하고 마치

거지 같은 죄인이다."

셋째, 사람들끼리 화평하게 하라. 그들이 서로 손잡게 하라. 이것이 항상 쉬운 일은 아니다. 그러나 화평케 하는 자는 사람들 사이에 다리를 놓을 수 있다. 예수께서는 "그러므로 예물을 제단에 드리려다가 거기서 네 형제에게 원망 들을 만한 일이 있는 것이 생각나거든(당신이 원망할 만한 일이 아니라, 원망 들을 만한 일이다!) 예물을 제단 앞에 두고 먼저 가서 형제와 화목하고 그 후에 와서 예물을 드리라"마 5:23-24고 말씀하셨다.

하나님께서는 사람들이 누군가에게 잘못한 것이 있음을 알고도 교회에 와서 예배하는 걸 원치 않으신다. 마태복음 5장 뒤쪽에서 예수께서는 원수까지도 사랑해야 하고, 저주하는 자들을 축복해야 하며, 우리를 미워하는 자들에게 선을 베풀어야 하고, 악심을 품고 우리를 이용하고 박해하는 자들을 위해 기도해야 한다고 말씀하셨다. 왜 그런가? 그렇게 할 때 우리가 '아버지의 아들'마 5:45이라는 것이 증명될 것이기 때문이다.

심지어 원수들과도 화평할 때, 우리가 하나님의 아들이라는 것이 드러날 것이다. 팔복에서 화평케 하는 자가 행복하다고 말한다. 왜 그런가? "그들이 하나님의 아들이라 일컬음을 받을 것임이요"가 그 이유이다. 때로는 엄청난 대가를 치러야 하고, 때로는 불가능하기까지 하다. 사도 바울이 "할 수 있거든 너희로서는 모든 사람과 더불어 화목하라"롬 12:18고 말한 것도 바로 이 때문이다.

때때로 사람들은 협력하지 않는다. 그렇다고 우리가 노력하지 않아도 되는 것은 아니다. 예수께서는 마가복음 9:50에서 "서로 화목하라"고 말씀하셨다. 이것은 여러분과 배우자 사이에도 해당되는 말씀이 아닌가? 하나님을 섬기는 데 문제가 있는가? 그렇다면 여러분은 가정에서 아내나 남편과의 관계를 바로잡아야 할 필요가 있을지 모른다. 그렇게 하지 않는다면 어떻게 될까? 베드로전서 3:7에 따르면, 여러분의 기도는 방해받게 될 것이다. 그저 "괜찮아요. 거기에 대해서는 더 이상 이야기하지 맙시다. 특히 교회 갈 때는 말이에요. 오늘 아침에는 예배드리러 가야 하잖아요!"라고 말하는 것이 아니라, 진정한 평화가 있어야 한다. 이것은 평화가 아니다. 이것은 냉전이다. 여러분은 이러한 문제를 풀어야 한다.

화평케 하는 자가 되라. 여기에는 희생이 따를지 모른다. 얼마간 고난을 당해야 할지 모른다. 하지만 이것이 화평케 하는 자가 해야 할 일이다. 이것이 예수께서 하신 일이다. 그는 우리의 모범이시다.

우리는 화평케 하는 자가 되기 위해 의식적으로 노력해야 한다. 나는 서로의 신학적 견해가 다른 상황에서도 그렇게 하려고 노력한다. 그 사람을 만날 때마다 "이번에는 하고 싶은 이야기가 더 많습니다!"라고 말하지 않는다. 나는 내 견해를 쉬지 않고 말하면서 "형제님, 주님께서는 내게 말씀하시기를, 당신이 내 말을 귀담아 들어야 한다고 하셨습니다."라고 이야기하지 않는다. 절대 그렇게 하지 않는다. 나는 언제나 일치점, 평화의 점을 찾으려고 노력한다. 일단 평화를 세우면 그 위에 집을 지을 수 있기 때문이다.

화평케 하는 자의 상

화평케 하는 자의 상급이 궁금할 것이다. 무슨 일이 일어날까? 팔복의 이 부분에 따르면, 여러분은 하나님의 아들이라 일컬음을 받을 것이다. 나는 더 나은 일컬음을 생각할 수 없는데 여러분은 어떠한가?

난 내가 맥아더 집안의 일원인 것이 기쁘다. 맥아더 집안은 훌륭하고 전통 있는 스코틀랜드 가문이다. 맥아더란 이름의 훌륭한 장군도 있었고 백만장자도 있었다(그렇다고 내게 땡전 한푼 돌아온 게 없지만 말이다!). 나는 내 아버지의 아들인 것이 기쁘며, 하나님의 훌륭한 사람의 손자인 것이 기쁘다. 그러나 이것은 아무 것도 아니다. 하나님의 아들인 것과 비교하면 아무 것도 아니라는 뜻이다.

화평케 하는 자의 상은 하나님의 아들이 되는 것이다. 여기에 사용된 헬라어는 단순히 아이들을 뜻하는 '테크나'tekna가 아니라, 아들들을 뜻하는 '휘오스'huios이다. '테크나'는 부드러운 애정을 말한다. '휘오스'는 존엄과 영예와 신분을 말한다. 그러므로 그리스도께서는 단순히 우리가 받을 애정을 말씀하시는 것이 아니다. 그는 하나님의 아들의 존엄과 영예를 말씀하셨던 것이다!

아버지로서 나는 아이들을 집보다 더 사랑한다. 하나님의 집은 우주이며, 하나님께서는 우주보다 나를 더 사랑하신다. 나는 아이들을 내 부동산보다 더 사랑한다. 야곱은 베냐민을 그가 가진 모든 것보다 소중히 여겼다. 창세기 44:30은 야곱의 생명이 베냐민의 생명과 완전히 결탁(결합)되었다고 말한다.

하나님의 경우도 마찬가지이다. 하나님의 큰 사랑은 우리(여러분과 나)와 완전히 결탁되어 있다.

우리는 그의 아들이다. 성경은 우리가 그의 눈의 사과(apple, 눈동자라는 뜻)라고 말한다. 우리는 즉시 작고 윤이 나는 사과를 떠올린다. 그러나 히브리어에서 '눈의 사과'가 의미하는 것은 신체의 가장 귀중한 부분인 눈동자이다. 이곳은 가장 부드러운 부분, 가장 섬세한 부분이다. 우리는 이 부분을 보호한다. 무엇이든 눈동자에 들어올 때는, 얼른 눈을 감아 눈을 보호한다.

하나님께서도 그의 자녀들에 대해 이렇게 느끼신다. 여러분이 그의 자녀 중 하나를 건드렸다면 하나님의 눈동자를 손가락으로 찌른 것이다. 하나님께서는 말라기 3:17에서 우리가 그의 보석(jewels, 한글 개역은 '특별한 소유')이라고 말한다. 이사야 56:5은 하나님께서 우리에게 영원한 이름을 주실 것이라고 말한다. 시편 56:8은 하나님께서 우리의 눈물을 그의 병에 담으신다고 말한다. 거짓말 같지 않은가? 히브리인들의 옛 관습에는 어떤 일로 울 때 그 눈물을 보관함으로써 자신이 얼마나 슬픈지 알렸다고 한다. 하나님께서는 우리가 겪은 슬픔을 아시려고 우리의 눈물을 그의 병에 담으신다.

우리가 죽을 때, 이 진리는 가장 놀라운 것이 된다. 시편 116:15은 "그의 경건한 자들의 죽음은 여호와께서 보시기에 귀중한 것이로다"라고 말한다. 우리는 정말 하나님께 중요한 존재이다. 우리는 그의 아들이다. 그가 우리를 왕자로, 왕으로, 제사장으로, 상속인으로 삼으신다. 시편 16:3에서, 하나님께서는 우리를 '존귀한 자'라고 부르신다.

디모데후서 2:21에서는 '귀히 쓰는 그릇'이라고 말한다. 요한계시록 3:21은 우리가 하나님과 함께 그의 보좌에 앉을 것이라고 말한다! 아이들이 아버지의 무릎에 뛰어오르듯이 말이다.

하나님의 아들이라는 것이 무슨 뜻인지 생각해 본 적이 있는가? 하나님께는 여러분을 향한 개인적이고 영원한 사랑이 있다. 하나님께서는 여러분의 연약함과 죄를 참으신다. 하나님께서는 여러분의 불완전한 섬김을 받으신다. 하나님께서는 여러분의 모든 필요를 공급하시며, 여러분을 모든 위험에서 보호하시고, 여러분에게 그의 영원한 진리를 계시해 주신다. 하나님은 여러분을 용서하시며, 여러분의 모든 죄를 계속 용서하신다.

하나님께서는 여러분을 그가 가지신 모든 것의 상속자로 삼으신다. 하나님께서는 여러분을 위해 무엇이든 하신다. 하나님께서는 여러분을 영원한 멸망에서 지키신다. 그리고 그는 여러분에게 천국을 주신다.

누가 하나님의 이러한 아들인가? - 화평케 하는 자이다.

10
의를 위하여 박해를 받은 자는 복이 있나니(Ⅰ)

마태복음 5:10-12

"의를 위하여 박해를 받은 자는 복이 있나니 천국이 그들의 것임이라 나로 말미암아 너희를 욕하고 박해하고 거짓으로 너희를 거슬러 모든 악한 말을 할 때에는 너희에게 복이 있나니 기뻐하고 즐거워하라 하늘에서 너희의 상이 큼이라 너희 전에 있던 선지자들도 이같이 박해하였느니라."

팔복의 말씀대로 사는 신자는 화평케 하는 자가 되는 동시에 박해를 받게 된다는 말씀은 나를 의아하게 만든다. 이것은 예수 그리스도께서 자신을 가리켜 하신 말씀이기도 하다. 예수께서는 자신이 평강의 왕으로 오셨다고 하셨지만, 또한 "화평이 아니요 검을 주러 왔노라"마 10:34고도 말씀하셨다.

팔복을 공부하고 하나님 나라 백성이 갖는 성품들을 깨닫고 나면,

자신이 자격 없는 자라고 느끼기 쉽다. 그렇지 않은가? 팔복의 말씀대로 사는 인간은 마치 스테인드 글라스에 새겨진 인물처럼 너무 선해서 실재할 수 없을 것 같다. 그렇다. 그 누구도 일상 생활에서 이런 삶을 살 수 없다. 그 누구도 놀라운 이 성품들을 모두 성취할 수는 없다!

그렇다면 하나님께서는 여기서 나무와 돌과 유리 성자들을 말씀하고 계시는가? 그렇지 않다고 생각한다. 예수께서 산상설교의 서문(팔복)에서 제시하시는 것은 신자의 초상, 참된 그리스도인의 모습 그 이하는 절대 아니라고 믿는다. 물론 이것은 이상理想이다. 하나님께서는 인간이 죄인이라고 해서 결코 그의 기준을 낮추지는 않으신다. 하나님께서는 개개인에게 그리스도를 주실 뿐이며, 이것은 그 사람이 그리스도를 통해 하나님의 기준에 적합할 수 있게 하기 위함이다.

앞에서 보았듯이, 팔복의 원리들을 지키며 사는 사람들이 참으로 행복하며, 참으로 복되며, 지복至福을 아는 사람들이다. 우리 가운데 참으로 중생한 사람은 누구든지 분명히 이런 태도들로 예수 그리스도께 나아왔을 것이다. 그 태도들이 아무리 단순하고 미숙한 상태였다고 하더라도 말이다. 이런 태도들이 우리의 삶 속에서 어느 정도는 틀림없이 나타났을 것이다. 그러므로 우리는 매일의 생활에서 이런 태도들을 더 많이 보여야 한다. 마침내 그 나라 백성의 성품을 온전히 지닐 때까지 말이다.

우리는 이러한 성품들을 최소한으로밖에 성취하지 못하고 있을 것이다. 그러나 우리는 원래 상한 심령으로, 죄를 애통하며, 거룩하신 하나님 앞에 겸손히 자신을 낮추고, 의에 주리고 목마르며, 긍휼과 마음의 청결을 구하며, 하나님과 화평하길 갈망하는 모습으로 나와야 했다. 아무리 적다 하더라도 이러한 모습들이 여러분에게 있는가? 그렇다면 하나님 나라에 들어와 있는 것이다.

이제 이러한 성품들은 그저 최소한에 그치지 않고 여러분의 삶에서 지배적인 특징이 될 때까지 계속 꽃피우고 발전해야 한다.

여덟째 복 : 일곱 가지 복의 결과

이런 일이 일어날 때, 여덟째 복은 언제나 실재가 될 것이다. "의를 위하여 박해를 받은 자는 복이 있나니 천국이 그들의 것임이라." 하나님께서 원하시는 대로 살기 시작할 때, 우리는 고통과 고난을 당한다. 우리는 화평케 하는 자가 된다. 그러나 동시에 분쟁케 하는 자도 된다.

야고보 사도의 말을 생각해 보라. "내 형제들아 너희가 여러 가지 시험을 당하거든 온전히 기쁘게 여기라 이는 너희 믿음의 시련이 인내를 만들어 내는 줄 너희가 앎이라 인내를 온전히 이루라 이는 너희로 온전하고 구비하여 조금도 부족함이 없게 하려 함이라"약 1:2-4. 그리고 베드로는 이렇게 썼다. "모든 은혜의 하나님 곧 그리스도 안에서 너희를 부르사 자기의 영원한 영광에 들어가게 하신 이가 잠깐 고난을 당한 너희를 친히 온전하게 하시며 굳건하게 하시며 강하게 하시며 터를 견고하게 하시리라"벧전 5:10.

팔복의 모든 덕목은 악한 세상이 참아낼 수 없는 것이다. 세상은 심령이 가난한 자를 대우하지 않는다. 왜냐하면 세상은 교만과 자기 자랑과 자기 과시 속에 살고 있기 때문이다. 세상은 죄를 애통하는 자를 참아낼 수 없다. 세상은 죄를 아예 무시하고 세상이 더할 나위 없이 좋다고 스스로에게 확신시키고 싶어한다. 세상은 온유함을 참아낼 수 없다. 세상은 교만을 받들기 때문이다. 세상은 자신이 아무 것도 아님을 알고 노력으로 얻을 수 없는 것을 구하는 사람을 참아낼 수 없다. 세상은 긍휼에 대해, 청결함에 대해, 화평케 하는 것에 대해 거의 모른다. 이러한 성품들은 세상의 체계와는 정반대된다.

『코스모폴리탄』이라는 잡지에서 사람들이 실제로 얼마나 행복한가에 대해 조사한 적이 있었다. 조사 결과 다른 사람들과 함께 즐겁게 지내지만 자기 희생적이지는 않은 사람이 정말 행복한 사람으로 나타났다. 이들은 어떤 부정적인 느낌이나 감정에도 관여하길 거부한다. 이들은 교만에 기초한 성취감에 젖어 있다.

아주 재미있지 않은가? 내게는 바리새인에 대한 정의처럼 들린다. 이것은 행복한 사람에 대한 예수님의 정의와 분명히 반대된다. 예수께서는 참으로 행복한 사람은 거만한 사람이 아니라 자신에게는 아무런 자원도 없다는 것을 깨닫고 거지처럼 움츠리는 사람이라고 하셨다. 그는 교만한 사람이 아니라 온유한 사람이다. 그는 자신만만해 하는 사람이 아니라 자신의 죄에 대해 그리고 거룩한 하나님으로부터 분리되는 것에 대해 애통하는 사람이다. 그는 자신의 능력을 자신하는 사람이 아니라 자신의 무능력을 알고 온유함으로 손을 내미는 사람이다. 그는 긍휼히 여기는 사람이며, 설령 박해를 받더라도 화평케 하는 사람이다.

세상의 철학과 하나님의 진리의 차이점을 이보다 더 분명하게 보여 주는 것은 없다. 세상이 기독교에 흘러들 때는 언제나 갈등과 판단과 죄와 분노와 박해가 있다. 여러분은 팔복의 첫 일곱 원리에 따라 행동하는가? 그렇다면 불가피하게 의를 위해 박해를 받게 될 것이다.

여덟째 복의 뚜렷한 세 가지 특징 - 박해, 약속, 태도 - 을 10-11장에 걸쳐서 살펴보기로 하자. 10장에서는 박해에 초점을 맞추기로 하겠다.

적대감과 박해

"……자는 복이 있나니"라는 10절의 말씀은 일반적인 박해를 말하는 데 반해, "너희에게 복이 있나니"라는 11절의 말씀은 박해의 대상을 구체화한다. 내 생각에는 10절과 11절에서 약간은 다른 용어로 반복되기는 하지만, 이것은 모두 하나의 복(여덟째 복)을 말하는 것 같다. '박해받는' persecuted이란 말이 10절에서 사용되고 다시 11절에서 반복되지만 확대된다. 또한, 하나의 결과만 제시되는데 10절 마지막의 "천국이 그들의 것임이라"가 그것이다.

이같이 하나의 복(여덟째 복)만을 염두에 두었다면, 왜 '복이 있나니' blessed라는 말이 두 번 사용되었을까? 나는 하나님께서 고난받는 자들과 박해받는 자들을 배로 복 주신다고 믿는다. 그러면 누가 여기에 관련되어 있는가? 의를 위하여 박해를 받고 '나를 인하여' 욕을 먹는 자들이 누구인가? 본문은 누구라고 말하지 않지만 쉽게 짐작할 수 있다.

10절과 11절의 복이 있는 자들은 3-9절의 복이 있는 자들이다. 주인공은 바뀌지 않는다. 이들은 팔복에 따라 살아온 사람들, 하나님 나라 백성이다. 여러분은 처음 일곱 가지 복을 성취한 정도만큼 여덟째 복을 경험할 것이다.

바울은 디모데후서 3장에서 미래를 그렸지만, 이 그림은 우리에게 꼭 들어맞는 것이기도 하다. 그는 11절에서 "박해를 받음과 고난과 또한 안디옥과 이고니온과 루스드라에서 당한 일과 어떠한 박해를 받은 것을 네가 과연 보고 알았거니와 주께서 이 모든 것 가운데서 나를 건지셨느니라"고 했다. 바울은 자신이 하나님 나라의 삶을 사는 사람으로서, 예수 그리스도를 드러내는 사람으로서 박해를 받는다고 했다.

12절에서, 바울은 "무릇 그리스도 예수 안에서 경건하게 살고자 하는 자는 박해를 받으리라"고 덧붙였다. 이것은 그리스도의 성품을 따라 사는 사람은 누구나 고난을 당한다는 확실한 증거이다. 갈라디아서 4:29에서, 바울은 "그러나 그 때에 육체를 따라 난 자가 성령을 따라 난 자를 박해한 것같이 이제도 그러하도다"라고 간단하게 말했다. 아무 것도 변하지 않았다. 그 누구도 우리가 그리스도인이라는 사실을 모른다면, 우리는 아주 멋지고 편안하게 살 수 있다. 그러나 우리가 그리스도처럼 살기 시작할 때, 팔복의 성품을 드러내기 시작할 때, 예수 그리스도께서 당하신 욕을 당하기 시작할 때, 그의 고난에 참여하기 시작할 때, 이 세상에서 의롭게 살기 시작할 때, 우리는 육의 아들들이 언제나 성령으로 난 자들을 박해하리라는 것을 알고 있다.

사탄의 세상과 체계 속에서 그를 정면으로 대항하며 살 때, 우리의 메시지에 반응하지 않는 사람들로부터 불가피하게 적대감과 박해가 있을 것이다. 우리가 그리스도처럼 살 때, 그가 받으셨던 것과 똑같은 대접이 우리에게 주어진다. 예수 그리스도보다 사랑이 더 많거나 더 훌륭한 '화평케 하는 자'는 없었다. 어떤 사람들은 그 사랑에 반응했고, 어떤 사람들은 그의 평안에 들어가기까지 했다. 그러나 예수께서 가장 사랑이 많고, 관대하며, 은혜가 넘치고, 친절하며, 평화가 넘치는 분이셨다고 하더라도, 그는 가시는 곳마다 적대감을 불러일으키셨다.

왜 그런가? 그는 문제를 회피하지 않고 정면으로 맞서셨기 때문이다. 역사에서 의인들의 삶을 살펴보면 자신들의 경건 때문에 언제나 고난을 당했다는 사실을 아주 분명히 알 수 있다. 이런 일은 의로운 아벨이, 동생의 의를 참을 수 없었던 불경건한 형에게 살해되었을 때부터 시작되었다. 언제나 희생이 있었다.

청교도 저술가인 토머스 왓슨은 이러한 사실을 알고 있었다.

사람들이 아무리 온유하고, 긍휼히 여기며, 마음이 청결하다 하더라도 결코 그들의 경건이 그들의 고난을 막아주지는 않을 것이다. 그들은 하프를 내려놓고 십자가를 져야 한다. 천국길은 가시밭길이며 피로 물든 길이다. ……격언 조로 말하자면, 그리스도를 따르면 칼과 막대기를 볼 것이다. 여러분의 신앙고백에 십자가를 넣어라.[1]

---

1) Thomas Watson, *The Beatitudes*(Edinburgh:Banner of Truth, 1975), 259.

박해 : 구원의 증거

우리가 분명히 구원받았음을 가장 잘 보증해 주는 것 중 하나는 박해를 받는다는 사실이다. 빌립보서 1:29은 "그리스도를 위하여 너희에게 은혜를 주신 것은 다만 그를 믿을 뿐 아니라 또한 그를 위하여 고난도 받게 하려 하심이라"고 말한다. 빌립보서 1:28도 주목하라. "무슨 일에든지 대적하는 자들 때문에 두려워하지 아니하는 이 일을 듣고자 함이라 이것이 그들에게는 멸망의 증거요."

바꾸어 말하자면, 원수들이 우리를 대적하고, 복음을 미워하며, 우리 속에 계신 그리스도를 미워하고, 우리가 보여주는 하나님 나라의 삶에 화를 낸다면, 이것은 이들의 운명의 표시이다. 다시 말해 이들이 지옥을 향하고 있다는 증거이다. 그러나 우리에게 있어 이것은 구원의 분명한 증거이다. 구속받은 삶을 살고 경건치 못한 세상의 적대감을 사는 것은 우리가 참으로 구원받았다는 증거이다.

데살로니가전서 3:3에서, 사도 바울은 "아무도 이 여러 환난 중에 흔들리지 않게 하려 함이라"고 했다. 우리는 박해를 받더라도 염려하거나 두려워해서는 안 된다. 왜 그런가? 그 이유는 간단하다. "우리가 이것을 위하여 세움받은 줄을 너희가 친히 알리라." 이것은 하나님의 계획이다. 우리는 그리스도처럼 사랑과 미움을 받으며 존경과 저주를 받아야 한다. 바울은 4절에서 이렇게 덧붙였다. "우리가 너희와 함께 있을 때에 장차 받을 환난을 너희에게 미리 말하였는데 과연 그렇게 된 것을 너희가 아느니라."

바울은 이것이 그리스도인이 되는 한 부분이라고 말하고 있었다. 이것은 하나님이 정하신 것이었다. 여러분은 그리스도를 위해 고난받는 일이 여러분에게 주어졌다는 것을 알고 있다. 그리고 사람들이 여러분을 박해할 때, 이것은 그들의 영원한 멸망을 보여주는 분명한 증거임도 알고 있다.

살아가면서 아무런 박해도 받지 않는가? 그렇다면 우리가 그리스도인이라는 우리의 주장을 점검해 봐야 할 것이다. 내가 세상에서 격렬한 논쟁을 불러일으키고 있지 않다면, 파도를 일으키고 있지 않다면, 일종의 갈등을 일으키고 있지 않다면, 어딘가 심각한 잘못이 있을 것이다.

공적인 박해나 정부의 박해라는 측면에서 볼 때, 북미인들은 지금까지는 다소 관대한 시대를 살아왔다. 이제 이런 모습이 변해가고 있는 것 같다. 그러나 여러분이 세상 어디에 있든 구속받은 삶을 철저히 살고, 하나님 나라의 삶의 원리들을 따르며, 하나님 나라의 순종하는 아들로 살고, 그리스도의 의를 따라 살 때, 사탄은 상당한 불쾌감을 느낄 것이다. 언제나 말이다.

우리 그리스도인들은 이제 세상의 태도가 변했다고 생각한다. 그래서 자신들의 인기를 자랑스럽게 생각한다. 많은 경우, 그리스도인들은 유명하며, 그리스도인들은 받아들여지며, 그리스도인들은 두각을 나타내며 우리 사회의 한 부분을 형성한다. 전혀 아무런 문제나 충돌도 일으키지 않고 말이다. 그러나 문제는 세상이 변하지 않았다는 것이다. 문제는 우리가 의의 기준을 낮추었으며, 기독교가 무엇인가를 제

대로 보여줄 수 있을 만큼 의로운 삶을 살지도 못하면서 스스로 그리
스도인이라고 주장하는 사람들이 우리 가운데 있다는 것이다 — 만약
이들이 이처럼 의로운 삶을 산다면, 세상은 이들을 당장 토해내 버릴
것이다.

우리는 세상이 보다 관대해졌다고 생각한다. 그러나 사실은 우리가
세상이 참지 못할 삶을 살고 있지 않은 것이다. 우리는 인기를 원하며,
유명해지길 원하며, 받아들여지길 원한다. 그러나 우리가 하나님께서
요구하시는 의로운 삶을 산다면, 세상은 우리에게 분개하고 우리를
미워할 수밖에 없다. 그렇다고 우리 모두가 살아가면서 계속 박해당
하리라는 뜻은 아니다. 그리스도께서는 다만 세상이 우리 가운데 얼
마를 괴롭힐 것이라고 말씀하신다. 이 세상에 의롭게 사는 사람은 누
구나 언젠가는 십자가의 능욕을 알게 될 것이다. 어느 쪽이 더 힘든가?
화형을 당하는 것인가? 사람들이 여러분의 기독교 신앙을 몹시 싫어
하기 때문에 당연한 승진도 못하면서 평생 직장 생활을 해야 하는 것
인가? 예수 그리스도를 위해 살기 때문에 항상 주변 사람들로부터 따
돌림을 받는 것인가? 이웃 사람들의 악에 영합하지 않고 오히려 거기
에 맞서겠다고 말하기 때문에 그들로부터 냉대와 따돌림을 받는 것인
가?

물론 회피할 수도 있다. 평생 전혀 박해를 받지 않으면서 살 수도 있
다. 우선, 세상의 기준을 인정하라. 거기에 순응하라. 세상의 도덕과 윤
리를 받아들이라. 세상이 사는 것처럼 살라. 세상의 농담에 웃고, 세상
의 오락을 즐기며, 세상이 하나님을 조롱할 때 미소지으라. 세상이 하

나님의 이름을 망령되이 일컫도록 내버려두라. 사람들을 향해 그들이 죄인이라고 말하지 말라. 사람들을 향해 예수 그리스도가 없는 그들은 '잃은 자' the lost 라고 말하지 말라. 사람들을 향해 그들은 결국 사망에 이를 것이라고 말하지 말며, 무엇을 하든 지옥을 말하지 말라!

약속하건대, 그렇게 하면 결코 박해를 받지 않을 것이다. 그렇게 하기로 했는가? 그렇다면 여러분이 믿음 안에 있는지 점검해 보라. 여러분은 불순종 가운데 사는 그리스도인이거나 전혀 그리스도인이 아닐 것이다. 누가복음 9:26에서 예수께서 하신 말씀을 기억하라. "누구든지 나와 내 말을 부끄러워하면 인자도……그 사람을 부끄러워하리라." 이런 일은 일어날 수 있다. 누가복음 6:26에서 주님께서는 "모든 사람이 너희를 칭찬하면 화가 있도다"라고 말씀하셨다. 이 점을 잊지 말라. 모든 사람에게 인기가 있는가? 그렇다면 그들이 여러분에 대한 진리를 알지 못한다는 뜻이다. 여러분이 자신의 기독교 신앙을 감추었거나 전혀 그리스도인이 아니거나 둘 중 하나일 것이다.

예수께서 사역 초기에 팔복을 주실 때 이미 그를 미워하는 사람들이 있었다. 마가복음 3:6은 "바리새인들이 나가서 곧 헤롯당과 함께 어떻게 하여 예수를 죽일까 의논하니라"고 말한다. 예수께서는 아직 그의 나라의 원리들을 또렷이 말씀하지도 않으셨다. 그런데도 이미 그에 대한 미움이 일어나기 시작했다. 예수께서는 바리새인들과 무리 속의 평신도들에게 말씀하고 계셨다. "봐라, 처음부터 내가 너희에게 솔직히 말하는데, 내 나라에서 살기 위해서는 지불해야 할 값이 있다. 내 나라의 삶은 보좌와 영광과 면류관과 명성과 위세와 인정認定, 그리고 모든 사람으로부터 사랑과 높임을 받는 것이 아니다. 너희가 내 나라로 들어온다면 고난을 받을 것이다. 너희는 이것을 알아야 한다."

우리에게는 이런 설교와 가르침이 더 많이 필요하다. 우리는 사람들에게 하나님은 세상 방식과는 반대되는 삶을 살도록 우리를 부르셨으며, 거기에는 대가가 지불된다는 것을 말해줄 필요가 있다. 이것은 사람들이 하는 일에도 영향을 끼칠 것이다. 그들의 생활 방식에도 영향을 끼칠 것이다. 예수께서 산상설교를 하신 지 100년도 더 지났을 무렵, 한 사람이 터툴리안을 찾아와서 말했다. "저는 이미 그리스도 앞에 나왔지만 어떻게 해야 할지 모르겠습니다. 제가 생각하기에 제 직업은 옳지 않습니다. 하지만 저도 살아야 하잖아요."

이 말에 터툴리안은 이렇게 대답했다. "꼭 살아야겠습니까?" [2]

유일한 선택은, 반드시 죽어야 한다 하더라도, 예수 그리스도께 충성하는 것이다. 그리스도께 대한 충성이 초대 그리스도인들의 사회 생활을 어떻게 바꾸어 놓았는지 생각해 보라. 온갖 신들의 신전에서 축제가 벌어졌다. 이런 축제들은 커다란 사회 행사였다. 거기에는 음악과 춤과 오락과 희생 제물들이 있었다. 신에게 바칠 희생 제물을 가져온 사람들은 고기를 조금도 낭비하고 싶지 않았다. 그러자 우스꽝스러운 일이 벌어졌다. 사람들은 불 위에 그저 제물을 흔들어 털만 태웠다. 그런 다음 일부는 제사장에게 떼어주고 나머지는 친구들과의 요란한 파티를 위해 남겨두었다.

---

[2] William Barclay, *The Gospel of Matthew*(Philadelphia:Westminster, 1956), 1:106-7에서 인용.

그런데 그리스도인이 되자 이들은 어떻게 해야 할지 몰랐다. 친구들과는 어떻게 해야 하는가? 우상에게 드려진 고기를 먹어도 되는가? 이교도 신전에 가서 오락을 즐겨도 되는가? 그렇지 않으면 이것들로부터의 분리에 대한 값(희생)을 치러야 하는가? 우리는 지금도 비슷한 선택들을 하고 있다.

유대인은 회당에서 쫓겨나고, 심지어 자신이 아는 모든 것을 빼앗긴 채 가정에서 내몰릴 수도 있었다.

하나님 나라의 삶을 살려면, 어떤 무리들 속에서는 매우 외로움을 느끼게 된다는 것을 각오하지 않으면 안 된다. 우리에게 서로가 그토록 필요한 것도 바로 이 때문이다.

초대 교회의 박해

초대 교회 시대에도 그리스도인들은 박해를 받아야 했다. 어떤 이들은 사자에게 던져졌다. 어떤 이들은 화형을 당했다. 네로는 몸에 수지樹脂를 바른 그리스도인들에게 불을 붙여 놓고 그 불빛 아래서 가든파티를 즐겼다. 그는 그리스도인들에게 동물 가죽을 씌워 놓고 사냥개가 갈기갈기 찢게 했다.

그리스도인들은 사지가 찢기는 고문을 당했다. 이들에게는 펄펄 끓는 납 물이 부어졌다. 가장 부드러운 신체 부위들이 달군 쇠로 지져졌다. 두 눈이 뽑혔다. 신체 일부가 잘린 다음 그들이 보는 앞에서 불에 태워졌다. 손과 발이 불에 태워졌으며, 그러는 동안에도 고통을 늘리려고 차가운 물이 부어졌다.

로마인들은 '내 살을 먹고 내 피를 마시라.'는 예수님의 말씀에 근거해서 그리스도인들이 식인종이라는 비방까지 서슴지 않았다. 그리스도인들이 성찬식을 행하면서 실제로 서로를 먹는다고 했다. 그리스도인들의 사랑의 향연은 정욕의 주연酒宴이라고 했다. 평안의 입맞춤을 부정한 짓이라고까지 했다.

로마인들은 그리스도인들이 로마에 불을 질렀다고 중상했으며, 그들을 혁명가들이라고까지 불렀다. 그리스도인들은 하나님께서 마침내 세상을 불로 멸하실 것이라고 항상 말했기 때문에벧후 3:10의 메시지를 되뇌면서, 화제가 일어났을 때 화살을 이들에게 겨누기가 쉬웠다.

초대 교회 그리스도인들에게서 박해에 대해 배울 것이 많다. 그리스도 시대에 로마 제국은 영국 제도에서부터 유브라데강에 이르기까지 전 지역으로 확대되었다. 로마는 독일 북쪽 끝에서부터 북부 아프리카에 이르는 전 지역을 차지했다. 참으로 거대한 제국이었다— 당시에 알려진 전세계가 로마의 영토가 되었다. 로마인들은 어떻게 제국을 하나 되게 할 것인가를 놓고 크게 고심했다. 이들은 전 로마 제국의 화신이 한 사람 있다는 것을 깨달았다. 그는 로마 황제 시저였다.

그래서 시저를 신으로 만들기로 했다. 로마인들은 모든 사람이 시저에게 신의 영예를 돌리면서 그를 섬기도록 할 수만 있다면 제국 전지역에 황제의 신전을 세우고 제국이 강력한 결속력을 갖게 하려 했다. 이 일은 매우 천천히 시작되었지만 몇 년 후에는 황제 숭배가 하나의 의식으로 발전했다. 로마 제국의 모든 사람들은 매년 한 번 의무적으로 시저에게 향을 피우면서 "시저가 주님이시다."라고 말해야 했다.

향을 피운 사람에게는 '리벨루스'라는 증명서가 주어졌다. 일단 이 증명서만 있으면 자신이 원하는 어떤 신도 섬길 수 있었다. 로마인들은 다만 모든 사람이 먼저 하나의 공통점 – 시저 – 으로 수렴되기를 원했던 것이다. 그리스도인들은 '예수님이 주님이십니다.'라는 말밖에 하지 않았기 때문에 '리벨루스'를 받지 못했다. 결과적으로, 그리스도인들은 계속해서 불법적으로 예배를 드렸던 것이다.[3]

이들은 그리스도를 선택했다. 타협을 거부했다. 이들은 반체제자, 반역자, 불충의 무리, 제국의 결속을 위협하는 자가 되었으며, 한 시인은 이들을 가리켜 '그들의 유일한 죄가 그리스도였던 헐떡거리는 오합지졸들'이라고 했다. 이들은 자신의 기준 때문에 고난을 당했다. 여러분은 어떠한가?

세 가지 박해

사회가 기독교 신앙을 쉽게 참아낼 만한 이유는 우리의 기준이 너무 낮기 때문일 것이다. 우리는 항상 타협한다. 예수께서는 팔복에 박해의 불가피성을 덧붙이셨다. 우리는 어떻게 박해를 받아야 하는가? 11

---

[3] William Barclay, *The Daily Study Bible*, vol.1, *The Gospel of Matthew* (Philadelphia: Westminster, 1956), 107–110.

절을 보라. "나로 말미암아 너희를 욕하고 박해하고 거짓으로 너희를 거슬러 모든 악한 말을 할 때에는 너희에게 복이 있나니." 세 가지 방법이 있다– '욕을 먹는 것', '박해받는 것', '여러분을 거스르는 모든 악한 말을 듣는 것' 이다.

'박해받다' 라는 말은 헬라어 '디오코' dioko에서 왔다. '디오코' 는 흥미로운 단어로 '쫓다', '내몰다', '쫓아버리다' 라는 뜻이다. 이것이 마침내 '괴롭히다' 또는 '흉악하게 다루다' 라는 의미가 되었다. 예수께서는 단순히 이렇게 말씀하고 계셨다. "괴롭힘을 당하는 자들이 복이 있다(행복하다). 의를 위하여 박해를 받아온 자들이 복이 있다."

앞선 일곱 가지 복이 그렇듯이 이것도 하나의 태도이다. 기꺼이 박해를 받으려는 태도이다. 이것은 두려움도, 부끄러움도 없으며, 이렇게 말할 용기가 있는 것을 말한다. "난 이 세상에서 그리스도께서 원하시는 사람이 될 거야. 나는 이 세상에서 그리스도께서 내게 하라고 하시는 말을 할 거야. 박해! 올 테면 오라고 해."

헬라어에서 이 동사의 형태는 수동태 분사이며, 여기에는 자신이 박해당하는 것을 용인한다는 의미가 있다. 자신이 박해당하도록 용인하는 자들은 복이 있다. 한 걸음 더 나아가 이것은 수동태 완료 분사인데, 완료 시제는 계속적인 결과들을 동반한 사건이 일어났음을 뜻한다. 팔복이 가르치는 삶을 산 결과로서 무슨 일이 일어나든 신자는 그 결과들을 계속해서 기꺼이 받아들인다. 내가 생각하기에는, 우리 가운데 어떤 이들은 바로 이 부분에서 책임을 회피하는 것으로 보인다. 그렇지 않은가?

나는 이 문제로 혼자서 씨름하고 있다. 나는 할 말을 할 경우 내게 미칠 결과를 언제나 기꺼이 받아들이려 하지 않는다. 나는 언제나 담대하게 기꺼이 상황에 맞서 해야 할 말을 하지는 못한다. 나는 그리스도가 없는 상황에서 언제나 기꺼이 그리스도처럼 세상의 빛과 소금으로 살려고 하지도 못한다. 내게는 타협하고 세상이 나를 좋아하게 하고 싶어하는 경향이 있다.

나도 어쩔 수 없이, "내가 인기가 있어서 그들이 나를 많이 좋아하면, 그들에게 복음을 은밀히 심을 수 있잖아요."라고 말하면서 나 자신을 정당화하고 싶은 유혹을 느낀다. 하나님께서는 은밀한 설교자들을 결코 필요로 하지 않으셨으며, 은밀한 선지자들도 필요로 하지 않으신다. 그는 은밀한 증인과 전도자를 필요로 하지 않으신다. 기꺼이 맞서는 자들을 필요로 하신다.

1세기 그리스도인들은 기꺼이 쫓기고, 내몰리며, 괴롭힘을 당했으며, 어떤 이들은 옥에 갇히고 죽음을 당했다. 우리가 이 사회에서 정말 그리스도처럼 살고 있다면, 남자들과 어울려 파티나 즐기며 노닥거릴 수 없다. 동네 여자들이 하는 일들을 그대로 따라할 수 없다. 다른 부부들이 간다고 예전처럼 그렇게 따라갈 수 없다. 그들이 하는 일도 따라할 수 없다. 그리스도께서 우리에게 원하시는 삶에는 우리가 그들의 무리에서 쫓겨나게 하는 무엇인가가 있다. 우리는 더 이상 그들 무리에 어울리지 않는다. 그리고 이것이 당연하다.

'욕하다'라는 헬라어 동사 '오네이디조'oneidizo는 '면책하다'라는 뜻이다. 이 동사는 마태복음 27:44에서 그리스도께서 십자가에 못박

히시는 광경에서 사람들이 그를 조롱하고, 놀리며, 욕하고, 경멸하는 모습을 나타낼 때 사용되었다. 이것은 상대방의 얼굴에 무엇을 집어 던지며, 누군가를 몹시 욕하며, 조롱하는 것이다.

따라서 우리는 전에 속했던 집단에서 쫓겨날 뿐만 아니라 욕까지 들을 것이다. 우리 이름이 거론될 때, 사람들은 좋지 않은 말을 할 것이다. 사람들은 예수께도 그렇게 했다눅 22:64-65. 이렇게 하는 사람들 가운데는 우리가 그토록 힘써 보살피는 이들도 있을 것이다.

언제나 깨닫는 사실이지만, 나는 내몰림을 조금은 감당할 수 있는 것 같다. 내가 목사라는 것을 안 후에는 그 누구도 나를 그다지 가까이 하려 하지 않는다. 놀라운 일은 내가 그들이 아는 다른 목사들과 다르다는 것을 안 후에는, 사람들이 나를 피하려고 안달이라는 것이다 - 그래서 나는 조금 더 정면으로 맞서게 된다.

나를 좋지 않게 말하는 사람들을 어떻게 다루어야 하는지 대강은 안다. 나는 설교 때문에 체포된 적도 있었다. 언젠가 남부의 어느 곳에서 흑인 신자들에게 설교를 했다. 설교를 끝내고 그리 멀지 않은 곳에서, 경찰 차가 내 차를 세웠고 나는 체포되어 유치장에 갇혔다. 그들은 앞으로도 계속 이러고 다니면 옷을 벗기고 채찍으로 때리겠다고 위협했다. 이것이 미합중국이었다!

이런 일들은 참아낼 수 있을 것 같다. 그러나 세 번째 것이 있다. 그리스도께서는 사람들이 "**거짓으로** 너희를 거슬러 모든 악한 말을 할" 것이라고 하셨다. 사람들이 나나 내가 하는 말을 좋아하지 않는 것은 개의치 않는다. 그러나 내가 하지도 않은 말을 했다고 주장할 때는 정말 참기 힘들다. 이럴 때는 여러분도 자신이 하지도 않은 말에 대해 변호하려고 애쓸 것이다.

사람들은 예수께서 로마 군인의 사생아라고 말하려고 애썼다. 그들은 역사 내내 하나님의 사람에 대해 이런 저런 말을 하려고 애써왔다. 아서 핑크는 같은 사람을 인간들은 저주하고 그리스도께서는 복 주신다는 사실은 인간의 부패를 보여주는 강력한 증거라고 했다. 인간의 부패를 극명히 보여주는 모습이지 않은가! 그리스도께서 복 주시는 사람들을 세상은 저주한다.[4]

경건한 삶은 불경건한 사람들을 분개하게 만든다. 이것은 거룩한 씨를 대적하는 뱀의 적의이다. 그리스도께서 세우신 첫 기준들은 너무 높았기에 유대인들이 뒤로 나자빠졌던 것이 분명하다. 그런데 예수께서는 그 기준들에 이렇게 덧붙이셨다. "그런데 너희가 이렇게 살기 원한다면, 너희는 박해를 받으며 일터에서, 가정에서, 사회에서 쫓겨날 것이다. 사람들이 너희를 거스려 맹렬하고 심히 악한 말을 할 것이며 너희에 대해 사실이 아닌 것들을 말할 것이다."

이 세상에서 하나님의 뜻대로 살면 왜 이렇게 되어야 하는가? 왜 사람들이 우리를 박해하는지 생각해 보라. 사실 그들은 우리를 미워하지 않는다. 위안이 되는가? 그러면 그들은 누구를 미워하는가? 그리스도이다. 그들이 실제로 분개하는 것은 우리가 아니다. 우리가 사는 삶이다 – 또는 우리 속에 사시는 그리스도이다.

---

4) Arthur W. Pink, *An Exposition of the Sermon on the Mount*(Grand Rapids:Baker, 1950), 39.

예수께서는 제자들에게 사실상 이렇게 말씀하셨다. "그들이 나를 죽이면 너희도 죽일 것이다. 나를 미워하면 너희도 미워할 것이다. 나를 박해하면 너희도 박해할 것이다. 너희가 내게 속한 것을 아는 한 말이다"요 15:18을 보라. 예수께서는 더러운 세상에서 행동으로 거룩함을 보여주셨다. 세월은 흐르고 흘렀지만 세상은 온전한 사람을 보지 못했다. 세월이 흐를수록, 세상은 가득한 죄악에 빠진 채 더 잘난 체했다.

경건한 자들을 배척해서 책망받은 백성

예수께서 오셨을 때, 세상은 완벽한 분을 보았으며 세상의 자부심은 날아가 버렸다. 세상이 서 있는 기초가 무너져 버렸다. 세상 사람들은 책망받았으며, 그래서 완전하신 그분을 죽여버렸다. 사람들은 스스로 지킬 수 없는 기준을 없애 버리려 애썼다. 언제나 이런 식일 것이다. 그리스도를 우리 마음에 모시고 사는 한, 우리는 세상이 이를 수 없을 기준을 세울 것이다. 그러면 세상 사람들은 스스로의 망상에 그대로 안주하기 위해 그 기준을 제거하려고 발버둥이칠 것이다.

고대 그리스도인인 아리스티데스Aristides는 아테네에서 추방당했다. 그는 아테네 시민들의 투표에 의해 추방되었다. 그런데 이렇게 선한 사람에게 반대표를 던진 이유를 어떤 사람은 이렇게 말했다. "그 사람이 언제나 '의인' the Just이라고 불리는 게 듣기 싫었기 때문이오."[5]

예수께서 말씀하셨던 것처럼, 제자들에게도 이런 일이 일어났다. 전승에 따르면 안드레는 계속 복음을 전하겠다며 고집을 굽히지 않다가 십자가에 달렸다. 그는 죽음을 늦추기 위해 십자가에 끈으로 묶여졌다고 한다.

전승에 따르면, 베드로는 9개월간 감옥에 있은 후 십자가에 거꾸로 달려 죽었다고 한다.

바울은 네로에게 목이 잘렸다.

밧모섬에 귀향 가서 쓸쓸히 죽은 요한을 제외한 모든 제자들처럼 야고보, 마태, 맛디아, 바돌로매, 도마도 순교했다.

15세기 이탈리아에는 세상이 알았던 가장 위대한 개혁자요 설교가 중 하나였던 사바나롤라가 있었다. 당시 사람들의 죄와 로마 가톨릭 교회의 타락에 대한 그의 공격은 종교개혁의 길을 열어 놓았다.

그의 설교는 천둥소리였으며 죄에 대한 그의 공격은 너무나도 호된 것이었다. 그래서 그의 설교를 들은 사람들은 한 대 얻어맞은 것처럼 어리둥절하고 멍멍한 상태로 교회를 나섰다. 그의 설교를 듣는 사람들이 눈물을 흘리며 우는 바람에 온 건물이 진동할 때가 한두 번이 아니었다. 사람들은 이런 설교를 어떻게 해야 할지 몰랐다. 사람들은 회개하는 대신 사바나롤라를 화형시켜 버렸다. 오늘날 그리스도인들이 믿는 것을 보다 분명히 밝히고 팔복의 말씀대로 온전히 산다면, 세상은 우리에게 더 많은 적대감을 보이리라 믿는다.

『세상의 주』Lords of the Earth라는 책에서, 돈 리처드슨은 인도네시아

---

5) William Barclay, *The Daily Study Bible*, vol. 2, *The Gospel of John*(Philadelphia: Westminster, 1956), 2:216.

이리안 자야에 사는 얄리족의 선교사였던 스탠 데일의 이야기를 들려준다. 스탠은 산기슭에 자리잡은 마을에서 매우 높고 험한 설산을 오르고 있었다. 헬룩강은 천둥소리를 내면서 가파른 산을 지나 아래 계곡으로 빠르게 흐르고 있었다.

얄리족은 믿기 어려울 정도로 이상한 종교에 빠져 있었다. 그들에게는 성스러운 장소들이 있었다. 만약 아이라도 우연히 그곳으로 기어 들어갈 경우 그 아이는 더럽혀진 것이 되었고 온 마을이 저주를 받을 수 있었다. 그래서 이런 일이 있을 경우, 이들은 그 아이를 절벽에서 강으로 던졌다. 누구든지 이러한 종교 제도를 거스르는 말을 한마디라도 할 경우 즉석에서 처형되었다. 그래서 어떤 반항도, 어떤 변화의 가능성도 있을 수 없었다.

부족 가운데 자기 생각에 어리석어 보이는 몇 가지를 지적했던 사람이 있었다. 사람들은 그에게 활을 마구 쏘았고, 결국 그는 마치 갈대 숲 같은 모습으로 죽었다. 작고, 겁이 없으며, 안짱다리를 한 호주 사람 스탠 데일이 마을에 들어오기 전에는 전혀 희망이 없었다. 그런데 믿을 수 없게도 이 굉장한 선교사는, 인간 사냥꾼일 뿐만 아니라 식인종이기도 한 야만인들에게 자신과 아내와 다섯 아이의 마음을 열었다.

그는 이곳에 와서 뚫을 수 없는 어둠에서, 끔찍한 믿음으로 인한 죽음에서, 그리고 문화의 악습에서 그들을 구해냈다. 그에게 무슨 일이 일어났던 걸까? 본문을 그대로 인용해 보겠다.

베르웨이라는 켐부 신의 제사장이 스탠의 뒤로 가만히 돌아가 사각 지대에서 활을 쏘았다. 화살은 정확하게 그의 오른쪽 겨드랑이에 가서 꽂혔다. 이번에는 다른 제사장 부누가 활을 쏘았다. 대나무 촉이 달린 화살은 스탠의 오른쪽 어깨 바로 아래쪽 뒷부분에 가서 꽂혔다.

……스탠은 몸에 박힌 화살을 하나씩 뽑더니 부러뜨려 버렸다. 수십 개의 화살이 사방에서 동시에 그를 향해 날아오고 있었다. 그는 계속해서 화살을 뽑아 부러뜨린 후 발 앞에 내려놓았다. 그러나 여기에도 한계가 있었다. 스탠은 이제 더 이상 화살을 뽑을 수 없었다. 날리모가 보기에 스탠의 몸에는 30개가 넘는 화살 자국이 있었다.

'어떻게 저렇게 오랫동안 견딜 수 있을까?' 날리모는 너무나 놀랐다. '저 사람은 왜 쓰러지지 않는 걸까? 우리 같으면 벌써 쓰러졌을 텐데.' 날리모의 몸에 다른 종류의 화살이 박혔다―두려움이었다! '저 사람은 불사조일 거야!' 보통 때는 무표정한 날리모의 얼굴에 두려움이 가득 찼다…….

스탠은 화살이 하나씩 박힐 때마다 움찔할 뿐 꼼짝도 않고 적들을 쳐다보았다…….

화살은 계속 날아왔다. 50개, 60개! 곳곳의 상처에서 붉은 피가 흘러내리고 있었다. 그러나 스탠은 그대로 서 있었다. 날리모는 두려워하는 것은 자신만이 아니라는 것을 알았다. 처음 공격은 신나게 시작되었지만 스탠이 쓰러지지 않자 이제 전사들은 공포에 눌려 자포자기한 상태로 활을 쏘고 있었다. '쿠사호가 옳았을지 몰라!' 그들은 자신들의 의도와는 달리 초자연적인 세계를 방어하는 것이 아니라 오히려 거기에 대적하는 엄청난 죄를 짓고 있는지도 몰랐다.

"쓰러져!" 그들은 스탠을 보고 소리쳤다. "죽어!" 차라리 애원이었다―제발 죽어라!

예무가 보니 전사들은 이제 필(동료 선교사)에게 화살을 겨누고 있었지만 필은 아무 말도 하지 않았다. 그는 도망치거나 싸울 생각도 하지 않았다. 필은 위험을 많이 겪었지만 죽음과 직접 대면한 적은 없었다. 필에게 모범이 필요했다면, 스탠이 죽음을 어떻게 대면하는지 그 모범을 보여준 셈이다. 큰 용기를 가진 사람도 그의 본을 따를 수 없었을 것이다.

이번에도 가장 먼저 쏜 것은 베르웨이였다. 필을 쓰러뜨리는 데는 스탠 때만큼이나 많은 화살이 필요했다.

예무와 데니 집안 사람 세 명은 필이 상처가 너무 심해 살아나기 힘들 거라는 것을 알게 되었다…….

학살은 끝났다. 두 선교사가 돌투성이 강변에 쓰러졌다. 그러자 얄리 족은 찢긴 시신들을 끌고 숲속으로 들어갔다. 그리고는 시신들을 구석진 곳에 놓고 나뭇가지로 덮어버렸다…….

스탠과 필의 목을 베었던 부누는 두려움을 느꼈다.[6]

지불해야 할 값이 있다. 그렇지 않은가? 이 이야기의 멋진 결말은 얄리 마을과 그곳 전 지역이 이제 예수 그리스도를 알게 되었고 더 이상 선교사들을 잡아먹기 위해 모이지 않는다는 것이다. 이들은 주님의 식탁에 모인다. 이 이야기에 대한 가장 놀라운 사실 중 하나는 스탠이 죽을 때 아기였던 그의 다섯째 아들이 아버지에 관한 책을 읽고 구원을 받았다는 것이다.

---

6) Don Richardson, *Lords of the Earth*(Glendale, Calif.:Regal, 1977), 304–307.

우리가 세상과 맞서면, 지불해야 할 값이 있다. 사바나롤라는 그 값을 지불했다. 스탠 데일도 지불했다. 앞으로 그 값은 지불될 것이다. 요한계시록 6장에서, 우리는 제단 아래서 큰 소리로 외치는 자들의 소리를 듣는다. 이들은 그리스도를 위해 죽음당한 순교자들이다. 이런 모습은 언제나 있을 것이다.

그 나라의 삶을 살기 위해서는 지불해야 할 값이 언제나 있지만, 그 열매는 영원하다. 이 세상을 떠날 때, 우리는 천국을 기업으로 받을 것이다마 5:10. 사람들이 우리가 이 세상에서 소유한 모든 것을 빼앗아갈 수 있을지 모르지만 하나님께서 다음 세대에 우리에게 주신 것에는 결코 손대지 못할 것이다.

이것이 여덟째 복이다. 하지만 이것이 전부는 아니다. 다음 장에서 박해에 따른 약속과 태도를 살펴보기로 하겠다.

11
의를 위하여
박해를 받은 자는
복이 있나니(Ⅱ)

마태복음 5:10-12

　박해에 따른 약속과 박해받을 때의 태도를 살펴보고 팔복에 대한 연구를 마무리하겠다. 우리가 살펴볼 본문은 마태복음 5:10-12이다. 그러나 먼저, 박해에 대해 몇 가지를 더 살펴보기로 하겠다10-11절.
　앞에서 미국에서는 '박해'란 말의 의미를 거의 알 수 없는 시기라고 이야기했다. 그러나 바야흐로 우리는 과거 어느 때와도 다른 시기를 맞고 있다.
　지금까지 우리는 2차 대각성 운동의 여파 속에서 과거의 부흥과 그 유산에 의지해서 빈둥거리며 살아왔다. 그러나 이 유산도 이제 빠르게 바닥을 드러내고 있다. 정부가 종교를 거스르고 있을 뿐만 아니라 종교도 온갖 사교邪敎, 주의主義, 분파, 종교 사기꾼들을 양산해냄으로써 스스로를 거스르고 있다.

정부는 종교 단체들을 엄하게 다스리고 있으며, IRS와 그 밖의 기관들이 예수 그리스도의 교회에 직접적인 영향을 끼칠 법률 제정에 압박을 가해왔다. 한때 신성하다고 여겼던 것들, 심지어 교회의 온전한 개념까지도 순전히 미국적인 것이 되어가고 있다. 예수께서는 사람들이 우리를 뒤쫓을 것이라고 말씀하셨다.

왜 그런가? 바울 시대의 다음 이야기는 우리가 어느 부분에 어울리는지 알 수 있게 해준다.

전투에서 크게 승리한 로마 장군에게는 군대를 이끌고 시내를 행진하는 특권이 주어졌다. 군대는 전쟁의 노획물과 전리품을 가져오곤 했다. 장군은 자신이 얻은 엄청난 승리를 모두에게 자랑했다. 긴 행렬 뒤에는 포로들, 즉 피정복민의 상징이 있었다. 이들은 이제 원형 경기장으로 끌려가 맹수들과 싸우다 죽을 것이다.

바울은 고린도전서 4:9에서 "내가 생각하건대 하나님이 사도인 우리를 죽이기로 작정된 자같이 끄트머리에 두셨으매 우리는 세계 곧 천사와 사람에게 구경거리가 되었노라"고 했다. 바울은 사도를 참으로 헌신된 모든 제자들의 귀감, 죽기로 작정된 포로로 보았다.

모팻은 이 부분을 이렇게 해석한다. "하나님께서는 우리를, 원형 경기장의 불운한 검투사들처럼, 마지막에 들어올 사도들로 작정하신다!"[1] '죽이기로 작정된'이란 어구는 처형당하러 가는 범죄자들의 행렬을 조롱할 때 사용하는 드문 표현이다. 그러나 바울은 우리가 어쨌

---

1) James Moffatt, *First Epistle to the Corinthians*(Naperville, Ill.:Allenson, 1938).

든 견딘다고 했다. "우리는 그리스도 때문에 어리석으나 너희는 그리스도 안에서 지혜롭고 우리는 약하나 너희는 강하고 너희는 존귀하나 우리는 비천하여"10절.

바울은 여기서 매우 풍자적으로 말한다. "바로 이 시각까지 우리가 주리고 목마르며 헐벗고 매맞으며 정처가 없고 또 수고하여 친히 손으로 일을 하며 모욕을 당한즉 축복하고 박해를 받은즉 참고"11-12절.

우리는 백마를 타고 도시로 들어가 영웅이 되도록 부름을 받은 것이 아니다. 슈퍼스타가 되도록 부름을 받은 것이 아니다. 훌륭한 명사가 되도록 부름을 받은 것이 아니다. 우리가 부름받은 것은 죽음에 넘겨지기 위해서이며, 그러므로 우리는 죽음을 당한다.

바울은 말한다. "너희는 우리를 바보로 여긴다. 그리고 우리는 약하나 너희는 강하다. 너희는 우리를 멸시한다. 너희는 존귀하나 우리는 비천하다."

바울은 이 모든 것에 대해 어떻게 반응했는가? 그는 12절에서 "(우리가) 모욕을 당한즉 축복하고 박해를 받은즉 참고"라고 말했다. 그리고 13절에서는 "비방을 받은즉 권면하니 우리가 지금까지 세상의 더러운 것과 만물의 찌꺼기같이 되었도다"라고 했다. '더러운 것' scum이라는 단어는 '먼지'를 뜻한다. 흠정역KJV에서는 '찌끼'라는 말 대신 문질러 씻어버릴 '오물'이라는 단어를 사용했다.

여러분은 말한다. "바울 선생님, 당신은 사도 중 하나이지 않습니까! 제 말은, 우리가 당신의 상像을 세웠다는 것입니다! 우리에게는 성 바울 성당도 있답니다!"

기꺼이 값 지불하기

바울은 "우리가 지금까지 세상의 더러운 것과 만물의 찌꺼기같이 되었도다"라고 말한다. 사도들은 값을 계산했다. 그들은 기꺼이 값을 지불하려 했다. 우리가 알기로는 열두 사도 중 10-11명이 순교했다. 그 이유는 모르지만, 오늘날의 기독교는 그렇지 않다. 지금 이 땅의 그리스도인들은 세상의 더러운 것과 찌꺼기인가? 아니 어떤 경우, 그리스도인들은 스타이다!

우리들만의 TV 쇼도 있다. 라스베이거스의 가장 큰 불빛들은 우리를 위한 것이다. 우리는 두 세상에서 살고 있다. 여기서 우리의 일을 하고, 그런 다음 옷을 갈아입고 다음날 밤에는 교회에서 우리 일을 한다. 우리는 라스베이거스에서 춤을 춘다. 그러고는 예배에 참석해서 신앙고백을 한다. 우리 중에는 대통령도 있고, 국회의원도 있고, 유명한 운동 선수도 있고, 배우도 있고, 가수도 있다.

내 말을 오해하지 말라. 나는 참된 신자들에게 감사드린다. 나는 다만 우리가 제대로 이해했는지 의심하지 않을 수 없을 뿐이다. 그리스도인이 되는 것이 그렇게 쉬울까? 우리는 세상과 맞서는 대신 세상과 어울려 춤을 추고 있지 않은가? 어떻게 이런 일이 일어났는지 모르겠다. 우리가 엘리트이고, 인기 있고, 부자인 것은 우리가 성공했기 때문이 아니라 실패했기 때문인가?

바울은 이렇게 말하지 않았다. "난 가말리엘 대학을 우등생으로 졸업했어. 난 세계적인 사람이야. 여러 나라 말을 할 수 있고, 친한 친구

중에는 왕도 있고, 고위 관리도 있고, 유명한 사람들도 많아." 그는 "난 '죽었다가' 살아났으며 삼층천에도 올라갔었어."라고 말할 수도 있었다(그는 이 두 가지를 모두 했다. 사도행전 14:19-20과 고린도후서 12:1-5을 보라). 참으로 그는 오늘날의 순회 목회자로 성공할 수 있었을 것이다. 그가 할 수도 있었을 일에는 끝이 없다! 그는 놀라운 간증으로 여러분을 몇 시간 동안이나 사로잡을 수도 있었을 것이다.

그러나 그는 무슨 말을 했는가? "나의 자격증을 원하는가?" 고린도후서 11:23-27을 보라. 신사 숙녀 여러분, 사도 바울을 소개한다.

그들이 그리스도의 일꾼이냐 정신 없는 말을 하거니와 나는 더욱 그러하도다 내가 수고를 넘치도록 하고 옥에 갇히기도 더 많이 하고 매도 수없이 맞고 여러 번 죽을 뻔하였으니 유대인들에게 사십에서 하나 감한 매를 다섯 번 맞았으며 세 번 태장으로 맞고 한 번 돌로 맞고 세 번 파선하고 일주야를 깊은 바다에서 지냈으며 여러 번 여행하면서 강의 위험과 강도의 위험과 동족의 위험과 이방인의 위험과 시내의 위험과 광야의 위험과 바다의 위험과 거짓 형제 중의 위험을 당하고 또 수고하며 애쓰고 여러 번 자지 못하고 주리며 목마르고 여러 번 굶고 춥고 헐벗었노라.

여러분, 바울은 이런 사람이다. 후에 바울은 "나를 위하여는 약한 것들 외에 자랑하지 아니하리라"고후 12:5고 덧붙인다. 나는 이것을 이해할 수 있다. 여러분은 어떠한가? 바울은 두들겨 맞고, 걷어차이고, 갇히고, 돌에 맞고, 난파당하고, 학대를 당했다. 계속해서 6절은 이렇게 말한다. "내가 만일 자랑하고자 하여도 어리석은 자가 되지 아니할 것은 내가 참말을 함이라 그러나 누가 나를 보는 바와 내게 듣는 바에 지나치게 생각할까 두려워하여 그만두노라."

바울은 이렇게 말하고 있었다. "나 자신에 대해서는 아무 것도 말하고 싶지 않다. 자랑하고 싶지 않다. 누구에게도 잘못된 인상을 심어주고 싶지 않다." 그는 이렇게까지 말했다. "여러 계시를 받은 것이 지극히 크므로 너무 자만하지 않게 하시려고 내 육체에 가시 곧 사탄의 사자를 주셨으니 이는 나를 쳐서 너무 자만하지 않게 하려 하심이라"7절. 나는 그의 문제가 무엇이었는지 모른다. 하지만 그것은 가시적이고 유쾌하지 않은 것이었다. 하나님께서는 그 가시를 제거해 주시는 대신 이렇게 말씀하셨다. "내 은혜가 네게 족하도다. 바울아, 난 너를 계속 겸손하게 해야 한다."

바울도 여기에 동의했다. "그러므로 도리어 크게 기뻐함으로 나의 여러 약한 것들에 대하여 자랑하리니 이는 그리스도의 능력이 내게 머물게 하려 함이라 그러므로 내가 그리스도를 위하여 약한 것들과 능욕과 궁핍과 박해와 곤고를 기뻐하노니 이는 내가 약한 그 때에 강함이라"고후 12:9-10.

우리의 힘만으로 성공할 수 있다고 생각하는 한, 하나님의 능력을 맛보지 못한다. 우리의 힘만으로 성공할 수 있으며, 우리는 선하고, 입증되었으며, 성공에 필요한 공적인 관계들을 확보하고 있다고 생각하는 한, 우리는 잘못된 원리들을 따르고 있는 것이다.

바울은 말했다. "나를 깨뜨리는 모든 것, 나를 부수는 모든 것, 나를 비천하게 만드는 모든 것, 나는 그것을 자랑스럽게 여길 것이다. 그것이 나로 하여금 하나님께 의지하게 하며 내게는 아무 자원이 없음을 알게 하며, 그 때 하나님께서 내게 역사하사 세상과 맞서게 하시기 때문이다."

이전 어느 때와도 달리, 우리 시대의 기독교는 하나님이 몹시 싫어하실 것이 분명한 짓을 하고 있다. 교회는 자기를 영화롭게 하고 있다. 우리는 세상만큼이나 빠르게 명성을 조작해내고 있다. 주님께서 사도행전 1:8에서 "너희가……내 증인이 되리라"고 하셨을 때, "너희는 내 마르투라스marturas가 되리라."고 말씀하셨다. 나의 무엇이라고? 나의 '순교자'이다. 치러야 할 값이 있다. 여덟째 복은 누구를 향한 것인가? 하나님 나라의 모든 자녀를 향한 것이다.

하나님을 멸시하는 세상에게 박해당함

문제의 핵심은 이것이다. 즉, 세상은 하나님을 알지도 못하며 좋아하지도 않는다는 것이다. 예수께서는 그를 따르는 자들에게 말씀하셨다.

그러나 사람들이 내 이름으로 말미암아 이 모든 일을 너희에게 하리니 이는 나를 보내신 이를 알지 못함이라 내가 와서 그들에게 말하지 아니하였더라면 죄가 없었으려니와 지금은 그 죄를 핑계할 수 없느니라 나를 미워하는 자는 또 내 아버지를 미워하느니라 내가 아무도 못한 일을 그들 중에서 하지 아니하였더라면 그들에게 죄가 없었으려니와 지금은 그들이 나와 내 아버지를 보았고 또 미워하였도다 요 15:21-24.

예수께서는 세상에 오셔서 사람들의 죄를 드러내셨다. 그 결과 사람들은 죄의 실체를 대면하게 되었다. 예수께서 오시지 않았다면, 이들은 죄를 그럴듯한 포장 속에 숨길 수 있었을 것이다. 이들은 스스로의 양심을 달래는 대단한 일을 하고 있었다. 이들의 종교는 말 그대로 이들의 눈을 닫아 진리를 보지 못하게 했으며, 눈이 먼 이들은 신나게 지옥을 향해 전진하고 있었다. 그리스도께서는 이들의 눈을 뜨게 하시고 "너희 자신을 보라."고 말씀하셨다. 이들은 자신들의 죄를 보았으며, 예수께서 하시는 일 때문에 그를 미워했다.

사람들이 미워하는 것은 사실 우리가 아니다. 의義이다. 그리스도이다. 의로운 삶을 살고, 소금이 되라. 그리고 무슨 일이 일어나는지 지켜보라. 상처에 소금을 놔 본 적이 있는가? 쿡쿡 쑤신다. 부패한 사회에서 의롭게 살면서 세상이 어떻게 반응하는지 보라.

회피하지 말라. 물러서지 말라. 텐트를 꾸려 야반도주하지 말라. 휴거 때까지 숨어서 성경이나 연구하려 하지 말라. 나와서 '순교자'가 되라. 예수님은 구원을 가져 오셨을 뿐만 아니라 자신의 죄를 사랑하는 사람들의 미움도 낳으셨다. 치러야 할 값이 있다 하더라도, 우리는 회피할 수 없다.

나는 스탠 데일 선교사가 첫 화살을 맞았을 때의 모습, 치명적인 공격을 받기 직전의 모습을 떠올려 본다. 원주민들은 활과 화살을 가지고 언덕 위에 모두 모여 있었다. 그 때 스탠은 분명히 이렇게 말했을 것이다. "내가 올라가서 저들에게 그런 짓을 할 수는 없다고 말하겠어." 그는 언덕을 곧바로 올라갔다. 원주민들은 그를 향해 활을 쐈다. 화살들이 빗나가고 있었고, 그는 계속해서 올라갔다. 여기에 우리를 흥분시키는 무엇인가가 있다! 그는 무슨 일이 있더라도 세상의 소금과 빛이 되려고 했던 것이다! 그는 60개가 넘는 화살을 맞고서야 쓰러졌다.

바울은 "나는 이제 너희를 위하여 받는 괴로움을 기뻐하고 그리스도의 남은 고난을 그의 몸된 교회를 위하여 내 육체에 채우노라"고 했다. 이 골로새서 1:24이 말하는 것은 바울이 "누군가가 나를 때릴 때마다, 그들은 실제로는 그리스도를 때리는 것이다."라는 의미로 말한 것이다. 스탠 데일도 이와 같은 말을 할 수 있었을 것이다. "활을 쏜 알리족 하나하나는 사실 예수 그리스도를 쏘고 있는 것이다. 그들이 분개하는 것은 내가 아니다. 내가 드러내고 있는 진리이다." 세상이 노리는 것은 그리스도이다. 세상이 아직도 죽이려고 애쓰는 것은 그리스도이다. 그리고 세상은 그를 대신하여 같은 진리를 말하는 사람은 누구든지 쏠 것이다.

나는 적을 만들려고 애쓰는 사람이 아니다. 그러나 옳은 것을 말하고 - 옳은 것을 말해야 할 때 말하고, 말해야 하는 곳에서 말하고, 말해야 하는 사람에게 말하고 - 그 결과를 걱정하지 말아야 한다고 믿는다. 그리스도를 위해서 말이다. 내 귀에는 사도 바울의 말이 들린다. "내가 그리스도와……그 고난에 참여함을 알고자 하여" 빌 3:10.

우리는 순교를 구해서는 안 된다. 그것은 기괴한 짓이다. 그러나 순교로부터 도망쳐서도 안 된다. 그리고 순교를 해야 할 경우 타협해서도 안 된다. 그러면 박해에는 약속이 따른다.

현재와 미래의 영광에 대한 약속

그 약속이 무엇인가? "의를 위하여 박해를 받은 자는 복이 있나니 천국이 그들의 것임이라." 지성과 능력이 있었던 바울은 이 세상에서 크게 성공할 수 있었을 것이다. 하지만 그는 전혀 아무 것도 갖지 않았다. 바울은 이 모든 것에 대해 무엇이라고 말했는가? "생각하건대 현재의 고난은 장차 우리에게 나타날 영광과 비교할 수 없도다" 롬 8:18.

이 땅에서의 어떤 상실도 하나님 나라에서 얻을 것과 결코 비교될 수 없다. 그리스도께서는 두 번이나 "복이 있나니"라고 말씀하셨다. 기꺼이 예수 그리스도를 옹호하는 사람들은 순종의 지복至福과 영원한 하나님 나라의 일원이 되는 복을 알게 될 것이다.

요셉은 의를 위하여 형들에게 박해를 당했다. 그는 멸시와 미움을 받아 마침내 광야의 마른 우물에 던져졌다. 그러나 하나님께서 그를 끌어내어 애굽의 총리가 되게 하셨다.

다니엘은 의를 위하여 사자굴에 던져졌다. 그러나 하나님께서 사자들의 입을 막으시고 그를 끌어내어 바벨론의 총리가 되게 하셨다.

예레미야는 그의 의로운 삶 때문에 지하 감옥에 던져졌다. 그러나 하나님께서 그를 높이사 누구보다도 존경받는 선지자가 되게 하셨다.

우리가 지금 값을 기꺼이 지불한다면, 장차 나타날 영광은 그 무엇과도 비교할 수 없다고 하나님께서 말씀하신다. 박해를 받는 자들은 배나 복이 있다. 천국과 천국의 모든 것이 저들의 것이기 때문이다. 그리스도께서는 우리 안에 거하시는 살아 계신 왕께서 하늘 나라의 풍성한 삶을 영적으로 보여주시고 또 허락하시는 지금 이곳here and now을 말씀하고 있다고 생각한다.

그는 또한 놀랍고 새로운 땅에서 그 나라의 삶을 직접 맛볼 천년왕국을 이야기하신다. 영광 중에 하나님의 아들을 얼굴을 맞대고 볼 영원한 나라를 말씀하신다. 그 나라가 줄 수 있는 모든 것, 하나님의 크고 멋진 선물일 수 있는 모든 것이 우리의 싸움을 보상해 줄 것이라고 말씀하신다.

마가복음 10:28에서, 베드로는 "보소서 우리가 모든 것을 버리고 주를 따랐나이다"라고 했다. 그는 이렇게 말하고 있었다. "주님, 우리는 해냈습니다. 우리는 모든 것을 버리고 그저 주님만 따랐습니다. 세상에서 우리는 거지와 같습니다."

그리스도께서는 베드로와 제자들에게 대답하셨다. "나와 복음을 위하여 집이나 형제나 자매나 어머니나 아버지나 자식이나 전토를 버린 자는 현세에 있어 집과 형제와 자매와 어머니와 자식과 전토를 백 배나 받되." 그런 다음 그는 "내세에 영생을 받지 못할 자가 없느니라"고 덧붙이셨다29-30절.

알겠는가? 지금 여기서이다. 그리고 나중에 거기서이다. 이 모두가 우리의 것이다. 얼마나 큰 성취인가! 우리는 너무 근시안적이다. 우리는 순간을 하나님께 드리고 영원한 영광을 확보하기보다는 그 순간을 보호하길 원한다.

그 나라는 여덟째 복의 선물이다. 첫째 복의 약속이 천국이었으며 마지막 복도 같은 약속으로 끝난다는 것을 아는가? 이것이 우리에게 실제로 말하고 있는 것은 무엇일까? 팔복의 주요 약속은 여러분이 지금 그리고 영원히 천국 시민이 되며, 여기에 제시된 덕목들은 천국의 삶의 요소라는 것이다. 세상이 무엇을 하든, 세상은 그리스도의 나라에 대한 여러분의 소유권에 결코 아무런 영향도 끼칠 수 없다.

박해는 있겠지만 그 박해를 기꺼이 견딜 때 약속은 우리의 것이다. 성경이 말하는 모든 집과 땅이 지금 당장 내 것이 되지는 않는다. 그것은 천년왕국 때에 그리고 영원한 나라에서 내 것이 될 것이다. 그러나 내가 지금 그것들을 가졌다는 느낌은 있다. 왜냐하면 그리스도 안에서 내 형제, 자매, 모친, 부친 된 사람들이 나보다 더 나은 집을 가지고 있고 나는 이따금씩 초대받아 그것들을 즐길 수 있기 때문이다. 이것이 지금 여기가 의미하는 것이다. 우리 모두는 함께 나눈다.

여러분은 그리스도께 나오기 위해 누군가를, 어쩌면 온 가족을 버렸을 것이다. 그들이 여러분을 따돌렸을 것이다. 그러나 교회 안을 둘러보라. 거기에 여러분의 가족이 있다. 여러분은 가정에서 쫓겨나 머물 곳이 없을지도 모른다. 주변을 둘러보라. 여러분의 동료 신자들이 있다. 이들에게는 집이 있으며, 그 집은 여러분의 것이기도 하다. 우리는 아무 것도 소유하지 않는다. 다만 하나님을 위해 그것을 관리할 뿐이다.

그러므로 박해는 약속을 가져다주는데, 이것은 우리가 박해 가운데 취해야 할 태도가 있음을 의미한다.

기쁨의 태도

이 모든 일에서 우리는 어떤 태도를 취해야 하는가? 예수께서는 '기뻐하라.'고 하셨다 마 5:12.

'기뻐하라고요?' 사람들이 내게 화살을 쏘아대는데도 기뻐하란 말인가? 친구들이 나를 욕하는데도 기뻐하란 말인가? 사람들이 내 등 뒤에서 뭐라고 수군거리는데도 기뻐하란 말인가? 사람들이 나를 깎아내리는데도 기뻐하란 말인가?

그렇다! 예수께서는 기뻐하라고 하셨다. 헬라어 '카이로"cairo는 '참으로 기쁘다.'는 뜻이다. 이것으로 충분치 않아서, 예수께서는 '크게 기뻐하라.' (개역 성경에는 "즐거워하라")고 덧붙여야 하셨다. 이것은 헬라어로 '아갈리아스테'agalliasthe인데, 깡충깡충 뛰며, 기뻐 소리친다는 뜻이다. 그러면 여러분은 이렇게 말한다. "지금 날 놀리는 겁니까! 난 박해받고 있다고요!"

여러분이 의를 위해 박해받을 때 기뻐해야 하는 이유는 두 가지이다. 첫째 이유는 "하늘에서 너희의 상이 큼이라"12절고 했기 때문이다.

천국은 얼마나 긴가? **영원하다.** 지금은 얼마나 긴가? "잠깐 보이다가 없어지는 안개니라"약 4:14. 여러분은 어느 쪽에 투자하고 있는가?

예수께서 "오직 너희를 위하여 보물을 하늘에 쌓아 두라 거기는 좀이나 동록이 해하지 못하며 도적이 구멍을 뚫지도 못하고 도둑질도 못하느니라"마 6:20고 말씀하신 것은 조금도 이상할 게 없다. 우리는 천국에서 면류관을 받을 것이다. 성경이 이것을 약속한다. 이것은 우리가 이 땅에서 얼마나 충성하느냐에 따라 하나님을 영원히 영화롭게 하는 우리의 능력과 관계 있다고 믿는다.

천국에서 영원을 보내며 여기서는 앞으로 20년 정도밖에 살지 않을 거라면, 나는 영원에 투자하겠다! 내게는 시간이 조금밖에 없다. 그래서 나는 그 모든 시간을 하나님의 은행 계좌에 입금시켜 영원한 이자가 붙게 하고 싶다―나를 위해서가 아니라 찬양 가운데 복되신 그의 발 앞에 놓을 수 있도록 말이다.

"하늘에서 너희의 상이 큼이라"고 할 때 '크다'는 단어는 말 그대로이다. 하나님께서 크다고 하실 때, 그것은 '폴루스' polus, 즉 크고 풍성하다는 뜻이다. 이것은 충만한 상이다. 사람들은 하나님을 상 때문이 아니라 사랑으로 섬겨야 한다고 말한다. 내가 하나님을 사랑으로 섬기면, 하나님께서는 내게 상을 주신다. 이것은 그의 기쁨이다. 나는 상을 차지하려고 싸우거나 상의 가치에 대해 의심하지 않을 것이다. 천국에 이를 때쯤엔, 나는 어쨌든 교만하지 않을 것이다. 따라서 나는 모든 것을 받고는 곧바로 겸손히 돌려드릴 것이다. 그 때 우리 모두는 온전해지고 상을 감당할 수 있을 것이다. 하나님께서 지금 이곳에서 우리에게 모든 것을 주시지 않는 것도 바로 이 때문이다. 지금 여기서 모든 것을 우리에게 주신다면, 그것은 분명히 우리를 부패시킬 것이다.

디모데후서 끝에서 바울은 마지막 인사를 하면서 이렇게 말했다. "이제 후로는 나를 위하여 의의 면류관이 예비되었으므로 주 곧 의로우신 재판장이 그 날에 내게 주실 것이며 내게만 아니라 주의 나타나심을 사모하는 모든 자에게도니라"4:8. 그는 사실 이렇게 말했다. "내가 그 날을 바라는 데는 아무런 잘못도 없다. 내가 면류관을 바라는 데는 아무런 잘못도 없다. 내가 주님의 구원의 선물을 받았으니, 이것도 받을 것이다."

여러분이 기뻐해야 하는 두 번째 이유는 여러분 이전의 선지자들도 박해를 받았기 때문이다. 그러면 여러분은 이렇게 말한다. "뭐라고요? 그게 무슨 상관입니까? 그들이 나와 같은 문제를 겪었다는 이유 때문에 내가 행복해 해야 합니까? 동병상련입니까?"

아니다. 여기서 말하는 것은 동병상련이 아주 고귀하다는 것 그 이상이다. 사람들은 하나님의 선지자들을 박해했다. 그러니 그들이 여러분을 박해한다면, 여러분은 상당한 엘리트 집단에 속하는 것이다. 그리스도께서는 이렇게 말씀하신다. "너희의 구원에 조금이라도 의심이 가느냐? 너희가 그 나라에 들어와 있는지 조금이라도 의문이 가느냐? 그렇다면 너희가 살면서 믿지 않는 자들에게 당하는 박해가 그 의문과 의심의 그림자를 걷어내고 너희가 하나님께 속한 자임을 확신시켜 줄 것이다. 왜냐하면 그들은 하나님이 부르신 선지자들에게 했던 일들을 너희에게도 할 것이기 때문이다."

환상적인 진리이다. 박해가 나에게 다가올 때, 나는 그저 이렇게 말한다. "오, 주님! 내가 주님의 자녀임을 압니다. 내가 선지자의 반열에 서 있음을 압니다!" 세상은 하나님의 선지자가 아닌 자들, 하나님의 메시지를 전하지 않는 자들은 박해하지 않는다.

그리스도께서 언젠가 바리새인들에게 말씀하셨다. "그러면 너희가 선지자를 죽인 자의 자손임을 스스로 증명함이로다 너희가 너희 조상의 분량을 채우라 뱀들아 독사의 새끼들아 너희가 어떻게 지옥의 판결을 피하겠느냐" 마 23:31-33. 예수께서는 이렇게 말씀하고 계셨다. "어서 하거라. 어서 나를 죽이거라. 너희는 너희 조상과 전혀 다를 바 없는 짓을 하고 있느니라."

히브리서 11장은 충실한 영적 동료들을 소개한다. 여기에는 이런 저런 고난을 당한 모든 성도들을 소개하며, 이들은 세상이 감당치 못할 자들이라고 결론내린다. 그런데, 마태복음 5장에 기록되었듯이, 예수께서는 그 당시의 무리에게(그리고 지금까지의 교회 역사를 통해 우리에게) 사실 이렇게 말씀하셨다. "너희가 나를 따르고 나의 진리를 전하며 나의 진리대로 살면서 박해를 받느냐? 그렇다면 너희가 선지자들의 의로운 계보에 속한 것을 기뻐하라."

박해받는 것은 여러분이 의로운 계보에 속했다는 증거이다. 여기에 신자의 안전(자신이 구원받았다는 보증)이 있다. 여기에 팔복의 클라이맥스가 있다. 예수께서는 구원을 주시며, 여러분이 구원받은 것을 어떻게 알 수 있는지 말씀해 주신다. 여러분의 안전은 신학적인 규정에서 오는 것이 아니다. 여러분이 언제 회심했는가를 아는 데서 오는 것도 아니다. 여러분의 안전은 자신이 경건치 못한 세상 가운데서 세상과 맞서는 삶을 살고 있으며 의를 위하여 박해받고 있음을 아는 데서 온다. 이것이 주어질 때, 여러분은 천국에서 상을 받을 뿐만 아니라 모든 역사를 통해 같은 대우를 받았던 하나님의 선지자들의 계보에도 설 수 있다. 누가복음 21:12에서 예수께서는 "이 모든 일 전에 내 이름으로 말미암아 너희에게 손을 대어 박해하며……임금들과 집권자들 앞에 끌어가려니와"라고 말씀하셨다. 그러나 13절을 주목하라. "이 일이 도리어 너희에게 증거가 되리라."

바꾸어 말하자면, 모든 문제가 여러분이 하나님께 속했다는 것을 여러분에게 증거해 줄 것이다. 멋지지 않은가? 하나님께서 이끌어내신 사람들을 제외한 세상 모든 사람들은 우리의 삶을 참아내지 못한다. 그들은 우리의 삶을 이해조차 못한다. 심령의 가난은 믿지 않는 마음의 교만과 충돌을 일으킨다. 마음이 굳고, 냉담하며, 온정이 없는 세상은 죄를 애통하는 회개와 뉘우침의 진가를 결코 인정하지 않는다.

오해를 사더라도 재빨리 반발하지 않는 온유하고 고요한 심령은 세상의 특징인 교만하고, 호전적이며, 분개하는 심령과 어울리지 않는다. 긍휼히 여기는 마음이 세상의 강퍅함과 잔인함에 대한 꾸짖음이듯이, 주님으로부터 오는 더 깊은 영적 축복에 대한 갈망은 육체의 정욕, 안목의 정욕, 인생의 교만에 대한 꾸짖음이다. 마음의 청결은 위선/외식 및 부패와 날카롭게 대조된다. 분쟁을 좋아하고 적대적인 세상은 화평케 하는 자를 용인할 수 없다.

스코틀랜드의 설교가 존 낙스에게는 이런 큰 찬사가 돌려졌다.

"그는 하나님을 어찌나 두려워했던지 결코 어떤 사람도 두려워하지 않았다."[2]

고대 훌륭한 그리스도인이었던 크리소스톰은 로마 황제 아르카디우스 앞에 불려가 예수님을 선포하는 일을 중단하지 않으면 추방하겠다는 위협을 받았다. 그 때 그는 이렇게 대답했다고 한다.

"황제시여, 당신은 나를 추방할 수 없습니다. 세상이 내 아버지의 집이기 때문입니다."

"그러면 널 죽이겠다!"

화가 난 황제가 소리쳤다.

"아닙니다. 그러실 수도 없습니다. 내 생명은 그리스도와 함께 하나님 안에 감춰졌기 때문입니다."

"네 재물을 압수하겠다!"

황제는 불 같은 목소리로 말했다.

"황제시여, 그것도 하실 수 없습니다. 내 재물은 천국에 있으며, 거기는 그 누구도 침입하여 훔쳐갈 수 없습니다."

"그럼 널 사람들에게서 떼어놓겠다. 그럼 네게는 친구가 하나도 남지 않을 거다!"

"그것도 하실 수 없습니다. 내게는 천국에 친구가 계시며, 그분은 '나는 너를 결코 떠나지 않으며 버리지 않겠다.' 고 말씀하셨기 때문입니다."

---

[2] William Barclay, *The Acts of the Apostles*(Philadelphia:Westminster, 1956), 38.

마침내 크리소스톰은 아르메니아의 변두리로 추방되었지만 편지를 통해 친구들에게 계속적으로 영향을 끼쳤다. 그러자 로마는 그를 더 멀리 추방하기로 했다. 결국 그는 추방지로 가던 중에 죽었다.

우리는 어떠한가? 우리는 어디에 우선 순위를 두는가? 우리 자신에게 무엇이라고 말하는가? 우리의 마음에는 우리 자신에 대한 어떤 진리가 울려 퍼지는가? 우리는 팔복이 말하는 것을 이해하는가? 그 나라에 들어가는 것은 부자, 교만한 자, 경박한 자, 흉포한 자, 배부른 자, 교활한 자, 호전적인 자, 세상 왕들의 마음에 드는 자가 아니다. 가난한 자, 온유한 자, 슬퍼하는 자, 주린 자, 청결한 자, 화평케 하는 자, 박해를 받는 자이다. 이들이 그 나라에 들어가며, 이들이 그 나라의 시민인 증거는 이들이 세상의 미움을 받는다는 것이다.

여러분도 그 나라에 속했는가? 정말 그런가?

마치는 글

자기 점검에 대한 팔복의 긴급한 메시지는, 유대 그리스도인에게 쓰여진 히브리서를 포함하여 신약 서신서 여러 곳에도 포함되어 있다. 히브리서는 복음을 지식적으로 알며 구원의 소명도 이해하지만 전혀 헌신하지 않는 사람들에 대한 경고로 차 있다. 히브리서 기자는 신자들에게 편지를 쓰면서 이따금씩 이렇게 말한다. "회중 가운데 이 진리를 아는 사람들이 있지만 너희가 지금껏 전혀 헌신하지 않았음을 나는 알고 있다."

여러분들은 예수님이 메시아라는 것을 머리로는 확신하지만 자신의 삶을 그에게 헌신하려 하지 않는 유대인들이었다. 이들은 어린아이와 같은 믿음으로 그의 은혜와 자비에 자신을 내어 맡기지 않으려 했다. 이들은 그리스도께 오려 하지 않았다. 이들은 공동체에서 추방당할까봐 두려워했다. 이들은 가족으로부터 따돌림을 당하거나 현재의 생활방식을 포기해야 하지 않을까 두려워했다. 치러야 할 값이 너무 비쌌기에, 이들은 그저 어정쩡한 태도를 취하고 있었다.

여러분도 여기에 속할지 모른다. 여러분은 진리를 안다. 예수님이 그리스도시며, 살아 계신 하나님의 아들이심을 안다. 복음을 알고 그것이 진리라는 것도 믿는다. 그러나 앞에서 언급한 이유들 때문에 그리스도께 대한 개인적인 헌신은 거부한다.

이것이 여러분의 모습이라면, 히브리서는 바로 여러분에게 주는 말씀이다. 5가지 경고의 구절들을 살펴보기로 하자.

경고 1: 히브리서 2:1-4

그러므로 우리는 들은 것에 더욱 유념함으로 우리가 흘러 떠내려가지 않도록 함이 마땅하니라 천사들을 통하여 하신 말씀이 견고하게 되어 모든 범죄함과 순종하지 아니함이 공정한 보응을 받았거든 우리가 이같이 큰 구원을 등한히 여기면 어찌 그 보응을 피하리요 이 구원은 처음에 주로 말씀하신 바요 들은 자들이 우리에게 확증한 바니 하나님도 표적들과 기사들과 여러 가지 능력과 및 자기의 뜻을 따라 성령의 나누어주신 것으로써 그들과 함께 증언하셨느니라.

여러분은 그리스도가 누구신지 아는가? 다시 말해, 그는 그가 말씀하시는 그대로라는 것을 아는가? 그렇다면 히브리서 기자가 말하고 있는 것은 이것이다. 즉 여러분은 지금까지 들은 것에 정말 주의를 기울여 거기서 멀어지지 않게 해야 한다는 것이다. 그런데 천사를 통해 하신 말씀은 무엇인가? 구약의 율법이다. 요점은 이것이다. 구약 율법 아래 살았던 사람들이 모든 율법 위반에 책임을 져야 했다면, 그리스도께서 여러분을 대신하여 여러분의 죄를 지셨다는 놀라운 사실을 등한히 여길 경우 여러분은 그 책임을 어떻게 면할 수 있겠는가? 그 결과는 분명한 심판일 것이다.

경고 2 : 히브리서 6:12

게으르지 아니하고 믿음과 오래 참음으로 말미암아 약속들을 기업으로 받는 자들을 본받는 자 되게 하려는 것이니라.

히브리서 6:12은 약속을 기업으로 받는 것에 대해 말한다. 그러면 그 약속은 무엇인가? 다시 말하지만, 구약판 복음이다. 히브리서 기자는, 히브리(유대) 신자들은 충분한 정보를 가졌기에 복음의 선생이 되어야 한다고 말한다. 그러나 현실은 이와 반대이다. 누군가가 이들에게 또다시 구약 율법을 가르쳐야 한다. 이들은 본이 되어야 할 때에 오히려 원시적이고 게으르며 뒤쳐져 있다. 이들은 복음에 노출되었기에 오는 세대의 능력을 맛보았다. 하지만 이들은 거기에 온전히 참여할 필요가 있다.

히브리서 기자는 예수님의 많은 이적을 보았을 사람들에게 말하고 있었으며, 사실 이렇게 말하고 있었다. "너희가 이 모든 계시를 가졌고 나타난 능력을 맛보고 듣고 보았으나 거기에 등을 돌려 배반했다면, 지금은 불가능하며 희망도 없다. 하나님께서 또 무엇을 하실 수 있겠느냐? 너희가 완전한 빛을 가졌을 동안 예수 그리스도를 영접하지 않았다면, 앞으로도 결코 그를 영접하지 않을 것이다. 그는 너희에게 온전한 비췸을 더 이상 주실 수 없기 때문이다."

이 책을 여기까지 읽었다면, 여러분은 자신에게 필요한 모든 빛을 가진 것이다. 따라서 여러분에게는 그분께 헌신할 방법을 안 데 대한 책임이 있다.

경고 3 : 히브리서 10:26

우리가 진리를 아는 지식을 받은 후 짐짓 죄를 범한즉 다시 속죄하는 제사가 없고.

이것은 매우 자명하다. 히브리서 기자는 관망하는 자들, 곧 모든 것을 들었으나 거기에 대해 아무런 행동도 하지 않는 사람들을 질타한다. 여기서 말하는 죄는 구원의 선물을 거부하고 진리를 들은 후에도 그 진리를 의도적으로 거부한 죄이다. 그러면 속죄하는 제사는 더 이상 없다. 히브리서 기자는 유대인들에게 이렇게 말한다. "너희는 원하는 만큼의 양을 죽일 수 있고, 원하는 만큼의 염소를 도살할 수 있으며, 원하는 만큼의 황소와 비둘기를 잡을 수 있다. 그러나 너희가 세상 죄를 사하시는 하나님의 어린양을 거부한다면 속죄하는 제사는 더 이상 없다." 예수 그리스도 후에는 아무 것도 없다. 어떤 사람들은 말하기를 하나님께서는, 실제로 가장 많이 알고 교회에 나오며 가장 많은 정보와 진리를 획득한 자들에게 보다 관대하실 것이라고 말한다. 그러나 그렇지 않다. 하나님께서는 이런 자들을 보다 엄하게 대하실 것이다. 더 적게 알수록, 영원에서는 여러분에게 더 유리할 것이다. 하나님의 은혜로, 그의 충만한 진리에 노출되었다면, 여러분은 책임이 아주 크다. 모세 율법을 범한 자들은 죽음당했다. 하나님의 그리스도를 범한 자들은 어떻게 되겠는가?

여러분이 진리에 등을 돌린다면, 하나님께서는 "보수는 내 것이라. 내가 갚으리라."신 32:35; 롬 12:19고 말씀하신다. 여러분은 진리를 알기는 하지만 아직 마음을 정하지 못하고 있는가? 그렇다면 하나님께서는 여러분이 하나님의 아들을 짓밟고 있는 것으로 여기신다.

경고 4 : 히브리서 12:25

너희는 삼가 말씀하신 이를 거역하지 말라 땅에서 경고하신 이를 거역한 그들이 피하지 못하였거든 하물며 하늘로부터 경고하신 이를 배반하는 우리일까보냐.

아주 엄한 말씀이다. 하나님을 거역하지 말라. 29절은 하나님은 소멸하는 불이라고 말한다. 시내산에서 모세에게 율법을 주실 때 그러셨던 것처럼, 언젠가 하나님께서는 산을 흔드실 뿐만 아니라 심판으로 하늘들까지 흔드실 것이다. 얼마나 무서운 경고인가!

경고 5 : 히브리서 3:7-11

그러므로 성령이 이르신 바와 같이 오늘 너희가 그의 음성을 듣거든 광야에서 시험하던 날에 거역하던 것같이 너희 마음을 완고하게 하지 말라 거기서 너희 열조가 나를 시험하여 중험하고 사십 년 동안 나의 행사를 보았느니라 그러므로 내가 이 세대에게 노하여 이르기를 그들이 항상 마음이 미혹되어 내 길을 알지 못하는도다 하였고 내가 노하여 맹세한 바와 같이 그들은 내 안식에 들어오지 못하리라 하였다 하였느니라.

하나님께서 이렇게 맹세하셨으며, 그 세대의 마지막 한 사람마저도 광야에서 죽고 약속의 땅에 들어가지 못했다. 여러분도 같은 실수를 하지 않도록 여러분의 삶을 살피라. 전능하신 하나님의 경고를 전하며 지옥을 말하는 설교자는 이제 더 이상 인기가 없다. 그러나 이 구절에서 볼 때, 많은 전파자들이 사랑-은혜-자비의 메시지만 전함으로써 직무를 게을리 해온 것으로 보인다. 지불해야 할 값이, 맞아야 할 심판이 있다.

하나님께서는 여러분을 그의 안식으로 인도하실, 그의 구원으로 이끌어 들이실 준비가 되어 있다. 하지만 여러분은 스스로의 마음을 강퍅하게 하고 불신의 악한 행동에 사로잡혀 있다. 하나님께서는 광야의 이스라엘에게 일어났던 일이 여러분에게는 일어나지 않게 하라고 말씀하셨다. 13절에서, 하나님께서는 "오직 오늘이라 일컫는 동안에 매일 피차 권면하여 너희 중에 누구든지 죄의 유혹으로 완고하게 되지 않도록 하라"고 충고하셨다. 내가 "오늘, 오늘, 오늘이 그날입니다."라는 메시지를 전해야 하는 것도 바로 이 때문이다.

오늘 그리스도를 배척하지 말라. 오늘 배척한다면, 내일 그리고 모레는 더 쉽게 배척하게 될 것이다. 여러분은 자신의 마음을 강퍅하게 하게 될 것이다. 언젠가 무디는 청중들에게 집에 가서 그가 전한 메시지에 대해 생각해 보고 다음날 밤 그리스도를 영접할 준비를 하고 다시 오라고 했다. 그런데 그날 밤 시카고 대화재가 일어났고 그날 설교를 듣고 돌아간 사람들 중 많은 수가 죽었다. 무디는 "결코 다시는 **내일**이라고 말하지 않을 것입니다."라고 했다.

하나님께서는 그의 사랑을 여러분에게까지 확대하셨다. 하나님께서는 그의 능하신 팔을 펴서 여러분에게 안식을, 스스로 의롭다 하는 행동으로부터의 안식을, 두려움과 근심과 좌절과 죄책감으로부터의 안식을 제안하신다. 예수께서는 "내게 오는 자는 내가 결코 내쫓지 아니하리라"요 6:37고 하셨다. 요한계시록 22:17은 "원하는 자는 값없이 생명수를 받으라"고 말한다.

행위가 아니라 믿음으로 들어가며, 행위가 아니라 믿음으로 산다. 미루지 말라. 이렇게 멋진 구원을 무시하지 말라. '내일'이라고 말하지 말라. "좀더 이해가 되면"이라고 말하지 말라. 지금 하라. 하나님의 말씀은 진노의 검이요 좌우에 날선 검이기에 도망칠 수 없다. 종교심이 있어서 교회에 나가고, 어정쩡한 태도를 취하면서 그리스도를 머리로 안다 해도 하나님의 말씀은 마음을 꿰뚫을 수 있다. 하나님의 말씀은 마음의 참된 상태를 진단할 것이다. 여러분의 신앙 고백이 참인지 거짓인지 보여줄 것이다.

이것은 쓰기에 쉽지 않은 메시지이며, 나는 그 누구의 희망도 빼앗고 싶지 않다. 다만 여러분이 예수 그리스도를 알기 원할 뿐이다. 여러분이 하나님의 안식에 들어가기 원할 뿐이다. 팔복에 제시되어 있듯이 예수 그리스도께서 원하시는 대로 자신을 그에게 맡기기 전까지는, 하나님의 심판의 위험 속에 살고 있는 것이다. 그에게로 나아가라. 그의 사랑을 인정하라. 천국의 풍성한 삶을 살라 – 지금 여기서 말이다!

여러분은 신자이며 참으로 구속받았는가? 그렇다면 비록 완전하지는 않아도 여러분의 삶의 지향점으로서 팔복을 드러내고 있는지 마음을 살피고 여기서 오는 큰 기쁨을 맛보길 바란다.

참고 문헌

단행본

Barclay, William. *The Beatitudes & The Lord's Prayer for Everyman*. NewYork:Harper & Row, 1968.

Boice, James Montgomery. *The Sermon on the Mount*. Grand Rapids:Zondervan, 1972.

Briscoe, Stuart. *Now For Something Totally Different*. Waco, Tex.:Word, 1978.

Lawlor, George L. *The Beatitudes Are for Today*. Grand Rapids:Baker, 1974.

Lloyd-Jones, D. Martyn. *Studies in the Sermon on the Mount*. Grand Rapids:Eerdmans, 1959.

Pentecost, J. Dwight. *Design for Living*. Chicago:Moody, 1975.

Pink, Arthur W. *An Exposition of the Sermon on the Mount*. Grand Rapids:Baker, 1950.

Sanders, J. Oswald. *For Believers Only*. Minneapolis:Dimension, 1976.

Stott, John R. W. *Christian Counter-Culture*. Downers Grove, Ill.: InterVarsity, 1978.

Watson, Thomas. *The Beatitudes*, Edinburgh:Banner of Truth, 1975.

Wiersbe, Warren W. *Live Like a King*. Chicago:Moody, 1976.

주석

Allen, Willoughby C. *Saint Matthew:A Critical and Exegetical Commentary.* Edinburgh:T. & T. Clark, 1907.

Barclay, William. *The Gospel of Matthew,* vol. 1, *The Daily Study Bible.* Philadelphia:Westminster, 1956.

Broadus, John A. *Commentary on the Gospel of Matthew.* Valley Forge:Judson, 1886.

Erdman, Charles R. *The Gospel of Matthew:An Exposition.* Philadelphia: Westminster, 1975.

Gaebelein, Arno C. *The Gospel of Matthew:An Exposition.* Neptune, N.J.:Loizeaux Brothers, 1977.

Hendriksen, William. *New Testament Commentary.* Grand Rapids:Baker, 1973.

Hill, David. *The Gospel of Matthew. The New Century Bible.* Greenwood, S.C.:Attic Press, 1972.

Lenski, R.C.H. *The Interpretation of St. Matthew's Gospel.* Minneapolis: Augsburg, 1943.

MacDonald, William. *The Gospel of Matthew.* Kansas City, Kan.: Walterick, 1974.

Plummer, Alfred. *An Exegetical Commentary on the Gospel According to St. Matthew.* Grand Rapids:Eerdmans, 1963.

Tasker, R.V.G. *The Gospel According to St. Matthew.* Grand Rapids: Eerdmans, 1961.

사명선언문

너희가 흠이 없고 순전하여……세상에서 그들 가운데 빛들로
나타내며 생명의 말씀을 밝혀 _ 빌 2:15-16

1. 생명을 담겠습니다
만드는 책에 주님 주신 생명을 담겠습니다.
그 책으로 복음을 선포하겠습니다.

2. 말씀을 밝히겠습니다
생명의 근본은 말씀입니다.
말씀을 밝혀 성도와 교회의 성장을 돕겠습니다.

3. 빛이 되겠습니다
시대와 영혼의 어두움을 밝혀 주님 앞으로 이끄는
빛이 되는 책을 만들겠습니다.

4. 순전히 행하겠습니다
책을 만들고 전하는 일과 경영하는 일에 부끄러움이 없는
정직함으로 행하겠습니다.

5. 끝까지 전파하겠습니다
모든 사람에게, 땅 끝까지, 주님 오시는 그날까지
복음을 전하는 사명을 다하겠습니다.

서점 안내

광화문점 서울시 종로구 새문안로 69 구세군회관 1층
02)737-2288 / 02)737-4623(F)

강남점 서울시 서초구 신반포로 177 반포쇼핑타운 3동 2층
02)595-1211 / 02)595-3549(F)

구로점 서울시 동작구 시흥대로 602, 3층 302호
02)858-8744 / 02)838-0653(F)

노원점 서울시 노원구 동일로 1366 삼봉빌딩 지하 1층
02)938-7979 / 02)3391-6169(F)

일산점 경기도 고양시 일산서구 중앙로 1391 레이크타운 지하 1층
031)916-8787 / 031)916-8788(F)

의정부점 경기도 의정부시 청사로47번길 12 성산타워 3층
031)845-0600 / 031)852-6930(F)

인터넷서점 www.lifebook.co.kr